CORRE EL RIESGO

CORRE EL RIESGO

Aprenda a identificar, elegir y vivir
con los riesgos aceptables

BEN CARSON, Dr.

con Gregg Lewis

La misión de Editorial Vida es ser la compañía líder en comunicación cristiana que satisfaga las necesidades de las personas, con recursos cuyo contenido glorifique a Jesucristo y promueva principios bíblicos.

CORRE EL RIESGO
Edición en español publicada por
Editorial Vida – 2009
Miami, Florida

©2009 por Benjamin Carson

Publicado en inglés con el título:
    Take the Risk
    Copyright © 2008 por Benjamin Carson
Published by permission of Zondervan, Grand Rapids, Michigan.

Traducción, edición y diseño interior: *Grupo Nivel Uno, Inc.*
Adaptación de cubierta: *Good Idea Productions Inc.*

RESERVADOS TODOS LOS DERECHOS. A MENOS QUE SE INDIQUE LO CONTRARIO, EL TEXTO BÍBLICO SE TOMÓ DE LA SANTA BIBLIA NUEVA VERSIÓN INTERNACIONAL.
© 1999 POR LA SOCIEDAD BÍBLICA INTERNACIONAL.

ISBN: 978-0-8297-5654-8

CATEGORÍA: Vida cristiana / Crecimiento personal

IMPRESO EN ESTADOS UNIDOS DE AMÉRICA
PRINTED IN THE UNITED STATES OF AMERICA

09 10 11 12 ❖ 6 5 4 3 2 1

ÍNDICE

Introducción	7
1. El riesgo de vivir	11
2. ¿Arriesgar o no arriesgar?	19
3. ¿Cuándo vale la pena correr el riesgo?	33
4. La vida misma es un asunto riesgoso	43
5. La verdad rotunda	55
6. Niños «en riesgo»	71
7. Mi riesgosa conducta casi me costó demasiado	82
8. Riesgos que corrí y que cambiaron mi vida para siempre	92
9. Cuatro preguntas sencillas que ayudan a evaluar cualquier riesgo	110
10. La fe es un riesgo, creas en lo que creas	129
11. Vive tu fe en un mundo incierto	141
12. Los riesgos profesionales	154
13. Mis riesgos particulares, cara a cara con la muerte	168
14. Quítate de en medio para que puedas decidir	180
15. ¿Es peligroso tener hijos?	193
16. Riesgo público (y el comienzo de algunas soluciones)	210
17. Riesgos aun mayores	225
Conclusión: Mi prescripción en un mundo peligroso	242
Notas	245

INTRODUCCIÓN

Los cirujanos, y en particular los neurocirujanos, casi siempre somos arriesgados. Uno no entra en un campo de acción donde tiene que abrir cabezas u operar cosas tan delicadas como la médula espinal, si no se siente cómodo corriendo riesgos. Todos los días tengo que tomar decisiones críticas, en milésimas de segundo, que afectan la duración y calidad de la vida de otras personas. Correr esos riesgos me provoca una pausa. Una pausa que me obliga a pensar en mi propia vida y en los riesgos a los que me enfrento. Estas experiencias me permiten avanzar y así evito que el miedo me paralice. Como resultado, es probable que haga muchísimas cosas que alguien más cauto que yo jamás intentaría.

El diez de septiembre de 2003, un entrevistador de la Radio Pública Nacional me preguntó cómo podía yo, como médico y como ser humano, correr tantos riesgos, como el de separar a las siamesas que tenían pegadas las cabezas.

Le respondí:

«¿Por qué arriesgarme? Pregúntame en cambio: ¿Por qué no arriesgarme?»

De esto trata este libro: de los riesgos.

En nuestra cultura la seguridad se ha vuelto una obsesión. Es lo que gobierna todo, desde la política pública a los atractivos comerciales de la Avenida Madison, desde el cuidado de la salud a la educación y la vida personal y familiar. Compramos todo tipo de pólizas de seguro: de vida, de reemplazo de celular, etc. y todo para tener la seguridad que creemos necesitar. Pagamos por la extensión de la garantía de nuestras computadoras y electrodomésticos. Antes de comprar un auto leemos los resultados de las pruebas de seguridad en *Informes al Consumidor*. Compramos asientos para bebés que prometen mantenerlos a salvo, y les ponemos cascos si salen a dar una vuelta a la manzana en bicicleta. Les compramos pijamas de género resistente a las llamas, y ni se nos ocurriría comprar aspirinas (o cualquier otro medicamento) en envases que no tengan tapas a prueba de niños. Comemos alimentos con bajo contenido de grasas, hacemos ejercicio con regularidad y vamos a ver al médico y al dentista con regularidad para proteger nuestra salud. Invertimos en fondos mutuos de bajo riesgo en un intento por asegurarnos un retiro holgado. Nuestro país gasta miles de millones de dólares en equipamiento y personal capacitado, para mantener los aeropuertos y vuelos tan seguros como sea posible.

Lo que compramos, y lo que los demás nos venden, es la promesa de la «seguridad». Y sin embargo, de lo único que podemos estar seguros es que algún día todos y cada uno de nosotros moriremos.

¿Tendrá esto algo que ver con la forma en que vemos el riesgo? ¿Hasta dónde afecta eso nuestras vocaciones, nuestras vidas, nuestras relaciones y nuestra fe?

Todo el que se niega a poner a prueba sus límites, todo el que no está dispuesto a salir de su ambiente cómodo, está destinado a vivir dentro de un sobre. Los desarrollos más importantes en la ciencia, la historia, la tecnología y las artes siempre surgieron a partir del riesgo. En los capítulos de este libro veremos cuáles son las desventajas de la decisión de vivir sin riesgos. Examinaremos qué es lo que implica correr el riesgo, y veremos algunas de las características personales, actitudes y recursos que necesita el que decide arriesgarse. Además, veremos cuáles son algunas de las barreras más comunes.

Mientras avanzamos, iré contando varias historias acerca de algunos riesgos que corrí en mi vida y de otros con los que convivo día a día, no solo como neurocirujano sino como padre, esposo, hombre, hijo. No todo lo que escribo aquí ha sido experiencia personal, pero sí he pensado mucho en las consecuencias que el riesgo tiene, en las vidas de las personas que conocemos, un poco más o un poco menos. Al hacerlo espero sacudirte y lograr que sientas la inspiración para animarte a correr riesgos adecuados.

No hace mucho, en una conversación de sobremesa con el exitoso autor Tom Clancy, hablamos de algunas experiencias de la vida profesional. Me halagó cuando dijo: «No entiendo, de veras, cómo es que puedes correr tantos riesgos. Pero igual, admiro que lo hagas».

Como parte de mi respuesta le expliqué que suelo hacer un sencillo análisis del riesgo cada vez que me enfrento con una situación incierta, sea en mi vida profesional o en lo personal. Es una guía rápida y práctica que puede ayudar a cualquier persona a evaluar el riesgo, por medio de unas preguntas: «¿Cuándo debería correr un riesgo?», y «¿qué es lo que tendría que arriesgar?» (El ejercicio está en los capítulos 8 y 9.)

Ahora mismo, en este libro, corro un riesgo: el de pensar en grande sobre este tema.

Y espero que corras el riesgo de leerlo y pensar conmigo en ello.

1
El riesgo de vivir

DE BALTIMORE A LONDRES, Y DE LONDRES A SINGAPUR...
No tuve tiempo de descansar y recuperarme después de un viaje de veinte horas.

Apenas llegué al aeropuerto, me hicieron pasar muy rápido por la aduana, me pusieron en el asiento trasero de un Mercedes que esperaba mi arribo y me llevaron directamente al nuevo y prestigioso Hospital Raffles de Singapur, para una larga primera entrevista y luego un almuerzo liviano con mis anfitriones, colegas cirujanos.

Después de todo eso, lo preliminar, estaba ya listo para mi primera cita: el tan anticipado encuentro con nuestras dos pacientes especiales. Prometía ser una de las entrevistas más fascinantes e inusuales de mi vida. No recuerdo lo que me dijo mi colega neurocirujano, el doctor Keith Goh, mientras el cortejo de médicos, enfermeras y administradores avanzaban por el corredor de ese hospital. En cambio, jamás olvidaré la primera vez que vi a Ladan y Laleh Bijani.

Las dos jóvenes esperaban para saludarme, en el pasillo del ala de habitaciones que ahora conformaban algo así como un pequeño apartamento. Es que habían vivido allí durante meses, mientras un ejército de médicos, especialistas y técnicos las examinaban y mandaban que se les hicieran cientos de análisis y pruebas. Las siamesas Bijani vestían el atuendo tradicional de su patria iraní: largas faldas, blusas de mangas largas, todo en colores muy opacos, sin maquillaje ni velos pero con una larga bufanda liviana que les rodeaba el cabello castaño oscuro. Me impresionó ver esas sonrisas cálidas, de bienvenida, en sus rostros.

El doctor Goh, un hombre asiático, de baja estatura y cabello oscuro y de unos cuarenta y tantos años, me presentó a las mujeres. El inglés de las hermanas Bijani, que según mi información habían estado aprendiendo desde su llegada a Singapur unos siete meses antes, no era muy fluido pero sí lo suficientemente bueno como para mantener una conversación sencilla.

Después de darle la mano y saludar a la primera, me acerqué por detrás para saludar a la otra. Era necesario dar una vueltita porque Ladan y Laleh no podían estar de frente las dos a la vez. En efecto, estas hermanas de veintinueve años, eran una verdadera rareza: gemelas idénticas, unidas por la cabeza. Sus dos cráneos se fusionaban por encima y por detrás de las orejas, por lo que sus rostros siempre estaban dispuestos en un ángulo de unos ciento treinta grados.

La conexión de sus cráneos hacía que tuvieran que mantener las cabezas casi siempre hacia arriba o hacia abajo. Pero como sus orejas se tocaban y los hombros y brazos se rozaban todo el tiempo, se veían obligadas a inclinarse desde la cintura hacia arriba continuamente, y bajar el hombro del lado del contacto para poder maniobrar y mantener el equilibrio necesario para poder mantenerse de pie, juntas.

El resultado de un óvulo único fertilizado y que se divide pero nunca de separa del todo dentro del vientre, es el origen de los siameses o gemelos unidos (esto significa que sus cuerpos están unidos en algún punto). Se da en uno de cada doscientos mil nacimientos y la mayoría suele nacer sin vida o mueren al poco tiempo. El caso de las gemelas craneópagas (del griego *kranion* o «casco», y *pagus* o «fijo»), es el más raro de todos y tal vez, solo se da en uno de cada dos millones de nacimientos. Y las posibilidades de que estos pares de gemelos vivan hasta cumplir los dos años son muy reducidas, lo cual hacía que estas hermanas, Ladan y Laleh, fueran algo completamente fuera del común por haber llegado a la adultez.

Lo más sorprendente es que estas jóvenes habían logrado mucho más que la mera supervivencia. Adoptadas por un médico iraní lleno de compasión porque su familia biológica no podía ocuparse de ellas, Ladan y Laleh habían tenido todas las oportunidades posibles de adaptarse y tener una vida lo más parecida a lo que llamamos «normal». Y las niñas se adaptaron de veras.

Asistieron a la escuela primaria como cualquier otro niño. Con el tiempo, terminaron la escuela secundaria y fueron a la universidad, donde estudiaron periodismo y leyes. Ambas se graduaron y eran ahora abogadas, lo cual había precipitado una crisis reciente debido a tensiones crecientes entre las dos. Solamente Ladan quería trabajar como abogada, y Laleh había decidido que quería ser periodista. Pero sus cuerpos las ataban a una existencia compartida, aunque sus personalidades eran diferentes y también ahora, sus sueños lo eran. Era como si las halaran en direcciones diferentes.

Durante años Ladan y Laleh habían buscado por todo el mundo un neurocirujano que aceptara operarlas y darles al menos una oportunidad de alcanzar su sueño de vivir como dos personas independientes, como individuos normales. Todos los expertos consultados se negaron. Todos los médicos que revisaron sus historias clínicas les dijeron que la cirugía sería demasiado riesgosa, y que una de ellas o tal vez las dos, pagarían con la vida. Era un caso demasiado complejo, y las muchachas eran ya muy grandes. Las posibilidades de que el resultado fuera positivo ya casi no existían.

Pero las Bijani se negaban a darse por vencidas. Cuando leyeron que el doctor Goh y su equipo habían logrado separar años antes a unas gemelas nepalesas de once meses, decidieron contactarlo. El doctor Goh estudió sus historias clínicas y llegó a la conclusión de que tal vez existiera la posibilidad de un resultado favorable. Me llamó para preguntarme si estaba dispuesto a ayudarlo.

Había consultado a Keith Goh y trabajado con él a distancia en el caso de los bebés nepaleses, usando nuestra estación de trabajo virtual en Johns Hopkins. También había sido yo uno de los cirujanos principales en la primera separación exitosa de craneópagos occipitales (los niños Bender, operados en Johns Hopkins en 1987). Diez años después, en la Universidad de Medicina de Sudáfrica, fui cirujano principal de los hermanos Joseph y Luka Banda, de Zambia, en la primera separación de craneópagos verticales del tipo dos, en la que ambos no solo sobrevivieron sino que se mantuvieron neurológicamente intactos. A causa de esas experiencias el doctor Goh quería que trabajara con él en esta operación y las propias gemelas Bijani habían pedido también que me uniera al equipo.

En realidad, la primera vez me había negado, meses atrás. El hecho mismo de que las jóvenes se hubieran adaptado tan bien, y llegado a cumplir los veintinueve años me parecía razón suficiente como para hacer una recomendación en contra de la cirugía. En un intento por disuadirlas, le sugerí al doctor Goh que les recordara el caso de Chang y Eng Bunker, los «siameses» originales. Nacidos en Siam (hoy Tailandia), en 1811, los hermanos fueron célebres en todo el mundo, como atracción principal del circo itinerante de P.T. Barnum. Al retirarse del mundo del espectáculo, compraron propiedades adyacentes en Carolina del Norte y fueron exitosos en el negocio de la agricultura. Se casaron con dos hermanas y en total tuvieron veintiún hijos. Vivieron gozando de muy buena salud, hasta los sesenta y tres años.

Si alguna vez oí de otro par de gemelos unidos que pudieran compararse con la capacidad de adaptación de los Bunkers y que muy posiblemente pudieran igualar o exceder su asombrosa longevidad, era el caso de estas dos jóvenes tan singulares, que habían sobrevivido y logrado tanto. La idea de separarlas cuando ya tenían veintinueve años no parecía lógico y después de estudiar las historias clínicas y tomografías computarizadas que me había enviado el doctor Goh, me convencí aun más de que los riesgos eran demasiado altos.

Pero ahora, meses más tarde y en la ciudad de Singapur, cara a cara con estas jóvenes decididas, obviamente inteligentes y muy desenvueltas, que por esas cosas de la vida estaban unidas por la cabeza, mi sensación era diferente. Me sentía increíblemente impresionado y lograron encantarme de veras.

Ladan y Laleh sonrieron con timidez y hasta rieron por lo bajo ante la conmoción de la cantidad de personas que habían venido conmigo a conocerlas. Me asombró la facilidad con que manejaban la situación, cómodas aun siendo el centro de atención de todos. El doctor Goh me había dicho que las gemelas se habían convertido en celebridades desde su llegada a Singapur. Cada vez que salían del hospital, para comer, ir de compras o solo a dar un paseo, las Bijani atraían a los medios y a multitudes de curiosos que con buena intención les pedían autógrafos o querían sacarse una foto con ellas. Había muchos que tan solo querían saludarlas y desearles lo mejor. Hasta ese momento, según el doctor Goh, las jóvenes no parecían molestas por el torbellino que su presencia causaba. Más bien, parecía divertirles.

Esa tarde, el grupo de personas reunido en ese sector del hospital era bastante difícil de manejar en términos de logística, por lo que las gemelas Bijani me invitaron (junto al doctor Goh y a otros más) a entrar en su pequeño apartamento para poder conversar. Caminando detrás de ellas, vi que su movilidad era maravillosa. Las seguí, observando con interés, maravillado al ver la suave coreografía inconsciente, requerida para poder caminar, pasar por el umbral y luego sentarse con gracia en el sofá de la sala, a la entrada de su vivienda temporal en el hospital.

Me senté en una silla al otro lado de la sala, frente a una mesita. Desde allí podía inclinarme a un lado para hablar con una, y luego sutilmente girar un poco para dirigirme a la otra. Es que no solo quería respetar su individualidad hablándoles por separado y mirando a cada una a los ojos, sino que también buscaba leer las expresiones de sus rostros, entender lo que me transmitían sus miradas mientras respondían a mis preguntas.

Conversamos sobre diversas cosas durante un rato, como de su estadía en Singapur, la facilidad con que habían aprendido a conversar en inglés y la atención de los medios. En ese punto, les «advertí» que toda esa atención sería como una gota de agua en un balde comparado con el frenesí en que se verían envueltas después de la cirugía. «La reina, el rey, todo el mundo querrá conocerlas», dije.

Rieron ante la idea, pero no pareció molestarles en absoluto.

Mientras hablábamos, vi que Ladan era, decididamente, la más conversadora y extrovertida; en tanto Laleh, aunque no exactamente tímida, era más reservada y pensativa.

Cuando comenzamos a hablar de la cirugía, ambas se volvieron un tanto más calladas. Con toda sinceridad, nos contaron sobre las dificultades que habían tenido que enfrentar y noté que hasta los movimientos más simples y rutinarios, como subir y bajar de un auto, o doblarse para levantar un lápiz del suelo, o prepararse algo para comer, eran cuestión de coordinación de una compleja coreografía en la que debían cooperar las dos. Cada decisión en la vida, desde lo que quisieran estudiar a los amigos con los que pasarían un rato y la hora en que cada una usaría el baño, era una decisión conjunta, en la que el consentimiento tenía que ser unánime.

Aun así, cuanto más tiempo pasábamos juntos menos intentaba yo imaginar todas las dificultades que habían tenido que vencer. En cambio, imaginaba lo diferente que sería todo para ellas si con una operación exitosa, podían empezar a vivir en libertad, como dos personas independientes. Después de veintinueve años de perpetuo e involuntario apego a otro ser humano, la idea abstracta de la intimidad podía ser muy atractiva. Pero, ¿cómo se sentirían cuando por primera vez en la vida, una y otra estuvieran solas, solas de verdad, cada una por su lado?

Una de las razones por las que me había negado al caso de las Bijani cuando me contactaron por primera vez, tenía que ver con las ramificaciones sicológicas que me temía, afectarían a estas gemelas al separarlas después de veintinueve años. ¿Y qué, si la separación causaba daños emocionales más importantes que el hecho de permanecer unidas? Pero mis ideas empezaron a cambiar a medida que conocía mejor su situación, sus aspiraciones en conflicto y su determinación por operarse. Sabía que en los últimos meses habían estado con sesiones de consultoría sicológica pero aun así, necesitaba oír sus respuestas a preguntas relacionadas con el formidable ajuste sicológico requerido de cada una, si se separaban. Así que les pedí que me dijeran qué pensaban.

Me aseguraron que sabían que una separación exitosa no sería el fin de muchas de sus dificultades. Reconocían que habría vínculos emocionales que les costaría mucho romper después de toda una vida juntas. Pero volvieron a expresar su determinación con respecto a seguir adelante con la operación. Estaban decididas.

Les pregunté si podía palparles las cabezas y aceptaron de buena gana. Palpé los costados, la parte superior y la parte posterior de sus cráneos y expliqué que habiendo estudiado sus tomografías durante horas, tenía una idea bastante acabada de cómo se verían sus cerebros. Pero de todos modos, antes de la cirugía programada para el día siguiente, les dije, quería «sentir en la punta de los dedos la línea de fusión de sus cráneos».

Solo me tomó unos segundos pero fue suficiente para recordarme lo compleja que sería la operación. Una cosa era ver una placa sobre un tablero iluminado, o sostener un modelo hecho en yeso plástico, intentando visualizar las dificultades que presentaría esa cirugía. Y otra cosa totalmente distinta era deslizar las yemas de mis dedos por su cuero cabelludo, rastreando la unión dura, sólida, ósea que cubría un área de casi la mitad de las cabezas desde arriba y por delante de las orejas, pasando por arriba y casi hasta la base de los cráneos por detrás.

Sabía que el doctor Goh les había explicado los pasos y procedimientos de la cirugía, pero también quería oír de su parte que entendían muy bien los riesgos.

«Tengo que decirles lo que creo ya saben. Esta cirugía será extremadamente compleja y riesgosa». Para asegurarme de que entendían, esperé a que su traductor repitiera mis palabras en farsi. «Basado en mi experiencia y estudio de su caso, y a pesar de los excelentes recursos disponibles y el equipo de cirugía de este Hospital Raffles, pienso que hay al menos un cincuenta por ciento de posibilidades de que esta cirugía termine o en la muerte o en graves lesiones cerebrales para una de las dos, o ambas. Necesito asegurarme de que las dos lo entienden».

En Johns Hopkins, mis colegas y yo realizamos todo el tiempo procedimientos de neurocirugía muy complejos y toda operación con un diez por ciento de posibilidades de mortalidad sería considerada extremadamente peligrosa, un riesgo muy alto. Diríamos, alto hasta el cielo. Por eso, esta cirugía que representaba un cincuenta por ciento de posibilidades de muerte o lesión, estaba en un nivel estratosférico y quería asegurarme de que tanto Ladan como Laleh entendían qué era lo que estaba en juego.

Las dos me aseguraron una vez más que el doctor Goh había sido muy sincero con ellas. Entendían cuáles eran los desafíos y dificultades. Pero lo que me convenció fue oír la emoción y convicción en sus voces, cuando insistieron: «Preferimos morir a no seguir adelante, si hay al menos una oportunidad de que podamos ser libres para vivir independientes. La muerte sería mejor que seguir viviendo como hasta ahora».

Debido a que apreciamos tanto la vida y hasta le ponemos altos precios a lo que hacemos día a día, me asombró oír a dos jóvenes sanas y vivaces expresar tales sentimientos de manera tan directa, a horas de una operación. Para la mayoría, y me incluyo, y aun para quienes enfrentamos situaciones de vida o muerte todos los días, no es habitual que nos detengamos a pensar en lo que significa la calidad de nuestras vidas. Sin embargo, mientras hablaba con ellas, sentía cada vez más que habían pensado mucho en esto y que para cualquiera que no estuviese en su situación sería extremadamente difícil siquiera empezar a entender cómo se sentían.

Ya había oído decir a los del equipo médico de Singapur, quienes a su vez lo habían oído de los que cuidaban a las gemelas, que en los últimos meses la tensión entre ambas era cada vez mayor. Incluso se habían agredido físicamente durante un par de discusiones. Con lo cual yo solo podía imaginar lo terrible que sería estar en conflicto con alguien de quien no puedes separarte jamás.

Es fácil para casi todos entender que quien está esclavo o prisionero arriesga su vida con tal de escapar para conseguir la libertad. Para Ladan y Laleh, la situación era más o menos esa. Desesperadamente querían escapar de lo que para ellas era una situación insostenible. La esperanza de la libertad valía lo que fuera, cualquier riesgo, cualquier dificultad. Y cuando empecé a entender eso, también pude sentirme mejor en cuanto a embarcarme en un curso de acción tan potencialmente peligroso.

Lo que hizo que me decidiera fue esta oportunidad de conocerlas, de oír la determinación en sus voces, de reconocer la desesperación que sentían y de ver la esperanza y decisión en sus miradas. Ya cuando estábamos por terminar la visita, mi mente gritaba: *¡Vamos a separar a estas mujeres para que puedan seguir adelante con sus vidas!*

Aunque les había asegurado a Ladan y Laleh que me preocupaba su bienestar, antes de salir del apartamento las miré a los ojos una vez más y reconocí que estábamos a punto de embarcarnos en una operación larga, ardua y extremadamente peligrosa. Y que aunque las cosas no estaban a favor de nosotros, y no podía prometerles un resultado positivo, sí sentía suficiente optimismo como para pensar que había motivos para sentir esperanza. «Hay muchas cosas en la vida que están más allá de nuestra capacidad, conocimiento y control como seres humanos. Sin embargo, no hay nada que esté más allá de Dios».

De pie, saludándolas y dispuesto a verlas a la mañana siguiente en el quirófano, les dije a Ladan y Laleh lo que a todos mis pacientes en la consulta final antes de cualquier cirugía: «Jamás supe de un caso en que la preocupación fuera de ayuda. Así que esta noche antes de dormir diré mis oraciones. Y espero que hagan lo mismo. Creo que si lo hacemos, habrá menos de qué preocuparnos mañana».

Al darme la vuelta y salir de la habitación, creía más allá de toda duda que tanto Ladan como Laleh Bijani entendían de veras lo que les esperaba. Se acercaban a esa cirugía peligrosa y sin precedentes, con el mismo espíritu de determinación con que habían vencido tantas dificultades a lo largo de sus vidas.

Y más que todo, me habían convencido de que entendían muy bien los riesgos.

¿Arriesgar o no arriesgar?

MI PRIMERA PRIORIDAD, Y LA DE TODO EL EQUIPO MÉDICO, ERA HACER todo lo posible antes de la cirugía para reducir los riesgos que enfrentarían Ladan y Laleh. De modo que directamente, de la entrevista de media hora con las hermanas Bijani fuimos a una conferencia de planificación en la que nos sentamos todos los del equipo: veintiocho médicos y unas cien personas más, que incluían a enfermeras, técnicos y asistentes. Todos en esa habitación tendríamos un rol importante en la maratónica cirugía, que se esperaba duraría dos o tres días o quizá más.

La mayor parte del equipo ya había estudiado los pasos del plan para la cirugía, su organización y la coordinación de diversos expertos, la posición, preparación y ubicación de las pacientes y los treinta o cuarenta médicos que harían falta en el quirófano en todo momento. Todos teníamos que saber muy bien dónde estaríamos, y cuándo y dónde haríamos cada cosa.

Me impresionó la aguda atención al detalle del doctor Goh, y su capacidad para organizar, además del impresionante equipo de expertos que había reunido de Singapur, Estados Unidos, Francia, Japón, Suiza y Nepal. Repasó los planes con nosotros hasta cubrirlo todo, varias veces. Finalmente ya no me quedaba nada por hacer sino los trámites de mi ingreso al hotel cercano, y tratar de combatir el cansancio del vuelo y la diferencia horaria, con una buena noche de sueño reparador.

Antes de meterme en la cama hice lo que les había prometido a Ladan y Laleh. Oré. Oré por ellas, por la operación, por mí y por todos los del equipo, pidiendo que Dios nos concediera a todos sabiduría, calma y paz, y que su presencia estuviera con nosotros en ese quirófano y que se hiciera su voluntad en todo.

No era la primera vez que oraba por este caso.

Como dije, no solo había rechazado al principio la invitación del doctor Goh para que trabajara con él en el caso de las Bijani. Además, le había aconsejado en ese momento que no convenía operar. Semanas más tarde, supe que mi evaluación le había sido presentada a las gemelas y que ellas habían decidido seguir adelante de todos modos. Se estaba reuniendo un equipo y el doctor Goh volvió a contactarme. ¿Estaría dispuesto a reconsiderar mi decisión?

Volví a sentir la inclinación a negarme. *No, si quieren seguir adelante como locos, háganlo pero sin mí. No quiero tener nada que ver.* Aunque dos de cada tres operaciones de craneópagos en las que había participado tuvieron resultados exitosos, las posibilidades de este caso no se veían nada bien.

Pero cuanto más lo pensaba, tanto más sentía que no quería participar. Supe que mi decisión se basaba en los resultados promedio de mi trayectoria personal y, en realidad, no soy así ni es ese el tipo de persona que quiero ser. Así que oré: «Señor, si de veras quieres que lo haga, lo haré».

Como las hermanas Bijani estaban decididas a seguir adelante, conmigo o sin mí, tuve que preguntarme: *Si sale mal ¿me preguntaré el resto de mi vida qué podría haber hecho por ayudar?* No quería averiguarlo. Porque como tenía más experiencia con gemelos craneópagos que cualquier otro neurocirujano en el mundo, sabía que existía la posibilidad real de que mi presencia ayudara.

Uno de mis colegas neurocirujanos del Johns Hopkins, un amigo al que quiero mucho, vino a verme cuando se enteró de que estaba reconsiderando mi decisión. Me advirtió: «Si participas en este caso tu reputación podría salir afectada, Ben. No hay muchas posibilidades de éxito y realmente tienes que pensarlo mucho antes de entrar en esto».

Mi amigo estaba realmente preocupado. Yo lo sabía y entendía lo que me estaba diciendo sobre mi reputación profesional y los riesgos que esto implicaba. Así que pensé seriamente en su advertencia... durante dos segundos, más o menos. Fue ese el tiempo que me llevó darme cuenta de algo: *Esto no debiera tener que ver con mi reputación.* Mi «riesgo» era insignificante comparado con el alto riesgo de muerte o incapacidad que enfrentaban las gemelas. Todo riesgo verdadero era de ellas.

Fue ese un factor decisivo en mi evaluación —y darme cuenta de que Dios me había dado ciertas capacidades y experiencia—, y dos personas delante de mí que podrían beneficiarse con ello, lo que hizo que viese que tenía que intentar todo lo posible para ver qué podíamos hacer por ayudarlas.

Cada vez que me enfrento a una decisión difícil o a una situación de riesgo (en lo personal o lo profesional), todos mis pensamientos, todo mi análisis, todos mis planes pueden resumirse en cuatro simples preguntas:

- ¿Qué es lo mejor que puede pasar si lo hago?
- ¿Qué es lo peor que puede pasar si lo hago?
- ¿Qué es lo mejor que puede pasar si no lo hago?
- ¿Qué es lo peor que puede pasar si no lo hago?

Para cuando termino de responder esas cuatro preguntas (que veremos en mayor detalle en el capítulo 9 y la última mitad de este libro), por lo general he analizado los riesgos con la suficiente profundidad como para tomar una decisión razonada.

Después de pensar y orar, mi decisión se resumía en el hecho de que me sentía obligado a hacer todo lo que pudiera por ayudar. Si Ladan y Laleh habían tomado una decisión, yo no tenía muchas opciones ya. Por eso había volado del otro lado del planeta el fin de semana de un cuatro de julio para participar en lo que esperaba sería la cirugía de gemelos craneópagos con mayor publicidad en la historia de la medicina.

Al inspeccionar las instalaciones del quirófano, terapia de cuidados intensivos y angiogramas el domingo temprano por la mañana, llegaron las gemelas, traídas en una cama de hospital. Se les realizarían los últimos preparativos prequirúrgicos. Nos saludaban a todos a medida que avanzaba la cama por los pasillos, y sonreían diciendo con alegría sus «¡Buenos Días!» Más tarde, en su saludo de despedida antes de la operación, sus voces y expresiones mostraban agradecimiento. Su coraje volvió a impresionarme y me acerqué. Les tomé las manos y prometí que haríamos todo lo que pudiéramos por ellas. Me agradecieron y percibí que Ladan y Laleh estaban en paz, con lo que fuera que les esperara a partir de entonces.

A pesar de mi incertidumbre, había una cosa que tenía por segura en esta primera cirugía histórica de separación de gemelas craneópagas adultas. A diferencia de cualquier otra pareja de gemelos siameses que hubiera operado yo con anterioridad y, en verdad, a diferencia de cualquier otro de mis pacientes neuroquirúrgicos, las Bijani habían podido dar su «consentimiento informado». Y más todavía, como las dos eran abogadas, y a pesar de que muchos médicos habían intentado persuadirlas en contra de operarse durante años, y dada su firme determinación para seguir adelante, no creo que haya habido ninguna otra operación en la que el «consentimiento informado» fuera tan cabal.

Sin embargo, saberlo me daba un magro consuelo, así como apenas me consolaba ver el espíritu valiente y optimista de las hermanas. Nada podría cambiar las posibilidades de esta cirugía, la más difícil y riesgosa en mis más de veinte años como neurocirujano.

Como las gemelas se habían estado quejando de dolor de cabeza en las últimas semanas, supusimos que sufrían de elevada presión intracraneal. En ese caso, la presión se aliviaría una vez separadas, ya que sus cerebros tendrían más espacio. Aunque solo para asegurarnos de que teníamos toda la información antes de comenzar, les hicimos un angiograma prequirúrgico adicional, para ver su patrón de circulación sanguínea por última vez.

Luego, mientras algunos de los neurorradiólogos más destacados del mundo, llegados de Francia, interpretaban el resultado, se anestesió a las gemelas. Les afeitaron las cabezas y se practicaron dos orificios pequeños en la parte anterior de sus cráneos para poder insertar los monitores de presión. Estos monitores confirmaron nuestra sospecha de que la presión intracraneal era muy elevada. Pero en el angiograma no había nada que no supiéramos ya.

Era hora de empezar.

No estuve en el quirófano para la primera etapa, sino que desde la habitación contigua, observé el procedimiento por circuito cerrado de televisión. Esa sala había sido convertida en sala de conferencias, comedor y lugar de descanso para los médicos. Seguí el progreso de los cirujanos vasculares, que extrajeron una vena grande del muslo de Ladan. Ese trozo de varias pulgadas y casi tan gordo como mi dedo meñique, sería necesario para lo que todos anticipábamos como el paso más crítico en toda la operación.

En efecto, el aspecto más perturbador del caso de las Bijani era el hecho de que gran parte de la circulación que se movía por los cerebros de las jóvenes pasaba por una única vena de drenaje, en la parte posteriori de sus cabezas. Años antes, un grupo de médicos alemanes, primeros en examinar a las jóvenes, había determinado por ese único motivo que la cirugía era «demasiado peligrosa». Pero con el progreso de los últimos avances en el campo de los transplantes vasculares, el equipo del doctor Goh había decidido que sería posible dividir y reencauzar la circulación si se mantenía esa vía venosa existente para Laleh y se le injertaba una vena transplantada a Ladan para que la sangre circulara por vías independientes. Tal procedimiento no se había intentado jamás, pero era factible. Se encargaría de ello un equipo neurovascular de Japón, pero no antes de que nuestro equipo de neurocirujanos cumpliera con la primera etapa en el quirófano.

Para cuando lo hicimos, ya era el domingo por la tarde. Cuando los cirujanos extrajeron la vena, un segmento de casi veinte centímetros, tuvieron que suturar la pierna y con posterioridad, hubo que reposicionar a las dos jóvenes, prepararlas y disponer el campo quirúrgico para la parte craneal de la operación. Eso solo llevó varias horas.

A diferencia de los muchos niños que había separado yo, con pacientes adultos no es tan fácil dar vuelta y mover los cuerpos para que los cirujanos tengan un mejor ángulo de trabajo. Ladan y Laleh necesitaban una mesa de operaciones hecha a medida, que pudiera dividirse por la mitad una vez que las hubiéramos separado a ellas. También había que acomodarlas sobre almohadas y mantenerlas en su lugar con sujetadores especiales, a un ángulo de casi cuarenta y cinco grados. Esa posición tenía que darnos a los cirujanos acceso a todo el campo quirúrgico, desde arriba y por delante de sus cabezas, hasta donde tendríamos que llegar parándonos sobre banquetas e inclinándonos por encima de ellas desde el costado, a la base de la unión de sus cráneos, que solo podíamos ver si nos sentábamos en banquetas, agachados y mirando hacia arriba desde el extremo de la mesa, por lo que de ese modo también teníamos que trabajar.

Terminada la preparación los cirujanos plásticos se dispusieron a separar el cuero cabelludo del cráneo, apartándolo en grandes colgajos que usaríamos luego para cerrar la herida al terminar la cirugía. Esa era otra gran diferencia con respecto a las cirugías de separación que había realizado yo antes. Semanas antes de separar a gemelos siameses de corta edad, los cirujanos plásticos insertaban expansores de piel bajo su cuero cabelludo, y luego inflaban gradualmente esos expansores, haciendo que la piel se estirara y obligando a los cuerpos a crear piel adicional como para poder cubrir luego el área expuesta en las cabezas de ambos bebés. Nada de eso hacía falta ahora, porque las gemelas Bijani eran adultas y podríamos tomar piel para injertar, de otras partes de sus cuerpos y así cubrir por completo cualquier área que quedara expuesta al terminar con la cirugía.

Cuando los cirujanos plásticos dejaron el hueso expuesto, se retiraron y fue el momento en que nuestro equipo de neurocirujanos comenzó con el lento y tedioso proceso de abrir una ventana en el hueso para darle acceso al equipo neurovascular al cerebro mismo.

Trabajaron seis neurocirujanos, tomando turnos por parejas, durante veinticuatro horas casi porque fuimos encontrando algunas cosas inesperadas. El problema principal con que nos enfrentábamos era el grosor de los cráneos. Naturalmente, habíamos tomado en cuenta que el cráneo adulto es mucho más duro y grueso que el de un niño. Pero nadie estaba preparado para el grosor de la unión posterior (cerca de la base de los dos cráneos), que había ido creciendo durante años hasta que toda la parte trasera del cráneo compartido por las gemelas llegó a ser, literalmente, tan grueso como un ladrillo y mucho más duro.

Eso creaba un segundo desafío: la ubicación de esa parte más gruesa del cráneo (por atrás y debajo de la cabeza, por detrás y debajo de las orejas) era el lugar de más difícil acceso para los cirujanos. Nuestras pacientes estaban inclinadas, en un ángulo que nos permitía llegar a un muy angosto triángulo formado por sus orejas y hombros yuxtapuestos. Era una tarea agotadora, que nos acalambraba y nos irritaba los nervios, porque había que llegar, maniobrar y controlar los taladros y sierras de alta velocidad para poder calar, cortar y quitar mucho hueso en un espacio tan confinado.

Este procedimiento, física y emocionalmente extenuante, se hacía todavía más difícil porque estábamos muy conscientes de que justo por debajo de esa sección de cráneo increíblemente duro y grueso, donde estábamos taladrando y serruchando con tanta fuerza, y adyacente a ese hueso y sobre la superficie del cerebro mismo, había gran cantidad de vasos sanguíneos. Lagos venosos que cubren las capas de la duramadre (el material delgado, parecido al cuero, que cubre el cerebro) y que ayudan a que circule normalmente la sangre al salir del órgano. Una leve desviación de la sierra, un milímetro de más con el taladro, podría significar el repentino y desastroso final de la cirugía aun antes de que empezáramos a separar a nuestras pacientes.

Eran esas las condiciones con que nos enfrentamos mientras cortábamos, perforábamos y retirábamos hueso, poco a poco, de a porciones de unos diez centímetros cuadrados, de la parte más gruesa del cráneo para que el equipo neurovascular pudiera ver y acceder a un campo lo suficientemente grande como para poder injertar la nueva vena de drenaje de Ladan. Con dicha misión finalmente cumplida, me retiré a la sala de descanso para observar el siguiente, crítico, paso.

Trabajando con meticulosidad, un reconocido cirujano japonés y experto en injertos vasculares, empezó por ligar uno de los segmentos de la vena de la pierna que habían extraído esa mañana. Cuando terminó y la sangre comenzó a circular por esa ruta alterna, el ánimo de todo el departamento quirúrgico del Hospital Raffles se levantó, porque ahora, cada una de las jóvenes tenía su vía de circulación venosa independiente y con eso pensamos que habíamos vencido la amenaza más grave. Esa siniestra estructura vascular que compartían ya no era un problema.

Pero estábamos equivocados.

Durante más de un día, los pensamientos, oraciones y energías de los ciento veinticinco miembros del equipo médico se centraron tanto en ese quirófano que el resto del mundo parecía no existir. Era fácil olvidar que la atención del mundo se enfocaba en nuestros esfuerzos, en esta operación histórica. Un ejército de periodistas se reunía dentro y fuera del hospital, y la historia de las gemelas Bijani aparecía en los titulares de periódicos e informativos del mundo entero.

El lunes, el *China Daily*, lideró las noticias con un titular que anunciaba: «Las siamesas iraníes comienzan con la cirugía en Singapur», y el artículo con noticias provenientes de varias agencias, decía: «Una operación de alto riesgo, sin precedentes, por separar a las siamesas adultas iraníes unidas por la cabeza, comenzó el domingo en Singapur... Las abogadas Laleh y Ladan Bijani, de veintinueve años, han pasado por pruebas y sesiones de consejería desde noviembre y dicen que están dispuestas a arriesgar sus vidas por una oportunidad de vivir como personas independientes».

El artículo informaba que la operación, encabezada por el doctor Goh, duraría al menos cuarenta y ocho horas. Daba datos sobre los gemelos siameses y citaba el éxito del doctor Goh pocos años antes en la cirugía de separación de las bebés nepalesas de once meses Jamuna y Ganga Shrestha, en una operación que duró cuatro días. También daba la lista de los principales cirujanos: «Asisten a Goh el doctor Water Tan, cirujano plástico, y el doctor Ben Carson, director de neurocirugía pediátrica de Johns Hopkins, en Baltimore». Daba cuenta de mi experiencia en cirugías de separación de gemelos siameses y citaba las palabras de uno de los miembros de nuestro equipo quirúrgico, el radiólogo francés Pierre Lasjaunias, del Center Hospitalier de Bicetre, quien el día antes de la operación había expresado que se habían dado «todos los pasos» en pos de la seguridad de las gemelas. «Hemos logrado casi toda la seguridad que podía certificarse. Es momento de seguir con este viaje», había expresado el colega.

Luego, se presentaba el escenario de las controversias en torno a este tipo de cirugías. Citaba al jefe de ética médica del Imperial College de Londres, el doctor Richard Ashcroft, que expresaba que como las gemelas no corrían riesgo inmediato de muerte sin esta cirugía de alto riesgo, la decisión por proseguir era muy controversial. «Es un verdadero dilema moral», dijo el doctor Ashcroft. «Y donde hay un dilema la gente tomará diferentes decisiones porque no hay una respuesta obvia sobre cuál es la acción correcta».

Antes de que nuestro equipo de neurocirujanos pudiera empezar con la siguiente fase de la operación, hubo una crisis. Un coágulo de sangre bloqueó el injerto de Ladan y la sangre dejó de circular por esa ruta alterna. Preocupados porque tal bloqueo diera lugar a un ataque vascular grave, o hiciera subir por las nubes la presión sanguínea de las pacientes, y viendo también que si perdían mucha sangre podría luego haber daño irreparable en el tejido cerebral que se viese afectado, el equipo vascular trabajó con desesperación por quitar el coágulo y restaurar la circulación sanguínea a la vena transplantada.

Los neurocirujanos volvieron a comenzar pero entonces la vena se endureció y hubo otro coágulo que bloqueó una vez más el drenaje y circulación de la sangre. ¿Qué pasaba?

Alarmados y preocupados porque el paso más crucial de toda la operación pudiera haber resultado en un fracaso inexplicable, estudié con atención la vena y palpé el tejido cerebral expuesto que la rodeaba. A pesar del bloqueo evidente, el segmento de cerebro que alcanzaba a ver mantenía su saludable color rosado. Era obvio que seguía recibiendo oxígeno. El tejido mismo latía y se mantenía blando, sin hinchazón ni rigidez que indicara el tipo de aumento de presión típico que se puede esperar en ese tipo de bloqueos. Era asombroso también que los signos vitales de ambas jóvenes permanecieran estables.

Enseguida les comuniqué mis observaciones al doctor Goh y a los otros médicos: «Los caminos de la sangre cambiaron, evidentemente. La sangre encontró un nuevo lugar por donde pasar. No sabemos por dónde. Las pacientes están estables. Sería buen momento para hacer una pausa y replantear nuestra estrategia».

El doctor Goh acordó que nos tomáramos unos minutos para seguir hablando fuera del quirófano. Por lo tanto, los seguí a él y al presidente administrativo del Hospital Raffles, el doctor Loo Choon Yong, a un corredor adyacente.

—Es evidente que las cosas han cambiado y mucho —dije—. La sangre ha encontrado otra ruta y otra forma de llegar allí. Lo cual significa que ya no sabemos qué estamos haciendo porque no sabemos qué sucede dentro de los cerebros de estas pacientes. Parecen estar bien. Todo está estable en este momento. Pero recomiendo que nos detengamos ahora, que suturemos y las enviemos a terapia intensiva. Si esperamos un par de semanas para continuar, tal vez les daremos a los nuevos canales de circulación el tiempo que necesitan para desarrollarse y fortalecerse. Podemos hacer más tomografías para estudiar así el nuevo paisaje vascular. Las mujeres tendrían la oportunidad de recuperar sus fuerzas y sanar de lo que hicimos hasta ahora. El equipo médico está agotado ya. Nos daría la posibilidad de descansar y volver a empezar, ya recuperados.

El doctor Goh estuvo de acuerdo. Mi sugerencia, dijo, tenía bastante sentido. Pero su jefe, el administrador, insinuó que podría no ser posible. Entonces me dijo (y fue la primera vez que lo oía), que las

Bijani habían insistido en que él y el doctor Goh les prometieran que una vez iniciada la operación, nada les impidiera continuar. La operación no se interrumpiría. Había que separarlas hasta terminar, ¡pasara lo que pasara!

—Pero las cosas cambiaron, y mucho —dije. No había duda en mi mente de que lo mejor que podíamos hacer, por nosotros y por las Bijani, era interrumpir la operación y tratar de ver qué estaba sucediendo.

Los jóvenes cerebros de los infantes que yo había separado en otras oportunidades habían formado espontánea y drásticamente nuevos canales circulatorios. Eso no me sorprendía porque los cerebros inmaduros de los bebés y también de los niños un poco mayores, demuestran una increíble capacidad para adaptarse. Es más, cuando el doctor Goh me consultó antes de operar a las siamesas nepalesas en 2001, yo insistí en el valor de ir despacio, como para permitir que esos caminos colaterales de circulación se desarrollaran y fortalecieran por sí mismos. Evidentemente, había tomado en serio mi consejo porque la operación exitosa que finalmente separó a las bebés nepalesas duró más de noventa y seis horas.

—Tiene que haber una forma de interrumpir la operación ahora —exclamé—. Podríamos entonces reevaluar la situación, reestabilizar las cabezas de las pacientes, con placas y tornillos, y volver armados con el conocimiento del nuevo patrón de circulación. No necesitaríamos tanto tiempo para la siguiente cirugía. Además, sabríamos mejor lo que tendríamos que hacer ¡y con eso aumentarían nuestras posibilidades de éxito! Claro que entiendo su promesa a las pacientes —dije finalmente—. Pero tiene que haber alguien con quien podamos hablar, alguna oportunidad de que se nos permita...

El doctor Loo me miró y luego al doctor Goh. Respondió con tono de duda:

—Tendría que hablar con la representante legal de las gemelas. Con esta nueva información podríamos ver si está dispuesta a pasar por encima de la palabra de las Bijani.

El doctor Goh y yo seguimos al doctor Loo por el pasillo. Nos detuvimos, observando y esperando, mientras él hablaba en voz baja con una mujer iraní de mediana edad, a quien Ladan y Laleh le habían dado un poder legal como representante. La mujer escuchaba con atención y parecía estar formulando preguntas. Pero luego negó con la cabeza antes de decir su respuesta, aparentemente muy emocional y terminante.

El doctor Loo asintió, le dijo algo más. Luego se volvió y vino hasta donde estábamos esperando para dar el veredicto final. La representante había dicho que entendía que las cosas habían cambiado, pero Ladan y Laleh le habían hecho prometer lo mismo que a los doctores: que la cirugía seguiría, pasara lo que pasara. Habían sido muy claras al respecto: querían despertar separadas, o no despertar nunca más. Les había dado su palabra y la representante insistía en que no las defraudaría. Se negaba a darnos permiso para interrumpir la operación. Teníamos que seguir.

Sentí que se me caía el corazón a los pies. No fue sino hasta ese momento que pude sentir una diferencia importante entre el caso de las hermanas Bijani y las cirugías de separación que había realizado con anterioridad. Es que la decisión final no era mía esta vez. No importaba mi opinión profesional, ni mi convicción personal. A cargo estaban el doctor Goh y el doctor Loo, yo solo formaba parte de su equipo. Era una persona cuya ayuda necesitaban, a pesar de lo que yo sintiera con respecto a la decisión de seguir adelante.

Ya habían pasado treinta y dos horas desde que comenzáramos a operar. Los dados estaban echados. El final todavía no estaba a la vista, pero no podíamos retroceder.

Pasamos las siguientes horas perforando y aserrando un canal de unos dos centímetros de ancho, a través del hueso y alrededor del perímetro de nuestro campo quirúrgico para poder separar los dos cráneos a lo largo de la línea de fusión. En efecto, tuvimos que avanzar en forma de círculo, más o menos del diámetro de una cabeza de tamaño promedio. Y para hacerlo, otra vez tuvimos que llegarnos desde diferentes posiciones y elevaciones para poder cortar y separar a las mujeres, centímetro a centímetro. Pero aun habiendo terminado de separar los cráneos casi por completo, faltaba muchísimo por hacer.

Ladan y Laleh no compartían estructura ni tejido cerebral. Sus cerebros eran órganos completos, separados. Pero como habían crecido apretados entre sí, se habían pegado, como si alguien hubiese echado pegamento sobre la superficie de ambos cerebros, apretando fuerte y manteniendo la presión durante veintinueve años.

No había porciones despegadas. Era casi medio metro cuadrado de superficie, pegado con tanta fuerza y tan apretado que debimos ir despegándolo milímetro a milímetro, con cuidado de no romper los delgadísimos vasos sanguíneos que se extendían como una red de tentáculos y que se habían enredado con el paso de los años.

Durante la mayor parte de esta etapa, los seis neurocirujanos operaron a la vez. Dos, parados sobre bancas, por encima de los que trabajábamos en la porción anterior de los cerebros de las jóvenes, con dos más trabajando en la sección del cerebro a la que podían acceder, de pie junto a la mesa de operaciones y otros dos más, sentados debajo en banquetas para poder operar la parte trasera y la base de los cráneos.

Los suaves acordes de la música clásica de fondo fluían por el quirófano en esas horas, mientras seguíamos levantando y separando con toda suavidad los dos cerebros, cortando con minuciosidad el tejido pegado, cortando y luego suturando o cauterizando los diminutos y delgados vasos sanguíneos a medida que avanzábamos. El progreso era lento, tedioso, pero continuo. Todo parecía estar bajo control. Así que mientras pasaban las horas y un increíble agotamiento se apoderaba de nuestros cuerpos, nuestros espíritus volaban de contentos.

Con toda lentitud, pero con mucha seguridad, seguimos separando los cerebros de Ladan y Laleh.

Sentí que se me acalambraban los dedos y las manos, y sentía cómo se me agarrotaban los músculos de la nuca y los hombros. Pero al llegar a las cincuenta y cuatro horas de cirugía podía ver una luz prometedora al final del túnel, un final feliz para estas dos jóvenes tan especiales y valientes.

Tuvimos que sacrificar algunos vasos sanguíneos, pero las pacientes seguían estables. Habíamos separado casi el noventa por ciento de las superficies de ambos cerebros. Faltaba asegurar y cortar partes de muy difícil acceso, por detrás y por debajo de las orejas, cerca de donde habíamos dejado un último pedacito de hueso fusionado para estabilizar los cráneos y mantener juntas a las pacientes.

Por desdicha, el ángulo dificultoso no era el único problema que encontramos.

Descubrimos dónde había ido toda la sangre. Cada vez que suturábamos un vaso sangrante, la sangre encontraba por dónde salir nuevamente.

No pude evitar pensar en que si hubiéramos interrumpido la operación, toda esa sangre habría encontrado lentamente otros lugares donde ir en vez de acumularse y crear presión en la base del cráneo. En esa situación peleamos con furia las dos horas siguientes, solo por contener la marea. Lográbamos identificar y controlar el sangrado, una y otra vez, y finalmente nos pareció que ganaríamos la batalla.

Pero en ese mismo momento el anestesiólogo anunció que Ladan estaba sufriendo un paro. Me sentí frustrado porque no habíamos tenido advertencia alguna. Parecía imposible que la paciente pudiera llegar a un punto de crisis como ese, sin indicación previa de que su condición se estaba deteriorando.

Al precipitarse las cosas de ese modo, solo nos quedaban unas pocas opciones. Afortunadamente ya estábamos lo bastante cerca de la línea de llegada como para poder suturar lo último que quedaba de tejido y cortar ese último pedacito de hueso. Y es lo que hicimos. Nos tomó menos de cinco minutos separar por completo a las gemelas. Luego, pudimos desenganchar las dos mitades de la mesa de operaciones, para apartarlas y seguir trabajando con cada una de las jóvenes por separado.

El doctor Goh y yo luchamos por controlar el sangramiento continuo de Laleh en tanto el otro equipo trabajaba desesperadamente por resucitar a su hermana. Algunos médicos hacían compresiones de pecho usando las técnicas de resucitación en Ladan. Otros trataban de detener el sangrado en su cabeza. Hicieron todo lo posible durante treinta minutos, hasta que debieron reconocer que sus esfuerzos eran en vano.

Ladan falleció a las dos y media de la tarde del día jueves.

La mitad del quirófano se sumió en profunda tristeza.

Pero los que seguíamos trabajando en Laleh no teníamos tiempo para llorar. La mayoría de los neurocirujanos hemos aprendido a aislarnos de las cosas malas. Es que tenemos que hacerlo porque si pensamos en lo negativo de lo que acaba de suceder no podemos concentrarnos en lo que tenemos que hacer luego.

Estábamos en medio de otra batalla de vida o muerte, con el sangrado de Laleh. Veíamos de dónde venía la sangre, así que taponamos el área con bolas de algodón, tratando de llegar a la base del vaso sanguíneo para coagularlo. Pero apenas lográbamos controlar un vaso cuando se producía nuevo sangrado en otro. Para este momento, el sistema se encontraba bajo tanta presión que la sangre sencillamente buscaba por dónde escapar.

Pasaron treinta minutos. Una hora. Luchábamos con desesperación, buscando evitar otra derrota. Y finalmente, cuando logramos estabilizar a Laleh lo suficiente como para creer que ya lo teníamos controlado, ella también tuvo un paro. Laleh Bijani murió noventa minutos después que su hermana gemela, también a causa de la incontrolable pérdida de sangre.

En el quirófano la música cesó. Un silencio sombrío invadió el lugar, y todo el equipo médico calló. Hubo lágrimas. Después de cincuenta y tres horas, y de dormir cada tres o cuatro por espacio de unos sesenta minutos, no estaba seguro de qué sensación era la que prevalecía en mí: mi tristeza o mi agotamiento. Solo sabía que era una sensación, un sentimiento horrible que no querría volver a sentir nunca más en mi vida.

3
¿Cuándo vale la pena correr el riesgo?

NO FUE SINO HASTA EL DÍA SIGUIENTE QUE LOGRÉ TOMAR CONCIENCIA DE la fascinación mundial ante el caso de las gemelas Bijani y su búsqueda de independencia como seres humanos separados. Los periodistas y representantes de los medios venidos de todo el mundo se apiñaban en la conferencia de prensa del Hospital Raffles. La mayoría de los médicos que habían participado de la cirugía estaban presentes, ante la multitud que formulaba preguntas tras los cientos de cámaras y una cantidad mayor aun de micrófonos.

Me tocó responder solo unas pocas preguntas. Describí brevemente mi motivación para involucrarme en un procedimiento tan peligroso, mis expectativas al entrar en el quirófano, mi rol durante la cirugía y mi reacción al haber perdido a nuestras pacientes. Al doctor Goh le tocó responder la mayoría de las preguntas con ayuda del doctor Loo, director y administrador del Hospital Raffles.

El tono de la larga sesión de preguntas y respuestas quedó reflejado en el artículo con el resumen del encuentro, publicado en el *China Daily* bajo el titular: «Siamesas iraníes fallecen en cirugía de separación»:

> A cincuenta horas de iniciada una operación sin precedentes, para separar a gemelas siamesas unidas por la cabeza, el corazón del doctor Keith Goh se sumió en la más profunda tristeza. Trabajaba con ahínco el martes, por salvar a Laleh Bijani, que comenzó a sangrar profusamente en el momento en que los cirujanos efectuaban el corte final para separarla de su hermana... Y entonces Goh dirigió su mirada a Ladan. Ella perdía sangre más rápido todavía. Las siamesas de veintinueve años murieron poco después. Ladan a las dos y media de la tarde y Laleh, noventa minutos después. Ambas seguían anestesiadas.

En su tierra natal los iraníes lloraron y gritaron de dolor, cuando la televisión estatal anunció el fallecimiento de las gemelas, nacidas en el seno de una familia pobre, que llegaron al corazón de todo el mundo por su determinación por lograr vivir separadas y verse, cara a cara en lugar de solo como reflejos en un espejo.

El artículo describía el dolor de la familia en Irán, mientras los arreglos diplomáticos continuaban para trasladar sus cuerpos, en ataúdes separados, para su sepultura. El artículo se basaba mayormente en las explicaciones del doctor Goh, resumiendo las dificultades halladas durante la operación y describiendo de qué modo los cambios en la circulación sanguínea de las dos, inesperada e impredeciblemente las llevaron a la muerte. También mencionaban el dilema presentado a las treinta y dos horas de iniciada la operación, en cuanto a si interrumpir el procedimiento dejando a las hermanas Bijani unidas, como dijo el doctor Loo en la conferencia de prensa: «Para continuar luego con la etapa final de la cirugía, que sabíamos sería muy, muy riesgosa». El doctor Loo explicó: «El equipo quería saber, una vez más, qué era lo que deseaban Ladan y Laleh y se nos dijo que su deseo era que las separáramos, más allá de las circunstancias».

El doctor Goh le aseguró a la prensa que todos, incluyendo a las siamesas, estábamos conscientes de los riesgos. Y que hasta había intentado convencerlas de desistir. Pero ahora que ambas habían fallecido esperaba que las personas cuestionaran la decisión de intentarlo: «La decisión de continuar con la cirugía, que parece imposible, fue muy difícil», admitió. «Pero habiendo visto y comprendido cómo sufrieron estas mujeres durante los últimos veintinueve años, yo y muchos otros expertos de reconocimiento mundial decidimos aportar nuestro tiempo y conocimiento para tratar de darles a estas mujeres una cierta medida de normalidad para sus vidas».

En apoyo a mi colega, le dije a la prensa: «Eran personas absolutamente decididas a separarse. La razón por la que me sentí impelido a participar es que quería asegurarme de que tuvieran las mejores posibilidades».

El doctor Loo reveló que los últimos análisis prequirúrgicos habían mostrado que la presión intracraneal llegaba al doble del nivel normal.

«Esto implicaba que más tarde o más temprano, las siamesas habrían tenido problemas si nada se hacía al respecto».

Después de la conferencia de prensa y una breve reunión post mortem con el doctor Goh y otros médicos del equipo quirúrgico me dirigí al aeropuerto. Solo habían pasado cuatro días desde mi llegada a Singapur. Parecía mucho más. Y también sentí que el largo y triste vuelo de regreso duraba demasiado.

Pero todavía mi desaliento no llegaba al mismo nivel de lo que había sentido después de que murieran las siamesas Makwaeba, de Sudáfrica, durante el intento por separarlas en 1994. No fue sino hasta que habíamos logrado separar a las bebés que descubrimos que solo el corazón de una de ellas funcionaba bien, y que dependía de la función renal de su gemela más débil. La salud de ambas se había deteriorado con tal rapidez que la única esperanza para ellas era la cirugía de separación, pero una vez logrado el objetivo, ninguna tenía los recursos físicos como para sobrevivir por sí misma. Con o sin la cirugía, sus posibilidades de supervivencia eran mínimas.

Después de la operación de las Makwaeba, pasé algún tiempo preguntándole a Dios muchos «¿por qué?»

¿Por qué permitiste que me involucrara en una situación en la que no había posibilidades de éxito?

¿Hay algo que podríamos haber hecho para que el resultado fuera positivo?

¿Por qué presentarías una oportunidad como esta, solo para dejar que fracasáramos?

No hubo respuesta durante mucho tiempo. El desafortunado episodio no tenía sentido alguno.

Luego, tres años más tarde, me volvieron a invitar a Sudáfrica, al mismo hospital, para trabajar con muchos de los que habían estado en el equipo anterior, con el fin de operar a los siameses Banda. Antes de pasar por esa experiencia, que fue la cirugía de separación de craneópagos más exitosa de la historia hasta ese momento, vi que jamás podríamos haber logrado un resultado tan positivo sin la experiencia obtenida a través del dolor y la desilusión de nuestro anterior «fracaso» con las Makwaeba.

Así que, mientras volvía a casa después de la cirugía de las Bijani, mi forma de pensar era diferente. Sí, la tristeza ante la pérdida de Ladan y Laleh tal vez era mayor porque había podido interactuar con ellas como adulto, y las había conocido personalmente. Volvían a faltarme respuestas a varios «¿por qué?» Pero en esos nueve o diez años mi aprendizaje había sido importante. Ahora podía tener fe en que sí habría respuestas, y además en que esas respuestas se revelarían en algún momento del futuro.

Ya habíamos hecho avances, al menos, sorprendentes y alentadores hallazgos en cuanto al asombroso potencial del cerebro humano. Los cambios espontáneos en la circulación sanguínea que habíamos observado en las Bijani no nos habrían sorprendido si se hubiera tratado de bebés, pero el nivel de capacidad de adaptación en cerebros de pacientes adultos no solo era inesperado sino completamente sin precedentes. Era una lección que nos serviría de mucho si alguna vez teníamos ocasión de operar a otro par de siameses adultos. Confiaba en que algo bueno resultaría de ese caso, uno más entre los que nos presentan dificultades y desilusiones.

Pero en lo inmediato necesitaba un par de largas noches de sueño reparador... aunque eso tendría que esperar. El día posterior a mi regreso a Baltimore había tantos representantes de los medios interesados en hablar conmigo que el personal de relaciones públicas del Johns Hopkins organizó una conferencia de prensa personal. Lo último que quería hacer era enfrentarme a otra sala llena de periodistas, pero podía entender que el caso de las siamesas Bijani se había convertido en una historia de interés para el mundo entero. Sabía que me ametrallarían con preguntas, hasta tanto les contara cuál había sido mi rol, por eso acepté dar la conferencia de modo que pudieran preguntar todo lo que quisieran para después permitir que todos continuáramos con nuestras vidas. Parecía una buena idea y, en efecto, funcionó.

Ese viernes por la tarde me enfrenté a una multitud de periodistas de medios locales y nacionales, de radio, televisión, periódicos y revistas, y también tuve una entrevista exclusiva para *Nightline*, de la ABC. Al principio las preguntas se centraban en mi decisión de involucrarme en el caso de las Bijani. Preguntaban si había juzgado bien al dar mi aprobación y participar en una operación tan peligrosa y sin precedentes, en dos pacientes que aparentaban gozar de buena salud. También, por qué había decidido seguir en lugar de interrumpir la cirugía al encontrarnos con problemas inesperados. Y, por supuesto, si pensaba que el trágico resultado podría haberse evitado.

Supongo que todas esas preguntas en ciertos aspectos tendrían algo de crítica, y que en algún punto habría quien me viera como adversario. Pero siempre traté de no ponerme a la defensiva. Les dije la verdad sobre mi interacción con Ladan y Laleh, sobre sus sentimientos, sobre mis propios sentimientos y pensamientos antes, durante y después de la operación y sobre lo que los médicos hicieron y lo que sucedió en cada una de las etapas de la cirugía. Informé que la representante legal y amiga de las siamesas había insistido en que la cirugía debía continuar y mencioné también mi reacción cuando descubrí en un momento tan crucial que los médicos habían prometido que la operación se completaría, pasara lo que pasara. «En ese momento debo decir que me sentí como quien entra en una oscura jungla para enfrentarse a un tigre hambriento, sin llevar rifle», les dije.

Describí el modo en que se formaban nuevos coágulos todo el tiempo en la vena injertada, pero también que el tejido cerebral se mantenía blando, indicando que la sangre circulaba aunque por canales diferentes. Pero como no sabíamos exactamente cómo y por dónde fluía, mi sugerencia de interrumpir la cirugía era para darnos tiempo a fin de estudiar lo que pasaba y revisar el plan de la operación de acuerdo a lo que halláramos.

Expliqué que al fin encontramos que la sangre había fluido por la delgada membrana que recubre el cerebro, la duramadre, que en el caso de las siamesas se había inflamado, llenado de sangre en la base y con un espesor de unas diez veces lo que suele medir, y que cuando intentamos separar la última parte de la duramadre, se produjo el sangrado incontrolable que dio como resultado la muerte de las jóvenes.

Admití que nuestro equipo médico todavía no sabía por qué la sangre empezó a circular por la duramadre y no por la vena nueva, pero que si en el futuro tuviera que realizar una operación similar esta experiencia con Ladan y Laleh me había enseñado que el procedimiento debería hacerse en dos o más etapas, separadas por unas semanas. De ese modo se daría al nuevo patrón de circulación sanguínea algo de tiempo para estabilizarse y los médicos podrían entender qué hacer para mantener la sangre circulando por canales controlables.

Cuando me preguntaron cómo me sentía ante el «fracaso» de la operación reconocí mis sentimientos de respeto y afecto por las hermanas Bijani y mi enorme tristeza porque habían muerto. Pero también agregué: «Solo será un fracaso si no logramos obtener nada de ello. Thomas Edison dijo que conocía novecientas noventa y nueve formas en que no funcionaría una lamparita eléctrica, y gracias a eso tenemos luces hoy. Creo que llegará un día en que los siameses como ellas tendrán la oportunidad de una operación segura para separarse y vivir con normalidad. Y pienso que Ladan y Laleh habrán hecho un importante aporte a quienes en el futuro puedan disfrutar aquello a lo que aspiraban estas dos valientes jóvenes».

Les aseguré a los periodistas que las hermanas tenían pleno conocimiento y conciencia de los riesgos. Sabían que sus posibilidades eran cincuenta a cincuenta pero que estaban decididas y convencidas de que preferían morir antes que seguir viviendo unidas por sus cabezas.

Más de una vez expresé mi gran respeto por el valiente espíritu de las gemelas. «Al entrar en el quirófano estaban optimistas, asombrosamente alegres. Sabían que saldrían de allí, o separadas o que tal vez ya no sufrirían más. Eso las hacía felices».

Cuando terminamos pensé que habíamos cubierto la mayor parte de los temas de importancia, y que todos habrían visto satisfechas sus preguntas. Al menos, el tono era diferente ahora, porque de intentar entender mis motivaciones o juzgar lo atinado de la decisión de operar, ahora las preguntas sonaban más a curiosidad, aceptación e incluso respeto, buscando entender los hechos y centrándose en el interés humano de dos jóvenes muy valientes y su búsqueda de la libertad y la independencia.

Me asombraba que todos siguieran tan interesados en las hermanas Bijani. Los comentarios que hice en la conferencia de prensa y en *Nightline*, aparecieron luego en medios de todo el mundo, como lo ilustra este informe de observación de resultados de un servicio de cable de noticias que salió de Irán unos días después:

Lohrasb, Irán.- Las siamesas Ladan y Laleh Bijani fueron sepultadas una al lado de la otra pero en tumbas separadas, este sábado. Miles de deudos lloraron a las gemelas cuya determinación por vivir separadas llegó al corazón del mundo entero.

Los deudos llenaban las laderas de la colina y se golpeaban el pecho mientras un clérigo musulmán leía porciones del Corán en tanto los cuerpos de las jóvenes eran llevados en andas hacia la tumba cercana al hogar de sus padres en un remoto valle del sur de Irán.

Las hermanas, que habían nacido unidas por la cabeza, murieron en la mesa de operaciones en Singapur el día jueves, cerca del final de un arriesgado y muy largo intento por separarlas... El doctor Ben Carson dijo que ... [él y otros] miembros del equipo quirúrgico que había operado a las mujeres, hicieron «un enorme esfuerzo» por disuadirlas antes de la operación. «No hubo forma de lograr que cambiaran de idea», dijo Carson, director de neurocirugía pediátrica del Hospital Universitario Johns Hopkins de Baltimore, en una entrevista por televisión. «Pienso que si a un minuto de comenzar con la cirugía hubiesen dicho "Cambiamos de idea", todos nos habríamos sentido muy contentos», dijo con respecto al equipo de cirujanos...

E incluso un mes y medio después la fascinación con el caso seguía, al punto que la Radio Pública Nacional me invitó para su programa *Morning Edition*. La coanimadora Renee Montagne dio inicio a su larga entrevista con la siguiente presentación:

El más famoso cirujano de cerebros en Norteamérica tiene un segundo nombre que según él nos prueba que el Señor tiene sentido del humor. Ben Solomon [Salomón en castellano] Carson se hizo famoso por ser el primer médico que logró separar a bebés siameses unidos por la cabeza. Entre otros procedimientos importantes en los que ha sido pionero, como hemisferectomías, o la remoción de medio cerebro para evitar ataques terribles, más recientemente el doctor Carson formó parte del equipo internacional que intentó separar unas siamesas adultas unidas por la cabeza. Las hermanas Bijani, de Irán, fallecieron poniendo al doctor Carson a un lado del debate sobre las cirugías de extremo riesgo.

Conversamos durante unos minutos y luego la entrevista continuó de esta manera:

Renee Montagne: Lo que realmente queremos hoy es sentarnos y conversar con usted sobre... tratamientos que pueden parecer peores que la enfermedad, o al menos tan riesgosos y con tal potencial como para serlo. ¿Podríamos volver al inicio de este verano? En Singapur, formó parte usted del equipo que separó a las dos jóvenes iraníes de veintinueve años. Estaban unidas por la cabeza. Y gozaban de buena salud en general. Pero querían que las separaran y se sabía que la operación sería riesgosa. Se dijo que sus posibilidades eran cincuenta y cincuenta.

Yo: Así es. Cincuenta y cincuenta, nada más.

Montagne: Cuéntenos cuán difícil fue y también por qué decidió participar.

Yo: Bien... fue extraordinariamente difícil, ante todo, porque nadie había intentado hacerlo antes con pacientes adultos. Así que no estábamos muy seguros de lo que encontraríamos. Y además por su anatomía vascular, ya que sabíamos que compartían venas importantes.

Montagne: Una, en especial.

Yo: Así es.

Montagne: Una vena muy importante.

Yo: Exactamente... Había varias cosas muy, muy riesgosas que tendríamos que hacer para poder operar. ¿Por qué decidí participar? Porque sentía que teniendo... tanta experiencia con estas operaciones sería negligente de mi parte darles la espalda y decir: «No, no voy a participar. Están solos en esto».

Montagne: Esta cirugía hizo surgir una cuestión ética que vuelve una y otra vez ante las cirugías riesgosas y experimentales: ¿se hace lo que quiere el paciente? Otros médicos, muy capacitados, se habían negado a operar a esas hermanas.

Yo: Pero, al fin y al cabo, se haría. Eso lo entendía con toda claridad. Ahora, tengo que decir que al entrar en todo eso, sentí lo que muchos: vivir pegadas, bueno, no es tan malo. No es lo peor que podría pasarle a alguien. Uno puede arreglárselas. Vamos, dejen eso atrás ya. Pero cuando las conocí lo entendí. Quiero decir que eran extremadamente vivaces y muy inteligentes, pero estaban bastante deprimidas. Y eso lo vi también cuando les hablé y vi el porqué de su depresión. Tenían aspiraciones muy diferentes en términos de hacia dónde querían ir en la vida y sin embargo no podían alcanzarlas porque estaban pegadas, porque toda decisión, incluso la de ir al baño, tenía que ser conjunta, como si fuera un comité. Cuando hablé con ellas y entendí eso y me dijeron que no podrían soportarlo y que preferían morir antes que pasar otro día pegadas, me sentí un poco mejor con mi decisión de participar... reconociendo de todos modos que sería una situación extremadamente difícil y con muchos obstáculos.

MONTAGNE: ¿De dónde cree usted que ha obtenido esa capacidad para no solo correr un riesgo sino ir a su encuentro? Obviamente, hay un aspecto negativo en ello.

Entonces hablamos durante uno o dos minutos sobre mi historia y las experiencias que habían tenido influencia en mi vida y mi forma de pensar. La entrevista no fue lo suficientemente larga como para que yo pudiera explayarme sobre el tema del riesgo y en ese momento no sé si habría podido decir algo.

Pero sí me hizo pensar.

Evidentemente, no era yo el único.

Alguien de Zondervan, la editorial que publicó mis tres primeros libros, oyó esa entrevista en la Radio Pública Nacional y le llevó la idea al equipo editorial. Un mes después recibí una llamada del editor en jefe, que me preguntó si consideraría la posibilidad de escribir un libro sobre el riesgo.

Le dije a mi amigo editor: «Qué interesante que preguntes eso. Después de contestar tantas preguntas al respecto en las últimas entrevistas, lo he estado pensando; y también en qué más me gustaría decir sobre ese tema».

Así que, ¡aquí estamos!

Desde entonces he pensado mucho. Invariablemente, cada vez que le decía a alguien que estaba escribiendo un libro sobre el tema del riesgo, al instante despertaba su interés. Era intrigante.

Tal vez no debiera sorprenderme que en nuestro mundo, después del once de septiembre de 2001, con un nuevo nivel de obsesión por la seguridad, el tema del riesgo sea tan candente. Los científicos hoy aparecen en los titulares de los periódicos y noticieros con advertencias referidas a nuevos riesgos como la pandemia de la gripe aviar, las bacterias que hay en la carne mal cocinada, o antiguos riesgos como los huracanes de categoría cinco o los tsunamis causados por terremotos.

Vivimos en un mundo donde el análisis del riesgo-beneficio se ha convertido en una ciencia reconocida, donde el «manejo de los riesgos» es una carrera universitaria muy popular que prepara a cada vez más jóvenes profesionales para que trabajen en todo tipo de industrias, desde los bancos a los seguros, a la producción y la venta al por menor.

Pero por mucho que intentemos forjar nuestra seguridad, por muchas precauciones que adoptemos, nuestro riesgo de muerte no es aproximado sino exacto: cien por ciento.

No hay margen de error en esta estadística. Y mientras los humanos depositamos nuestra confianza en la tecnología, me pregunto si perdemos el sentido del asombro y el misterio, marca de las culturas del pasado.

¿Qué impacto tiene entonces esta cultura de evitar los riesgos, en nuestra disposición a correrlos?

La vida misma es un asunto riesgoso

EL CASO DE LAS SIAMESAS BIJANI NO FUE LA PRIMERA VEZ EN QUE SOPESÉ los riesgos de realizar una cirugía sin precedentes que llegó a la primera plana de los medios de todo el mundo. Mi primera experiencia tuvo que ver con una hermosa niña de cuatro años y cabellos castaños, llamada Maranda Francisco.

Maranda tuvo su primer ataque a los dieciocho meses de edad. Y el segundo, dos semanas más tarde. Cuando cumplió los cuatro años, sus ataques se habían vuelto más frecuentes y parecían afectar solo un lado de su cuerpo. No perdía la conciencia durante los ataques, pero quedaba con el lado derecho muy débil y a veces, incapaz de hablar durante horas.

Cuando llegó al Johns Hopkins, tenía hasta cien ataques al día, a veces cada tres minutos. Lo que resultaba curioso es que no los tenía mientras dormía. Un artículo periodístico informó que «vivía en breves intervalos entre convulsiones». Como los ataques eran tan repentinos, el peligro de ahogarse era muy grande y por eso no podía comer. Tenía que ser alimentada mediante una sonda nasogástrica.

Según su madre, Maranda ya había probado treinta y cinco medicamentos distintos. Los Francisco habían llevado a su hija a diferentes médicos y clínicas en todo el país, sin encontrar respuestas a la misteriosa dolencia de su pequeña. Finalmente, en el invierno de 1984, el Centro Pediátrico de Epilepsia del Hospital de Niños de Denver diagnosticó que la niña sufría encefalitis de Rasmussen, una rara inflamación del cerebro.

Los médicos de Denver enviaron a la familia a la UCLA, donde los galenos tenían experiencia en el tratamiento de esa enfermedad. Pero el pronóstico fue devastador: «Es inoperable. No podemos hacer nada». Los doctores explicaron que Maranda empeoraría, a ritmo lento pero seguro, y que al fin quedaría paralítica de un lado. El daño cerebral que fuera acumulándose causaría un retraso mental progresivo. Y luego, la niña moriría.

Los Francisco se negaron a rendirse. Llamaron a todos los expertos del país que aceptaran hablar con ellos, y así llegaron a contactar a mi colega, el doctor John Freeman del Johns Hopkins, nuestro jefe de neurología pediátrica con merecida reputación como experto en el tratamiento de convulsiones. John escuchó el relato que hizo la señora Francisco y le pidió que le enviaran la historia clínica de Maranda. Pensó que tal vez podría ayudar algo.

Estudió la historia cuando la recibió y vino a verme:

—Hay un procedimiento llamado hemisferectomía, del que tal vez no hayas oído hablar—, dijo después de pedirme que mirara la historia clínica.

—Sí, he oído de eso pero nunca lo traté —dije. Sabía que esa cirugía implicaba la remoción de una mitad, o hemisferio, del cerebro. Se había intentado años antes como tratamiento para las convulsiones que implicaran riesgo para la vida, pero a causa de los graves efectos colaterales y la alta tasa de mortalidad, no gustó mucho.

John me explicó que había estado en Stanford, donde se habían realizado varias hemisferectomías. Sabía de dos que habían sido exitosas y creía que era una opción quirúrgica viable para alguien como Miranda, cuyos ataques se limitaban a un lado del cerebro. Estaba convencido de que ese procedimiento radical era la única esperanza que tendría la pequeña.

—¿Crees que podrías hacerle una hemisferectomía a esta niña, Ben?

Le dije que estudiaría la literatura. Pensé largo y tendido sobre cómo evitar las complicaciones que habían tenido otros cirujanos en el pasado. Estudié las tomografías de Maranda y al fin les pedí a sus padres que la trajeran para poder evaluarla. John Freeman y yo conversamos y seguimos estudiando. Luego, me senté con la señora Francisco:

—Estoy dispuesto a intentar una hemisferectomía, pero tiene que saber que es un procedimiento que nunca he realizado.

—Doctor Carson —me dijo—, si puede hacer algo... Todos los demás se han rendido.

—Es una operación peligrosa. Maranda podría morir en el quirófano. O podría tener graves daños cerebrales u otras limitaciones. Odiaba asustar a esa madre, pero no podía darle falsas esperanzas.

—¿Qué pasa si no aceptamos esta cirugía, doctor Carson? ¿Qué le pasará a Maranda entonces? —quiso saber.

Respondí con la mayor calma posible:

—Empeorará y morirá.

—Entonces no hay muchas opciones, ¿verdad? Si hay alguna esperanza... hágalo, por favor.

La noche antes de la cirugía me senté con el señor y la señora Francisco y repasé una larga lista de posibles complicaciones. Volví a decirles que no podíamos predecir el resultado de la operación. La lesión afectaba el lado dominante (izquierdo) del cerebro de la pequeña. En la mayoría de las personas diestras, el hemisferio izquierdo domina el habla, el lenguaje y el movimiento del lado derecho del cuerpo. Así que en esta cirugía, uno de los riesgos mayores a largo plazo, si sobrevivía, podía ser la pérdida del habla o la parálisis completa del lado derecho del cuerpo.

Los Francisco me aseguraron que entendían cuáles eran los riesgos, y estaban conscientes de que esa era la única oportunidad para su hija.

Les dije que tenía tarea para ellos esa noche.

—Lo que sea. Haremos lo que quiera.

—Hagan sus oraciones. Y yo haré las mías. Porque de veras creo que ayudan.

Aunque sentí cierta ansiedad esa noche, había sido cirujano ya durante bastante tiempo como para saber que si alguien puede morir si no lo operan, no tenemos nada que perder si lo operamos. Así que me dormí en paz, sabiendo cuáles eran los riesgos que correríamos y sabiendo también que le estaríamos dando a esta linda niña una oportunidad de vivir.

Las complicaciones comenzaron casi al mismo tiempo que la operación. El cerebro de Maranda estaba tan inflamado que dondequiera que lo tocara un instrumento, había sangramiento. Seguimos pidiendo más y más sangre al banco de sangre y, poco a poco, pude separar el hemisferio izquierdo del cerebro, cortando y cauterizando vasos sanguíneos mientras avanzábamos. Finalmente acabamos. Volvimos a coser su cráneo y suturamos su cuero cabelludo, cubriendo la herida. Habíamos logrado quitar el hemisferio izquierdo completo del cerebro de Maranda.

No solo fue una de las operaciones más difíciles hasta ese momento en mi carrera, sino también una de las más largas. Habíamos planeado una cirugía de cinco horas, pero nos llevó diez. Cuando terminamos, habíamos reemplazado casi dos veces el volumen de sangre de Maranda, cuatro litros y un cuarto.

Ahora, solo restaba esperar. ¿Podría volver a caminar o hablar? La observé, buscando mínimas señales de movimiento. El anestesiólogo desconectó el respirador, así que al menos respiraba por sus propios medios. Una enfermera la llamó por su nombre. Nada. Sentía confianza en que pronto despertaría, pero no podía estar seguro.

Seguí la camilla mientras la sacábamos del quirófano. Y cuando sus padres nos oyeron llegar por el pasillo, la señora Francisco nos llamó: «¡Esperen!» Ella y su esposo corrieron hasta donde nos encontrábamos.

Después de que la señora se inclinara para besar a su hija, los ojos de Maranda se abrieron, por un segundo nada más. «Los amo, mamá y papá», dijo.

Los padres lloraron. Una enfermera gritó: «¡Habló!»

Permanecí quieto, azorado. Le habíamos quitado a la pequeña todo el hemisferio izquierdo, la parte que controla el habla. Y podía hablar. Podía oír. Podía pensar. Podía responder. Allí, sobre esa camilla en el pasillo del hospital, empezó a mover el brazo derecho y la pierna derecha.

¡Increíble!

Los medios comenzaron a solicitar entrevistas y fotografías. Ya cuando Maranda dejó el hospital, se había convertido en un celebridad. Y yo también. La niñita podría vivir una infancia feliz, con muy pocas limitaciones menores; la última vez que la vi, bailaba *tap* y hablaba sobre lo que estudiaría en la universidad.

Nuestro éxito con Maranda dio lugar a más hemisferectomías en Hopkins, pero ninguna obtuvo tanta atención de los medios como la primera. Así que supuse que había tenido mis quince minutos de fama, y me bastaban. No tenía idea de la cantidad de procedimientos potencialmente riesgosos y sin precedentes que vendrían en el futuro.

A causa de las preguntas que surgían del caso de las siamesas Bijani y dado que estaba dispuesto a aceptar la incertidumbre de los casos quirúrgicos más difíciles, como el de Maranda, el riesgo de escribir un libro acerca del tema, en realidad, fue una decisión relativamente fácil para mí.

Sabía lo que quería lograr con una obra como esta: pensar en grande, en términos de audiencia y contenido. Pero también quería que mis consejos fueran prácticos, frescos, dada la complejidad y amplitud del tema. Escribir un libro como este, me ha llevado más tiempo y ha representado más desafíos de lo que imaginé.

Nuestra esquizofrénica obsesión con el riesgo

En el léxico de los estadounidenses, la palabra «riesgo» cobra cada vez más importancia. Si usamos el buscador Google y escribimos este término, veremos que como resultado aparecen más de mil millones de referencias en apenas un octavo de segundo. Es más, podríamos decir que hoy la gente tiene más sensibilidad respecto del riesgo que la que tuvo el ser humano desde los inicios de la historia.

Esto podría explicar por qué tanta gente no solo se preocupa sino que se vuelve realmente esquizofrénica cuando se trata del riesgo. Pensemos en esto. Por un lado, nuestra cultura convierte en ídolos a los atletas más arriesgados, desde los que doman toros a los que vuelan alto, los que retuercen sus cuerpos, los que desafían a la muerte, los que se dedican a los deportes extremos por diversión nada más, en los eventos que vemos por televisión. Glorificamos a estos héroes por su coraje. Nos sentimos atraídos a tales programas televisivos como curiosos que acuden a la escena de un accidente de tránsito. Y miramos boquiabiertos, ansiosos y casi esperando una falla, dispuestos a maravillarnos y aplaudir ante sus logros y triunfos reflejados en trofeos.

Pero al mismo tiempo, en todas las escuelas públicas del país, es obligatorio que en el patio de juegos haya madera molida, trozos de goma de unos quince por veinte centímetros, o algún tipo de resorte debajo de los sube y baja, de las hamacas y de las trepadoras, como para amortiguar una caída accidental, evitando así lesiones.

También celebramos el riesgo casi todos los días en programas conocidos como *Reality Shows*, del tipo de *Survivor* [Superviviente] y *Fear Factor* [Factor miedo], y millones de espectadores nacionales y del mundo entero aplauden, se identifican y ríen ante las pruebas a las que son sometidos otros seres humanos, arriesgando al límite sus cuerpos, mentes y espíritus en las circunstancias más locas y amenazantes.

Claro que apenas apagamos el televisor, salimos con nuestros conciudadanos a marchar reclamando mayor seguridad, reglas más específicas y rígidas, legislación más amplia, criterios legales innovadores y lo que sea que pueda eliminar cualquier elemento de posible riesgo en nuestras vidas cotidianas.

¿Hay algo más esquizofrénico que nuestra cultura?

No es una broma

Todo eso puede provocar risa, pero mejor sería responder examinando cuáles son esos riesgos en realidad. Por ejemplo, ¿sabías que...

- tu riesgo de lesiones a causa de un televisor que funciona mal este año es de una en siete mil?
- en los hospitales, cada año se trata a veintiocho mil personas por haber manipulado o tragado dinero?
- tus posibilidades de lesiones graves provocadas por adornos navideños son de una en sesenta y cinco mil?

Habría que preguntarse quién recopila esos datos estadísticos y por qué.

No me digas que esos «riesgos» no proyectan imágenes desagradables en la gran pantalla de su imaginación. Por ejemplo, si oímos que los cubos y los baldes lastiman a unas doce mil personas cada año, nos imaginamos a los tres chiflados en su loca comedia, ¿verdad? Pero para las familias cuyos bebés (unos cincuenta al año) mueren ahogados en un simple balde, no hay nada de gracioso en esa estadística.

Las estadísticas muestran que por lo general las mujeres conducen con mayor prudencia que los hombres, hasta que cumplen los treinta y cinco años, pero que los hombres de mediana edad son quienes recuperan ese trofeo y que estadísticamente, el conductor más seguro es el hombre de cuarenta y dos años. Todo esto es material para una cantidad de chistes y bromas referidas al sexo de los conductores, claro está. Pero no es tan gracioso saber que el conductor masculino de dieciséis años es cuarenta veces más peligroso en una calle que la dama de cuarenta años, ni nos da risa saber que uno de cada veinticinco conductores con los que nos cruzamos en la ruta por la noche, está ebrio según lo indican las leyes.

Hay riesgos que nunca nos harán reír.

Ese miedo, esa ansiedad que despierta el riesgo cubre todos los aspectos de la vida y la sociedad, y tiene su efecto en nosotros en diversos aspectos. Buenos. Malos. Feos. A veces ridículos. Por eso, cada paquete de cigarrillos lleva una advertencia de parte de los médicos, y también por eso McDonald's ahora advierte a los clientes que el café caliente es... bueno, caliente por supuesto. También, por eso vemos las molestas etiquetas cosidas a nuestros colchones y almohadas, que nos amenazan con demandas judiciales si las quitamos. Y por eso todo paciente ahora tiene derecho al consentimiento informado, por lo que cada uno de mis amigos médicos tiene que pagar cientos de miles de dólares al año para cubrir sus responsabilidades. Por eso también, las personas con buen criterio que buscan asistencia médica inmediata —así como sus galenos altamente capacitados y experimentados—, tienen que llamar a una compañía de seguros y esperar que un empleado de diecinueve años les dé su aprobación para iniciar un procedimiento o tratamiento que tal vez no sepa siquiera pronunciar porque no conoce de qué está hablando. Por eso tenemos cinturones de seguridad y parabrisas irrompibles, detectores de metales a la entrada de las escuelas, hospitales y edificios públicos; tapas a prueba de niños en los medicamentos y sellos a prueba de apertura en las jarras de leche. Por eso, durante un tiempo mientras casi terminaba de escribir este libro, la industria del transporte aéreo respondió con una nueva ronda de amenazas terroristas prohibiendo por completo los líquidos en el equipaje de mano, lo que significa que los pasajeros deben terminar su café, desechar el agua mineral o usar los sobres de condimento sobre sus ensaladas, rápido antes de subir al avión. También por eso las escaleras ahora vienen con carteles de advertencia acerca de los riesgos de caídas; los disfraces para Halloween traen etiquetas que dicen: «La capa no da capacidad para volar»; y los fabricantes pegan en sus productos un aviso detallado que dice: «No usar si se ha quitado esta etiqueta».

¿Cómo es que llegamos al punto en que el riesgo nos intriga tanto y, al mismo tiempo, nos preocupa a tal extremo?

Mis amigos siquiatras ofrecerán alguna compleja respuesta freudiana, sin duda. Pero mi conclusión es más pragmática y hasta, diría, simplista. Como el aventurero a quien le preguntaron por qué escalaba la cima de la montaña, y que respondió: «Porque está allí», pienso que nuestra cultura ha formado esta intensa relación de amor-odio con el riesgo en parte porque este siempre está presente. Pienso que hemos aprendido más sobre el riesgo que cualquier otra generación, solo porque podemos.

Permíteme explicarlo.

El riesgo no es nada nuevo

El riesgo no es algo moderno. Hasta el más somero resumen de la historia estadounidense nos lo demuestra. Los primeros exploradores europeos que llegaron a América (sean los vikingos, Colón o quien fuera) y quienes les siguieron, corrieron riesgos increíbles. Los colonos que luego habitaron estas tierras corrieron grandes riesgos, algo evidente en las ruinas de las colonias que salpican las costas, desde el Caribe hasta las provincias costeras de Canadá. Mis ancestros, traídos en barcos de esclavos, vivieron una dimensión diferente del riesgo. Y, por supuesto, los aborígenes norteamericanos que vivían aquí tuvieron que vencer sus propios riesgos para poblar estas tierras. Aunque esos indios representaban riesgo para los recién llegados, sus tribus corrían riesgos aun mayores, a causa de las enfermedades contagiosas y las ideas que llegaban del Viejo Mundo.

La misma formación de la nación de los Estados Unidos fue un experimento extremadamente riesgoso, representado por la audaz declaración de independencia de la corona de la nación más poderosa de la tierra. La expansión y colonización de nuestro joven país tuvo otros peligros. Ya cuando el continente americano llegó finalmente al estado de «civilización», nos arriesgamos involucrándonos en dos conflictos armados de tal alcance y nivel de mortalidad que la historia les ha dado el nombre de «Guerras Mundiales».

Los ecos de las bombas y metrallas acababan de apagarse en Europa y el Pacífico cuando la Guerra Fría y la primera amenaza real de aniquilación total de la humanidad hicieron surgir el concepto del riesgo a un nivel apocalíptico. Apenas comenzó a derretirse el hielo de la Guerra Fría con el advenimiento del cambio y la caída de la vieja Cortina de Hierro, nos encontramos en un conflicto inaudito, marcado por un peligroso patrón de terrorismo y violencia mundial que finalmente captó la atención de todos el once de septiembre de 2001 y que sigue manteniendo alerta nuestra conciencia del riesgo desde entonces, sin que podamos prever siquiera un final para esta guerra contra el terror.

Claro que el riesgo ha sido un hecho en la vida de todos en la historia, y no solamente para los estadounidenses. Sin embargo, estamos hoy ante una convergencia nueva de tendencias y sucesos históricos que apoyan la afirmación de que vivimos más conscientes y preocupados por los riesgos que lo que lo estuvo cualquier otra generación. Y no es solo porque estén allí, sino porque los tiempos en que vivimos nos han equipado de manera única para reconocer, entender, catalogar, medir, comparar y saber más sobre los riesgos que existen, que lo que lo estuvo cualquier otra sociedad en la historia. Es porque podemos preocuparnos que lo hacemos.

La raíz del riesgo

La mayoría de los libros escritos sobre el tema del riesgo citan al gran matemático y filósofo francés Blas Pascal por haber establecido los fundamentos de la teoría de las probabilidades. A través de su correspondencia con un par de académicos amigos a mediados del siglo diecisiete, el joven Pascal utilizó una compleja combinación de geometría y álgebra para ingeniar el primer método matemático y sistemático del cálculo de probabilidades. Un amigo quiso aplicar la fórmula para ganar dinero por medio de una secreta (aunque leve) ventaja en los juegos de azar. Sin embargo, la verdadera importancia de este pionero esfuerzo de Pascal para el mundo de los negocios, en materia de manejo, aseguramiento y pronóstico de tendencias y pérdidas económicas, solo fue develado poco a poco a lo largo de los siglos después de su muerte.

John Ross dice en su libro *The Polar Bear strategy* [Estrategia del oso polar]:

> En esencia, y aunque a escala limitada al principio, la teoría de la probabilidad les permitió a quienes la ponían en práctica el cálculo de las probabilidades en dos sucesos reales para luego compararlos. El efecto de este trabajo sencillo pero notable, fue como dejar salir a un poderoso genio de una botella. Lo que la ciencia y la tecnología pudieron conseguir como resultado junto a nuevas herramientas desarrolladas para analizar decisiones de riesgo, cambió completamente la forma en que los humanos veían la incertidumbre y el futuro. La teoría tuvo impacto directo sobre la forma en que toman decisiones las personas, y en consecuencia, sobre la forma en que viven aun si no saben de estadísticas.[1]

Una larga lista de científicos y matemáticos amplió los conceptos de Pascal a lo largo de los años, por lo que edificaron sobre el fundamento de su sistema. Tomaban datos del pasado para predecir el futuro, descubrieron el fenómeno de la curva campana, además de demostrar que una cantidad de observaciones de muestra pueden ser representativas de una porción mayor de la población. Lograron entender y trazar distinciones entre lo causal y lo correlativo, y desarrollar los medios para poder distinguir entre diversos riesgos y factores de riesgo.

La revolución a la que dio inicio Pascal en la década de 1650 al fin brindó impulso a una pequeña revolución que comenzó en la década de 1950, cuando el concepto del manejo de riesgos se presentó por primera vez en un artículo del *Harvard Business Review*. Aunque recién en la década de 1970 todo ello dio lugar al nacimiento de la nueva ciencia del análisis de riesgos —campo multidisciplinario y de naturaleza académica que surgió como emprendimiento científico—, como señala Ross, «de la confluencia de diversos factores: importante acumulación de datos en materia de salud y seguridad, la introducción de computadoras de alta velocidad que podían almacenar y procesar dicha información así como el desarrollo de sofisticadas técnicas analíticas para trabajar con esta información... hoy los números y comparaciones en materia de riesgo son cosas comunes».

La teoría de la probabilidad brindó los medios para poder examinar al mundo con atención, a través de una lente más reveladora. El economista Peter Bernstein observó que sin esa herramienta sistemática de evaluación para decidir si se corre o no un riesgo:

> No tendríamos forma de calcular la probabilidad de que sucediera algo como la lluvia, la muerte de alguien a los ochenta y cinco años, una caída del veinte por ciento en la Bolsa, la concreción de proyectos en congresos democráticos, la falla de los cinturones de seguridad o el descubrimiento de un yacimiento petrolífero por parte de una compañía exploradora de suelos... los ingenieros jamás podrían haber diseñado los grandes puentes que cruzan nuestros más anchos ríos, las casas seguirían siendo calefaccionadas por medio de leños, no existirían los servicios eléctricos, la poliomielitis seguiría incapacitando a nuestros niños, no volarían los aviones y los viajes espaciales serían tan solo un sueño.[2]

Como subproducto de todo ello, hoy los análisis de riesgo nos brindan una intrigante colección de datos, a veces fascinantes, muchas veces útiles, en ocasiones divertidos y con cierta frecuencia, terribles. Son datos, números, precauciones, comparaciones que incluyen los siguientes ejemplos:

- El alcohol tiene que ver con el cuarenta y cuatro por ciento del total de muertes accidentales.
- El riesgo de que un puente colapse durante su tiempo estimado de vida, es uno en un millón. El riesgo de que uno esté sobre ese puente cuando caiga es de uno en cuatro millones.
- Tienes cuatrocientos por ciento más probabilidades de morir por una caída que porque algo le caiga encima.
- Los niños tienen seiscientos por ciento más probabilidades de morir atropellados por un bus escolar que de morir mientras viajan en un bus escolar.
- El riesgo de demanda judicial por mala praxis para un obstetra es de setenta por ciento.

Todos los días somos bombardeados con cantidad de nuevos datos y advertencias. Desde los medios («A las once, una película sobre el insospechado peligro de...»), a la ciencia y los expertos médicos («La CDC emitió un nuevo informe esta semana, aconsejando a las futuras madres que deben evitar...»), a los amigos y los familiares («Solo llamé para asegurarme de que supieras sobre el nuevo brote de E coli. Ya está en once estados y han muerto tres personas. Todavía no han logrado detectar exactamente cómo entró en la cadena alimentaria pero si tienes espinaca fresca en casa ¡no la comas!»).

La verdad es que la vida misma es riesgosa.

Y la pregunta entonces es: ¿cómo respondemos ante esa cantidad de información intimidatoria y alarmante?

La verdad rotunda

Nadie pensaría en el helado como algo riesgoso para los niños. Pero el carrito de venta de helados que atropelló a Bo-Bo Valentine cuando la pequeña tenía cuatro años y salió corriendo a la calle, puso en riesgo su vida. Cuando la conocí, temprano un lunes por la mañana, había pasado todo el fin de semana en la unidad de terapia intensiva, en coma y con un monitor de presión intracraneal en su cabeza. Un médico residente resumió su caso diciendo: «¿No es hora ya de que dejemos de intentarlo con esta niñita? Lo único que le queda es la respuesta pupilar», lo cual significaba que sus pupilas todavía respondían al estímulo de la luz. Todos los demás movimientos y reflejos a los estímulos no funcionaban desde el momento en que la habían traído a la sala de emergencias.

Antes de responder al residente, me incliné sobre Bo-Bo y con suavidad le levanté los párpados. Sus pupilas estaban fijas y dilatadas.

—Creí que había dicho que tenía reflejo en las pupilas.

—Así era, hasta hace un minuto —insistió.

—Entonces, ¿me está diciendo que se han dilatado en este último minuto?

—¡Tiene que ser!

En ese caso, todo indicaba que algo grave estaba sucediendo y que teníamos que hacer algo de inmediato si había esperanzas de impedir daños mayores.

—Llame al quirófano —le dije a la enfermera—. ¡Y avise que estamos de camino! ¡Emergencia cuatro agravada!

Todo pasó a gran velocidad. Dos residentes tomaron la cama de Bo-Bo y la arrastraron por el pasillo, corriendo. Mientras nos dirigíamos al quirófano me crucé con otro neurocirujano. Era uno de los médicos principales a los que yo más respetaba por su trabajo con víctimas de trauma. Mientras el personal preparaba el quirófano le expliqué lo que había sucedido y lo que pensaba hacer.

—¡Ni te molestes! —me dijo mientras se alejaba—. Es una pérdida de tiempo.

Su respuesta me dejó atónito, pero no permití que me persuadiera. No había tiempo. Bo-Bo todavía estaba viva y si había alguna oportunidad, por leve que fuera, para salvarle la vida, yo no iba a volver atrás. Iba a operarla de todos modos.

En minutos, todo estaba listo para una craneotomía. Primero abrí su cabeza y quité el frente de su cráneo. Luego, aparté la duramadre, esa membrana como de cuero que protege el tejido cerebral. Entre las dos mitades del cerebro está la cisura. Al dividirla, ambos hemisferios del cerebro de Bo-Bo podrían comunicarse y se equilibraría así la presión entre ambos. Quitando parte del cráneo, pudimos reducir la presión causada por la inflamación. Todo ese procedimiento le dio a su cerebro un poco de espacio para que se inflamara hasta que finalmente pudiera sanar.

Antes de cerrar su cabeza cubrí el orificio temporalmente con parte de la duramadre de un cadáver, para mantenerlo todo en su lugar. Y finalmente, cerré todo con el cuero cabelludo. La operación completa llevó unas dos horas.

Bo-Bo siguió en estado comatoso durante varios días mientras la observábamos buscando alguna respuesta de su parte, algo que nos ofreciera esperanzas. No sucedía nada. Pero una mañana, sus pupilas respondieron apenas al estímulo luminoso. Me atreví a abrigar una esperanza: *Tal vez algo esté sucediendo allí.*

Unos días después comenzó a moverse un poco, a estirar las piernas y cambiar de posición, como si quisiera ponerse cómoda. Una semana más tarde, ya estaba alerta y podía responder. Cuando supe que podía confiar en que se recuperaría, la llevamos de regreso al quirófano y volvimos a su posición original la porción del cráneo que le habíamos quitado. En seis semanas más, volvió a ser la niña encantadora, feliz y normal de cuatro años que era antes del accidente.

Vi a Bo-Bo hace poco y me presentó a su pequeña hija. Ese breve encuentro fue un maravilloso recordatorio para mí: Los expertos no siempre tienen la última palabra en cuanto a los riesgos. A veces, solo añaden angustia a la duda, confusión a las incertidumbres y riesgos a los que nos enfrentamos en la vida.

De modo que habrá que preguntarse: ¿Cuáles son los riesgos por los que vale la pena preocuparse? ¿Y cómo se supone que podamos tomar decisiones sabias y razonables en cuanto a los riesgos que enfrentamos, cuando nuestra perspectiva suele ser tan distorsionada? ¿Cómo decidir cuáles son los riesgos aceptables?

Nos llevará el resto de este libro responder a estas preguntas. Y también tendremos que pensar, y mucho. De manera que ahora que empezamos a ocuparnos de estos interrogantes, me gustaría referirme a las percepciones distorsionadas que mencionamos en el último capítulo, con algunas «verdades de Perogrullo» que espero, te ayudarán a entender mejor de dónde vengo y hacia dónde iré en los próximos capítulos.

Verdad número 1: Todo tiene sus riesgos

La gran mayoría de los riesgos que mencionamos en el último capítulo, es evidencia del hecho de que todo en la vida tiene sus riesgos. Un estudio reciente de la cobertura de las noticias reveló que el treinta y cinco por ciento de todos los artículos en los periódicos de los Estados Unidos, y aproximadamente un cuarenta y siete por ciento de los que ocupan la primera plana, suelen referirse a riesgos de la vida contemporánea. Al ingresar el titular de un periódico en un buscador de Internet, la cantidad de resultados «más relevantes» llegó a seiscientos treinta y cuatro, omitiéndose una enorme cantidad de historias y artículos similares o iguales. Los temas incluían, entre otros:

- «Los analgésicos comunes pueden aumentar el riesgo de un ataque cardíaco».
- «*Soluciones a la manipulación de riesgos* actualiza los modelos de huracán».
- «Las mascotas, ¿aumentan el riesgo de eczema en los bebés?»
- «Las carpas del lago Utah presentan riesgos para la salud de los humanos».
- «Veteranos en riesgo por robo de identidad».

Todos estos y más de seiscientos otros riesgos aparecen en letras de molde en los titulares del periódico de un día cualquiera. No ha de sorprendernos entonces que la confusión sea la reacción común ante el ataque de información que recibimos sobre el tema del riesgo. Esto incluye la información brindada por quienes se llaman «expertos».

Verdad número 2: Cuanto más sabemos más nos preocupamos

Hace un par de siglos los médicos no entendían la relación entre los gérmenes y las enfermedades. La mayoría de la gente común en la civilización occidental creía que bañarse más de una o dos veces al año era un exceso y que en realidad podía ser factor de propensión a enfermedades temidas. Hoy sabemos que el cuerpo humano contiene más bacterias que células y la mayoría de las personas sabemos bien que el estado de nuestra salud en general suele estar determinado en el nivel celular e invisible donde hasta la más mínima alteración del ADN (los bloques esenciales que rigen nuestras vidas) puede dar inicio a enfermedades como el cáncer, causándonos la muerte.

Visión distorsionada

Los que se apresuran a declarar que vivimos hoy en tiempos de riesgo sin precedentes tal vez necesiten refrescar la memoria porque nuestra perspectiva está muy distorsionada a causa de lo que yo diagnosticaría como un grave caso de amnesia colectiva.

Pensemos en cómo oímos tanta especulación y en cómo leemos tantas estadísticas sobre los riesgos que representan las tecnologías modernas. Por ejemplo, las posibilidades de que haya un daño producido por fusión accidentan en una usina nuclear, que libere radiación a la atmósfera, son de cinco en un millón al año, según la Comisión de Regulación Nuclear. Informes recientes de la CDC sugieren que dos millones de estadounidenses sufrirán este año de graves infecciones por estafilococos y estreptococos después de ingresar a un hospital, al punto de que unos noventa mil de ellos morirán como resultado de tal infección. Sumemos a esas alarmantes estadísticas la larga lista de aditivos comunes en nuestros alimentos, con probados efectos cancerígenos en la salud. Más de treinta mil millones de dólares se gastan cada año para limpiar residuos peligrosos y no olvidemos que todos los años mueren entre cuarenta mil, y cincuenta mil estadounidenses en accidentes de tránsito, con unos tres millones de personas lesionadas. Consideremos la innumerable cantidad de riesgos que conocemos (y ni hablemos de los que conoceremos en los años por venir), y no nos extrañará el hecho de que el noventa por ciento de los estadounidenses afirme que hoy se siente menos seguro que en su niñez.

Los datos, sin embargo, parecen contradecir esta sensación de inseguridad.

Porque la expectativa de vida en este país para los nacidos en 1900 era de menos de cincuenta años. Los niños que nacieron en el 2000, podrían vivir hasta los setenta y dos años y las niñas, hasta los ochenta. ¿No nos dice esto algo sobre el riesgo comparativo?

Recordemos por un momento ese mundo «más seguro» de nuestra juventud. Era el mundo anterior a las bolsas de aire y los cinturones de seguridad obligatorios en los automóviles, un mundo anterior a los sistemas de emergencias del 911, anterior a los teléfonos celulares que permiten a los padres hablar con sus hijos en cualquier momento y desde cualquier lugar. ¿Recuerda los años cincuenta, esos años «pacíficos y libres de preocupaciones», antes de que los radares Doppler permitieran las alertas meteorológicas, antes del ultrasonido, de los transplantes de órganos y aun de la cirugía de *bypass* coronario? No teníamos SIDA, pero todos conocíamos a alguien que había sufrido poliomielitis.

¿Y qué hay de los idealistas, revolucionarios y «tan seguros» años de la década de 1960? ¿Hemos olvidado ya a los que peleaban contra el sistema? ¿Olvidamos los dientes de los perros policía y los palos con que la autoridad intentaba detener las marchas por la libertad y la justicia? ¿Hemos bloqueado los terribles recuerdos de esos días en que una serie de asesinatos se llevó a los líderes más populares de nuestra nación? ¿Y qué con las violentas protestas que inundaban los idílicos recintos universitarios y los salones académicos de la nación? Yo vivía en Detroit en la época de los disturbios raciales que amenazaban esa ciudad y otras, a lo largo y a lo ancho de los Estados Unidos. Y al igual que millones de niños en el resto del país, me escondía bajo el pupitre durante los simulacros de ataques aéreos, reacción tibia de algún impotente burócrata de la junta educativa ante la aterradora realidad de un mundo donde las grandes superpotencias pasaron la mayor parte de esa década blandiendo sables nucleares y amenazándose mutuamente con la idea de la destrucción completa.

A través de un lente oscuro

Podremos debatir sobre la gravedad relativa de las amenazas de hoy en comparación con las que enfrentaron nuestros padres y abuelos. Aun así, la realidad del riesgo no es algo nuevo. Nuestra perspectiva, sin embargo, está distorsionada no solo por nuestra limitada memoria histórica sino también por la forma en que vemos las cosas hoy.

La violencia que observamos en nuestros días parece más cruenta. El sufrimiento que vemos parece más doloroso. Los peligros parecen más inmediatos, más ominosos para nosotros y nuestras familias. La palabra clave en esta era mediática es «ver» porque la gran diferencia entre nuestra época y la de cualquier otro ser humano en el pasado es lo que vemos y cómo lo vemos. Gavin de Becker dice en su libro *The Gift of Fear* [El don del miedo]:

> Hace años teníamos un reducido catálogo de temores. Y eso es porque en nuestra era satelital no pasamos por las calamidades que vivimos personalmente sino por las que sufren personas del mundo entero. No nos extrañemos entonces de que tanta gente le tenga miedo a tantas cosas.[3]

Hoy los medios viven pendientes de las mediciones de audiencia, con lo cual su naturaleza misma distorsiona nuestra visión de los riesgos que enfrentamos día a día. Es que los titulares de los periódicos y los programas de noticias tienen que captar nuestra atención, y lo logran mediante el sensacionalismo y las imágenes. Nosotros, por otra parte, reaccionamos como lo esperan, claro está.

¿Recuerdas que a principios de la década de 1990 una de las noticias que más semanas estuvo en cartelera fue la serie de asesinatos de turistas en Florida? Hubo millones de potenciales visitantes que cambiaron sus planes para las vacaciones y eligieron otro destino. Lo hicieron sin siquiera utilizar las matemáticas, para tomar una decisión informada y fue porque los medios se centraron únicamente en los veintidós asesinatos. Los informes no señalaban que ese año en Florida había cuarenta millones de turistas y si uno calcula que cada uno permaneció como promedio una semana en ese lugar, la tasa de asesinatos fue de solo un tercio del promedio habitual en cualquier ciudad norteamericana. Así que en verdad, ser turista en Florida en ese momento habría representado menos posibilidades de morir asesinado que la que tenían la mayoría de los estadounidenses que se quedaron en casa. Supongo que es difícil captar la atención de los espectadores y lectores dando datos como estos.

Los inusual también atrae más atención que lo común, y esta es una de las razones por las que vemos tanta cobertura de casos de enfermedades raras y que suenan horribles, como la de la «bacteria comecarne», que afecta a una persona en millones. Sin embargo, jamás leemos sobre el único caso por cada siete mil (que suman decenas de miles de víctimas), que necesita atención médica por accidentes al rasurarse.

Como cualquier accidente de línea aérea comercial llega en segundos a la CNN, a Fox News, a las redes de noticias de la noche y los incontables resúmenes de noticias, olvidamos que la posibilidad de matarnos yendo en auto al aeropuerto es mucho mayor que la de morir en vuelo, aunque voláramos toda la vida. Como resultado de esta percepción distorsionada, nos preocupamos más de los debido por peligros y riesgos poco comunes, exóticos. Y al mismo tiempo ni siquiera pensamos en los muchos peligros cotidianos con los que sería más factible encontrarnos y con respecto a los que sí podemos hacer algo.

La exposición a los medios también tiene su influencia sobre la intensidad del miedo a un riesgo real. Hay estudios que demuestran que la palabra *tiburón* desencadena una mayor respuesta de miedo que las palabras *araña, serpiente, muerte, violación* o incluso, *asesinato*. ¿Cuántos estadounidenses van a la playa cada año, preocupados y alertas ante la amenaza de un ataque de tiburón asesino (que podría ocurrir una, dos o tres veces acaso cada año en Norteamérica) y no piensan siquiera en que alguien de los de su grupo pudiera ahogarse (miles de casos al año, todos los años)? ¿Será en parte a causa de las noticias sobre ataques de tiburones, provenientes de Nueva Zelanda o Zanzíbar, y que preocupan incluso a la gente de Kansas? Las noticias sobre personas ahogadas, que solo aparecen en noticieros y medios locales, sencillamente no provocan el mismo nivel de miedo (tal vez porque no logran quitarnos el aliento - ¡sí, permíteme usar el humor!), como lo consiguen las historias de aletas, mandíbulas y tiburones asesinos.

A pesar, y en ocasiones a causa, de la increíble cantidad de información de la que disponemos hoy, hay una enorme brecha entre nuestra percepción y la magnitud real de algunos riesgos. Por ejemplo, el estadounidense promedio calcula que tiene una posibilidad en setenta mil de morir en un accidente de tránsito. Pero la estadística real es de una en siete mil. La mayoría de las personas suponen que el riesgo de muerte por ataque cardíaco es de uno en veinte, cuando en realidad es de uno en tres.

En lugar de reaccionar ante cada uno de los riesgos que vemos u oímos, tendríamos que hacer un esfuerzo por discernir cuáles son aquellos que podemos prevenir.

Verdad número 3: Hay muchos riesgos por los que no vale la pena preocuparse

Es claramente imposible procesar el gigantesco volumen de datos sobre riesgos con que se nos bombardea cada día. La información que logramos entender puede parecer temible, abrumadora y confusa. No podemos ocultarnos de ella, ni podemos ignorarla encogiéndonos de hombros o riendo. Pero con preocuparnos no logramos nada. No sabemos adónde acudir, a quién creerle, cuáles son los peligros reales o cual de todos esos riesgos representa una amenaza real para el futuro de nuestra familia y la supervivencia del mundo. cuando más pensamos en los riesgos, tanto más riesgosos parecen. Por eso nos sentimos tentados a ignorar las advertencias, a descartar todo lo que se diga y nos perturbe, y nos negamos a dejar que nos ahoguen los millones de amenazas que la vida nos echa encima. En ocasiones, esa estrategia puede ser razonable.

La mayoría de nosotros no perdemos el sueño por las noches pensando en que podríamos ser uno de los tres mil trescientos estadounidenses que sufren lesiones cada año por usar desodorantes de ambientes. Sé que mientras descanso o juego con mis hijos y afino mi coordinación óculo-manual en la mesa de pool del sótano, ni siquiera se me ocurre pensar que podría ser yo una de las cinco mil personas que cada año se lastiman mientras juegan al billar. Si escucho con gran placer cómo ensayan mi esposa y mis hijos para la actuación del cuarteto de cuerdas de la familia Carson, jamás se me ocurre preocuparme porque uno de cada ocho mil estadounidenses sufre algún accidente por usar instrumentos musicales. Y pensar que estos tres riesgos nada más representan mil veces mis posibilidades de enfermar de peste, porque eso le sucede a una persona de cada veinticinco millones.

Aquí van otros riesgos por los que ni siquiera vale la pena preocuparse:

- El mes en que más probabilidades hay de morir es enero, y cuando menos probabilidades tenemos de morir es en septiembre (¿es buen argumento para no decidir hacer paracaidismo, como proyecto inmediato el día de Año Nuevo?).
- Un niño tiene tres veces más probabilidades de lastimarse en una silla alta que en un corralito (¿le cortaremos las patas a la silla alta, o nos acostaremos en el piso para darle a la bebé Ruth sus zanahorias pisadas a través del enrejado de su corralito?).

Es fácil ignorar estos riesgos.

Pero luego hay otros riesgos que son personalmente más pertinentes, como: tres de cada diez estadounidenses tendrá alguna forma de cáncer. La forma más común para el hombre es el cáncer de próstata, y se diagnostica un enfermo por cada mil hombres cada año. Los hombres de color tienen casi el doble de probabilidades que los blancos, y el riesgo aumenta con la edad: a los cuarenta y cinco años, es del cinco por ciento, a los cincuenta y cinco es de nueve por ciento, a los sesenta y cinco es de quince por ciento y a los setenta y cinco, de veinte por ciento.

El hecho de que conozca estas estadísticas de riesgo es la razón por la que en los últimos años me he sometido a análisis anuales del antígeno de la próstata. Como estoy conciente del peligro, entiendo los factores de riesgo y reconozco las señales de advertencia, salvé mi vida hace unos años (contaré más sobre ello y sobre las lecciones que aprendí en cuanto a los riesgos un poco más adelante). Así que, por experiencia personal sé que ignorar el riesgo podría ser un error trágico e insensato.

Lo que puede confundirnos mucho es que algunos estudios destaquen un riesgo y que luego otros investigadores contradigan sus hallazgos. Pensemos en el debate continuo sobre el fumador pasivo, o la controversia sobre la efectividad de las bolsas de aire en los autos, hoy equipamiento obligatorio (que indiscutiblemente salvan vidas en miles de accidentes al año) pero que también pueden causar graves lesiones e incluso la muerte en ciertos casos. Esto produce confusión.

A veces son los mismos expertos quienes no llegan a ponerse de acuerdo (y por eso dan señales en conflicto sobre la gravedad de un riesgo en particular), y hasta dudan sobre las consecuencias que podrían tener las diversas soluciones propuestas. Entonces ¿cómo saber si es mejor «prevenir que curar», o si conviene no hacer nada porque el remedio podría ser peor que la enfermedad? Bueno, a veces sencillamente no lo sabremos.

Tengo dos ejemplos. El DDT fue prohibido como insecticida en 1972, porque algunos expertos pensaban que podía potencialmente ser cancerígeno. No había evidencia de que causara cáncer en los humanos, aunque sí había datos como para pensar que potencialmente podría causarlo. Por precaución se obligó a los agricultores, jardineros, etc., a cambiar de insecticida, por los de organofosfatos (como el paratión) que en algunos casos luego se probó eran cientos o miles de veces más tóxicos que el DDT al que habían reemplazado.

El segundo ejemplo es la sacarina. Varios estudios con roedores en la década de 1970 indicaron que con dosis megamasivas del edulcorante artificial tan popular en esa época, podrían aumentarse las posibilidades de cáncer de vejiga en los humanos. Aunque el plan de caución para prohibirla durmió en el congreso durante varios años, millones de consumidores evitaron la sacarina por miedo a que les hiciera daño. La ironía es que aunque la sacarina podría causar daños, no hay duda de que la misma cantidad de azúcar para endulzar algo es mucho, mucho más peligrosa. La obesidad y los males asociados a ella, como la alta presión, la diabetes, los problemas cardíacos, etc., matan a muchos más estadounidenses de lo que lo ha hecho el cáncer de vejiga hasta hoy.

Así que, ¿cuáles son las verdaderas amenazas con las que te enfrentas, y qué vas a hacer al respecto? ¡Es todo demasiado confuso!

No preocuparse

Lo que hacemos casi todos es negarnos a permitir que nos traumaticen los riesgos que enfrentamos, aunque probablemente conozcamos a alguien (o a varios), que aproveche toda oportunidad para preocuparse, y cuya plegaria preferida pareciera ser «La preocupación de cada día dánosla hoy».

Hay gente que parece vivir y hasta disfrutar de un constante estado de preocupación, por absolutamente todo. ¿Has notado que jamás están contentos a menos que puedan convencernos de que tenemos que preocuparnos también?

Con frecuencia les digo a los padres ansiosos de mis jóvenes pacientes: «Nunca tuve un caso en el que la preocupación sirviera para algo». Tampoco es productiva la preocupación como respuesta ante los incontables y abrumadores riesgos que encontramos en el mundo de hoy.

Así que, ¿cómo podríamos hacer para vivir a pesar de todos esos riesgos?

Verdad número 4: No podemos eliminarlos del todo

En una era en que la información es poder y se deposita la confianza en la educación, la ciencia y la tecnología, hay muchos que erradamente creen que toda amenaza que se pueda identificar, observar o medir tiene que ser anulada por completo.

Hace unos años, en un artículo de un importante periódico estadounidense, una autoridad se refería a los accidentes de niños y en su capacidad de funcionario de la agencia de Control de Enfermedades, dijo: «No hay tal cosa como un accidente. Siempre se trata de la falta de previsión de los padres». Este tipo de desconexión de la realidad también es lo que guía la loca cacería por el estado de *riesgo cero*, propuesta hace cincuenta años cuando el Congreso dictaminó que no se tolerarían riesgos cancerígenos en los aditivos de los alimentos. En ese momento parecía un parámetro bastante restrictivo, porque los científicos podían medir la presencia de una sustancia en partes por millón (millón de moléculas entre las cuales los científicos podían encontrar una molécula extraña). Pero hoy los científicos pueden detectar sustancias en proporciones de una parte por quintillón (un uno seguido de dieciocho ceros). En lenguaje común, es la capacidad de encontrar y medir una cucharada y media de algo, como la dioxina, bien disuelta en el volumen total de agua de los Grandes Lagos de Estados Unidos. ¿Puede pensar alguien que tal parámetro de «pureza» es práctico, o económicamente factible?

Paralizados por el peligro

Por otra parte, si intentáramos informarnos de todo peligro posible y tomáramos en serio cada factor de riesgo, podríamos sentirnos tan abrumados y tan pronto que ni siquiera querríamos salir de la cama por la mañana con tal de no enfrentar todas las amenazas que podríamos esperar en un día cualquiera.

Antes de levantarte y dirigirte al baño, tal vez te quedarías un rato más en la cama pensando: *Cada año cientos de personas mueren en la bañera*. Si formas parte del cincuenta y tres por ciento de los estadounidenses que toman agua extraída de napas subterráneas, antes de cepillarte los dientes no querrás oír el cálculo de la EPA que indica que de los cien mil tanques de combustible enterrados bajo el suelo en los Estados Unidos se sabe que dieciocho mil han contaminado las napas de agua. Y cuando terminas de lavarte, pensarías que vestirte es más peligroso de lo que creemos porque cada año ciento cincuenta mil estadounidenses sufren graves lesiones causadas por la ropa. Además, más de cien mil son atendidos en salas de emergencias porque los cordones de sus zapatos o zapatillas no cumplen con su función.

Si necesitas un empujoncito para animarte y empezar tu día, no querrás saber que hay más de mil sustancias químicas en el café tostado, de las cuales solo veintiséis se han probado para ver si eran carcinógenas y de ellas, diecinueve han causado cáncer en roedores. Es más, algunos expertos calculan que hay más carcinógenos en una taza de café que en total de residuos de pesticidas ingeridos por la persona promedio en un año entero. Y antes de decidir qué comer con tu café del desayuno tal vez ni quieras pensar en un informe reciente de la Academia Nacional de Ciencias, que indica: «Es plausible que los químicos naturalmente presentes en la comida presenten un riesgo de cáncer mayor que el que representan los químicos sintéticos».

Probablemente no necesites recordar la totalidad de riesgos potenciales a los que te enfrentas cuando vas a trabajar, y no me molestaré en enumerar la multitud de peligros comunes en los lugares de trabajo.

Consideremos en cambio lo que piensas hacer al final de día, cuando quieres relajarte y pasar un buen rato con tus amigos. Antes de ordenar un poco la casa, recuerda que las posibilidades de lesiones causadas por limpiadores de baño son de una en diez mil, solo un poco más que las posibilidades de que seas asesinado este año, que son de una en once mil. Ah... y claro que también tendrás que cuidarte si estás cerca de la ventana porque cada año veinte personas mueren accidentalmente, estranguladas por los cordones y cintas de las cortinas.

Antes de que termines de preparar un picnic en tu patio, considera el hecho de que cada año hay más lesionados por el fuego de una parrilla, que los que son atendidos por heridas causadas por fuegos artificiales. ¿Y qué hay de esa carne asada que pensabas servir? Contiene miles de millones de átomos de benzopireno, sustancia que ocupa el octavo lugar entre las veinte más peligrosas según la lista de la Agencia Gubernamental de Registros de Sustancias Tóxicas y Enfermedades, a comienzos del siglo veintiuno. También te interesará saber que hay tres nitropirenos carcinogénicos en el combustible diesel que se encuentran además en el pollo asado. Es más, la comida tostada y crocante que comes en el curso de un día cualquiera es setecientas veces más carcinogénica que lo que inhalas si vives en un área metropolitana con grave contaminación ambiental.

Así que, ¿quién podría culparte por cubrirte hasta la cabeza en la cama, negándote a levantarte mañana por la mañana para enfrentar un día con tantos riesgos? Pero si te quedas en la cama, tengo que advertirse que podrías contarte entre los cuatrocientos mil o más estadounidenses que cada año sufren accidentes causados por camas, colchones y almohadas. Y aunque evitaras esos peligros, quedarte en cama podría dar como resultado atrofia muscular, elevar tu riesgo de presión sanguínea y hasta causarte una embolia pulmonar que podría costarte la vida. Y no menciono siquiera el riesgo de que te despidan de tu empleo si continúas con esta estrategia durante demasiado tiempo.

La verdad es que rendirnos ante el miedo, dejando que el peligro nos paralice, no es una estrategia que muchos podamos darnos el lujo de poner en práctica. Pero si hoy estamos mucho más conscientes de los riesgos con los que vivimos en nuestra sociedad, y aun así no logramos eliminarlos por completo, ¿cómo podríamos pensar en los riesgos que nos deparará el futuro?

Verdad número 5: Minimizar el riesgo suele ser lo mejor que podemos hacer

El científico que desarrolló el cohete Saturno 5, que lanzó la primera misión Apolo a la luna, dijo: «Uno quiere una válvula que no tenga filtraciones y hace todo lo posible por diseñarla. Pero el mundo real te da una válvula que pierde, así que tienes que decidir cuánta filtración puedes tolerar».

Lo cual nos lleva al punto que sigue...

Verdad número 6: Cada uno de nosotros tiene que decidir cuáles son los riesgos aceptables

Cuando se tratad de decidir cómo reaccionarás ante un riesgo en particular, tienes que pensar por ti mismo. Ya hemos observado algunos de los peligros que hay cuando confiamos en la presentación de riesgos que ofrecen los medios. Aun así, la Universidad de Salud Pública de Harvard dice que la gente obtiene más información sobre riesgos y peligros de parte de los medios, que de su médico o cualquier otra fuente. Y aunque hay expertos más confiables que otros, solemos recibir mensajes en conflicto. Se nos advierte que «hay que evitar la aspirina porque causa úlcera de estómago», pero al mismo tiempo se nos aconseja que «la aspirina evita el riesgo de ataques cardiovasculares».

Un poco más adelante te daré un marco sencillo y práctico para pensar en los riesgos y decidir por ti mismo cuál es el curso de acción más razonable.

¿Conoces los riesgos?

Tú y yo nos vemos obligados a considerar y soportar innumerables peligros potenciales, día a día, por todas partes. ¿Cuáles son los peligros que realmente merecen nuestra atención? Hemos visto muchas reacciones comunes que no sirven de nada. ¿Cuál sería una respuesta razonable, práctica y productiva a los peligros serios que nos depara el mundo? En la constante y confusa cacofonía de advertencias, ¿a quién tenemos que escuchar? ¿Por qué consideramos aceptables ciertos riesgos en tanto nos apartamos de otros, con criterio y sabiduría? ¿Cómo decidir la diferencia?

Si has leído alguno de mis libros anteriores —*Manos consagradas, Piensa en grande* o *The Big Picture* [La imagen completa]— no te sorprenderá que repase uno de mis temas favoritos y te recuerde que los recursos más valiosos que tenemos para tomar decisiones importantes son el conocimiento y el asombroso poder de raciocinio que nos dio Dios a los humanos cuando nos creó. Y por cierto, esto vale para decidir cómo responder ante cualquier riesgo que debamos enfrentar.

Sin embargo, también quiero destacar una vez más otro de mis temas favoritos: la sabiduría no es igual al conocimiento, y en ocasiones es más importante que este. Es más, con demasiada frecuencia, toda la información que se nos da, todos los riesgos con que nos cruzamos, todas las advertencias que recibimos de tantas y diversas fuentes, suelen combinarse para torcer nuestra perspectiva de modo que nos cuesta mucho más analizar efectivamente los riesgos y decidir en consecuencia.

En lugar de perdernos en todo el conocimiento que tenemos delante, y caer en la preocupación, podemos ejercer un poco de sabiduría para poder reconocer el otro lado de la ecuación...

Verdad número 7: No todos los riesgos son malos

Pasaremos bastante tiempo en los capítulos que siguen dedicándonos a ver el lado bueno de los riesgos. Después de todo, si lo piensas, la vida sin riesgos sería de veras aburrida. Esto nos lleva a la última verdad que quiero destacar, con respecto a uno de los riesgos más importantes.

Verdad número 8: Todos moriremos de algo al fin y al cabo

Piensa en tus posibilidades de morir a causa de una de las siguientes cosas este año:
- Cáncer: 1 en 500
- Ahogamiento: 1 en 50,000
- Andar en bicicleta: 1 en 130,000
- Accidente aéreo: 1 en 250,000
- En la bañera: 1 en 1,000,000
- Al caer de la cama: 1 en 2,000,000
- Congelamiento: 1 en 3,000,000
- Por un rayo (si eres hombre): 1 en 2,000,000
- Por un rayo (si eres mujer): 1 en 10,000,000
- Rabia (en los EE.UU.): 1 en 100,000,000
- Por un objeto dejado en tu cuerpo durante una cirugía: 1 en 80,000,000

- Por la caída de un meteorito: más o menos 1 en 5,000,000,000.

Las posibilidades de que mueras en algún momento de tu vida: una en una vez.

O sea que podríamos decir que el factor de riesgo más grande, más importante y universal es el hecho de nacer. Esto implica que no es de mucha utilidad pensar en el tema del riesgo centrándonos en cómo podemos morir. Más sabio es, en cambio, pensar en cómo deberíamos vivir y en los riesgos con los que conviviremos.

Estoy de acuerdo con Teddy Roosevelt, que dijo: «Es mejor atreverse a grandes cosas que contarse entre los de espíritu temeroso, que ni disfrutan mucho ni sufren mucho». Me identifico con sus palabras porque toda mi vida he observado a dos grupos de personas que han cometido importantes errores con respecto al riesgo, y sus decisiones han tenido grave impacto en sus vidas.

Ante todo están los que tienen tanto miedo de correr cualquier riesgo que jamás logran hacer nada verdaderamente importante. Y luego están los que corren los riesgos equivocados y terminan trágicamente lastimándose o destruyéndose, o lastimando y destruyendo a otros. En ambos casos, se arruinan vidas y los dos grupos jamás llegan a realizar su potencial. Nunca logran descubrir ni disfrutar el verdadero propósito por el cual Dios los ha puesto en la tierra.

A lo largo de los años he descubierto una sencilla prescripción que podemos usar cuando enfrentamos riesgos, un remedio que ayudará a los que pertenezcan a cualquiera de estos dos grupos —sean miedosos o locos audaces— y a los que se encuentren en medio también.

En verdad, estoy convencido de que gran parte de mi éxito y la mayoría de mis logros personales y profesionales a lo largo de los años podrían rastrearse a que apliqué esta formulita práctica en incontable cantidad de situaciones de riesgo de vida, empezando por lo que muchos hoy llamarían «niñez en riesgo».

6
Niños «en riesgo»

Si los sociólogos hubieran acuñado el término «niños en riesgo» en la década de 1950, seguramente yo habría sido la imagen perfecta para sus carteles. Como jamás pensé que mi vida presentaba más riesgos que la de cualquier otra personal, me habría ofendido con tal clasificación, seguramente. Pero lo cierto es que cumplía con todos los criterios: 1) negro, 2) varón, 3) criado en la pobreza, 4) en la cultura del gueto, 5) en las calles de Detroit y Boston, 6) producto de un hogar destruido, 7)encabezado por una madre soltera, 8) con pocos estudios, 9) muy joven (se casó a los trece, divorciada a los veintitantos cuando yo tenía ocho años) y 10) sin calificación específica para un trabajo, oficio o profesión.

He contado mucho acerca de mi crianza en mis libros anteriores. Incluso, mi historia fue tema de un libro para niños,[4] y cada vez que me lo solicitan vuelvo a contar los hechos básicos y principales. Durante años se ha representado en una obra de teatro ante cientos de miles de escolares la historia de mi vida, y hace un tiempo ya que hay planes para hacer una película.

Por eso, aunque me parezca raro y poco probable, hay millones de personas que ya conocen cómo crecí, cómo fue mi vida; si eres una de esas personas, te pido un poco de paciencia porque tengo que volver a resumirlo todo. Prometo añadir algunos detalles nuevos, y lo hago esperando darle a la historia una perspectiva novedosa también. Repasaré los puntos más destacados de mi niñez mirando a través de la lente reveladora de los riesgos en este caso.

En ese momento mi joven vida me parecía extremadamente común, más aburrida que peligrosa por cierto. Es solo ahora que soy adulto que comienzo a apreciar el papel que el riesgo ha tenido en la formación de la persona que soy. No hablo de un solo riesgo sino de muchos y diferentes, surgidos una y otra vez desde antes que naciera incluso. Son riesgos sufridos. Riesgos soportados. Riesgos ignorados. Riesgos que se concretaron. Riesgos con los que me topaba. Riesgos que rechacé y riesgos que corrí. Riesgos que lamento. Riesgos a los que sobreviví. Riesgos que acepté y sopesé. Riesgos que elegí. Riesgos que con gusto abracé y riesgos que vencí.

En ciertos aspectos mi vida no es tan distinta a la de la mayoría de la gente. Todo ser humano enfrenta y vive riesgos. Algunos, comunes a todos y otros, únicos según lo que cada uno de nosotros tiene que vivir. Sin embargo sé con certeza que el riesgo, tanto en su carácter real como en las sombras, le ha dado forma a mi vida desde todos los ángulos.

Mi madre corrió un gran riesgo al casarse con un «Príncipe Azul» mayor que ella, que la cortejó y le prometió sacarla de la difícil vida que llevaba con sus veintitrés hermanos en una familia que apenas lograba sobrevivir con el producto de su trabajo, en una granja muy precaria en Tennessee. A corto plazo podría decirse que para Sonya Carson ese riesgo produjo buenos resultados porque de la noche a la mañana pasó de la adversidad de la posdepresión en los Apalaches a las luces prometedoras y la emoción de la gran ciudad de Detroit. Durante un tiempo todo pareció excelente. Mamá dio a luz a mi hermano Curtis, y yo llegué al mundo un par de años después.

De niño recuerdo que entendía que papá no estaba mucho en casa por cuestiones de trabajo. Pero cuando estaba, jugaba conmigo y era afectuoso. Así que lo amaba y pensaba que éramos una familia feliz.

Papá pasaba más tiempo fuera de casa cuando yo era un poco mayor, pero no sabía por qué. Parecía haber cierta tensión entre él y mi madre, aunque yo no tenía idea de cuál sería la razón. Luego, cuando yo estaba en el tercer grado mamá nos explicó a mi hermano y a mí un día que papá se mudaría y que ya no viviría con nosotros.

Lloré, pidiéndole a mi madre que nos explicara el motivo y ella intentó decirme que las cosas eran así, nada más. Le rogué que hiciera que papá volviera a casa pero me dijo que no podría hacerlo. Seguí insistiendo porque no entendía nada de lo que pasaba, pero mamá finalmente me dijo: «Papá ha hecho algunas cosas realmente malas». Yo le dije que sabía que ella lo perdonaría, pero su respuesta fue que no era tan sencillo.

Años después supe que no era por trabajo que papá faltaba en la casa, sino que durante años estuvo viviendo una doble vida, con una segunda esposa e hijos.

El riesgo que había corrido mamá al casarse y dejar a su familia en Tennesee, no puede haberle parecido provechoso cuando papá nos dejó. Y aun así, sé que le debo mi existencia a ese riesgo loco que corrió una chica ingenua, pobre e inocente de trece años, hace ya tanto tiempo.

Cuando papá nos dejó, el riesgo para nosotros aumentó. Porque al poco tiempo ya no envió más dinero para nuestra manutención, así que mamá decidió que ella y sus dos hijos tendrían «que arreglárselas solos». Encontró trabajo de lo único que sabía hacer: limpiar casas, cuidar niños y a veces cocinar para dos, tres o más familias de buen pasar. Muchas veces se levantaba antes del amanecer, salía de la casa y no volvía de su segundo o tercer trabajo hasta después de que Curtis y yo nos habíamos ido a dormir. Y en ocasiones pasaban dos o tres días sin que la viéramos siquiera.

Las largas horas de tedioso trabajo y el riesgo de criar a dos varones sin ayuda bajo circunstancias tan difíciles le pesaban, y mucho. Pero nunca se quejó. Fue después, cuando ya éramos adultos, que mi hermano y yo nos enteramos de lo que pasaba en esas ocasiones «especiales» en que pasábamos unos días con algunos amigos porque mamá «tenía que irse». Ella sencillamente nos decía que tenía que «visitar» o «cuidar» a «un ser amado», y se ausentaba de casa unos días o unas semanas e incluso un mes entero. Jamás sospechamos que eran momentos en que se sentía tan amenazada, tan abrumada por la vida que ingresaba por sus propios medios en una clínica siquiátrica, donde recibía tratamiento para la depresión o la angustia emocional. Cuando se sentía otra vez capaz de hacer frente a la vida, salía de allí, volvía a casa, le dábamos «la bienvenida» y la vida seguía como hasta entonces.

Al recordar y saber hoy lo que mi madre pasó esos años, la respeto más que nunca. A lo largo de ese difícil e inmensamente doloroso período de su vida en que se encontró sola en el mundo, devastada y desilusionada por el final de su matrimonio, completa y exclusivamente responsable de la crianza de dos varones pequeños, reunía la fuerza necesaria y el carácter que le hacía falta para arriesgarse y enfrentar sus debilidades, además de buscar la ayuda requerida para poder seguir adelante.

Las dificultades económicas eran constantes y también se cobraban su precio, porque en vez de atrasarse con los pagos de la renta y perder el techo, mamá tomó otra decisión difícil y bastante riesgosa. Le alquilamos nuestra casa a otra familia, por el dinero suficiente como para cubrir los pagos de la hipoteca. Y nosotros nos mudamos al otro lado del país, a Boston. Allí vivimos durante un tiempo con la hermana mayor de mamá, Jean Avery, y su esposo William. Eran una pareja afectuosa, maravillosa, cuyos hijos ya eran adultos.

Mientras vivíamos allí, mamá hizo dos o tres «visitas a parientes», pero a Curtis y a mí no nos importó mucho porque la tía Jean y el tío William nos cuidaban tanto que para cuando nuestra madre volvió, estábamos bastante malcriados. El cambio a Boston le dio a nuestra familia algo de espacio para recuperar cierto equilibrio en las finanzas, pero también a mamá le sirvió para recuperar la fuerza emocional y espiritual.

Es irónico que esas ventajas para la estabilidad de la familia también se vieran acompañadas de un nivel de riesgo que no conocíamos antes de mudarnos a Boston. Pienso que no se trataba solo de la diferencia en la forma de vida lo que hacía que los edificios de alquiler de Boston se vieran más peligrosos que las calles de Detroit. Había ratas enormes, del tamaño de los gatos. Había borrachos y vagabundos que dormían en las calles del barrio, y patrulleros que continuamente pasaban haciendo ulular sus sirenas al ritmo de las luces brillantes de sus techos. Todo eso contribuía a una atmósfera donde se respiraba el peligro.

No es que mi fértil y activa imaginación dibujara un peligro inexistente. Una noche, asesinaron a uno de los hijos de la tía Jean y el tío William. Yo admiraba y quería a mi primo, que me llevaba varios años, pero además de la terrible tristeza que me causó su muerte ilógica, supe que como andaba en compañía de vendedores de drogas estaba haciendo algo indebido cuando lo mataron. Y recuerdo haber pensado: «¡Hay cosas por las que no vale la pena correr riesgos!»

Unos dos años más tarde mamá consideró que habíamos recuperado el equilibrio económico y emocional necesario como para volver a Detroit y vivir solos. Todavía no creía que pudiéramos pagar la hipoteca, así que alquiló un pequeño apartamento en el último piso de un viejo edificio, en un barrio industrial donde se respiraba humo todo el tiempo y las vías del ferrocarril formaban una red que interrumpía el recorrido de las calles.

Estábamos contentos por haber «vuelto a casa», pero cuando llegó el momento de inscribirme en el quinto grado de la Escuela Primaria Higgins, me llevé una fea sorpresa. Creía haber recibido una buena enseñanza básica en los tres primeros años de escuela pública en Detroit y en Boston habíamos asistido a una escuela pequeña, privada y perteneciente a una iglesia, porque mamá creía que allí la enseñanza sería mejor. Por desdicha, no era así.

En la escuela Higgins, donde asistían mayormente niños blancos, las clases eran muy difíciles para mí. Los demás niños estaban mucho más adelantados que yo y me sentía totalmente perdido. En lugar de ser uno de los mejores en la case, como sucedía en Boston, ahora formaba parte del grupo de los peores y ni siquiera había quien compitiera conmigo por esgrimir tal «honor». Quizá lo peor era que empecé a creer lo que me decían algunos de mis compañeros, que me tildaban de «burro» y «tonto».

Mi recuerdo más vívido de ese quinto grado es el del día en que tuvimos un examen de matemáticas. La maestra hizo que le pasáramos nuestra hoja al compañero de atrás para que corrigiéramos exámenes mientras ella daba las respuestas en voz alta. Una ver corregidos los trabajos, se le devolvían al dueño que luego escuchaba hasta que la maestra le llamara por nombre para darle su calificación.

Con horror esperé hasta que al fin oí mi nombre:

—¿Benjamin?

Murmuré algo en respuesta y con gran entusiasmo ella dijo:

—¡Nueve! Es maravilloso, Benjamin.

(La prueba tenía treinta preguntas, con solo responder nueve me habría conformado, claro está.)

La niña que estaba sentada detrás de mí protestó, y dijo en voz bien alta:

—¡Nueve, no! Hizo todas mal...

Todos mis compañeros se rieron y yo sentí que quería que las tablas del piso me tragaran. Estaba a punto de llorar, pero no quería que vieran cuánto me dolían sus burlas. Así que sonreí y fingí que no me importaba.

Aunque me importaba, y mucho. No solo porque me sentía herido en mis sentimientos sino porque sabía que mi rendimiento en la clase ponía en riesgo mis sueños.

Más de dos años antes me había comprometido en secreto, durante un servicio en la iglesia y al oír el sermón, a «vivir siempre a salvo en Jesucristo, poniendo la fe en el Señor». Cuando terminó el servicio avancé al frente para pronunciar mi decisión de seguir a Jesús.

Más o menos en la misma época decidí también que algún día serviría a Dios siendo médico, médico misionero. Los papeles de la lección bíblica que recibíamos en la iglesia contaban historias acerca de médicos misioneros, me intrigaba el tema de ir a tierras lejanas en África o India. La dedicación de esos doctores que aliviaban el sufrimiento y ayudaban a miles de personas a vivir más sanos y felices, me servía de inspiración.

—Eso es lo que quiero ser —anuncié cuando volvíamos de la iglesia un día—. ¿Puedo ser médico, mamá?

Ella se plantó donde estaba, y apoyó sus manos sobre mis delgados hombros. Me miró a los ojos y dijo:

—Oye, Benny. Si le pides algo al Señor y crees de veras que lo hará, ¡así será!

—Creo que puedo llegar a ser médico —le dije.

—Entonces lo serás, Benny —me aseguró mi madre. Y seguimos caminando. Desde ese momento supe lo que quería hacer con mi vida.

Claro que, como sucede con la mayoría de los niños, yo no tenía idea siquiera de lo que había que hacer para ser médico. Pero sabía que el puesto de burro o tonto en la clase no era el camino más recomendable para concretar mi sueño.

No creo que a mamá le preocupara mucho mi idea de estudiar medicina en ese momento. Lo que tenía en mente, más bien, era que lograra terminar la escuela primaria. A Curtis no le iba mucho mejor que a mí en su primer año de la secundaria, por lo que una tarde mamá nos sentó y nos dijo que estaba muy desilusionada con nuestro desempeño escolar ese año y que no sabía qué haría. Amábamos a mamá y no queríamos desilusionarla, pero al volver a Detroit habíamos descubierto que estábamos muy atrasados con respecto a los demás niños, por lo que tampoco sabíamos qué hacer.

Finalmente mamá nos mandó a dormir diciendo que se quedaría levantada orando por la mala situación escolar en que nos encontrábamos. Le preguntaría a Dios qué hacer, porque después de todo hay muchos versículos en la Biblia que muestran que Dios se preocupa especialmente por los pobres, por las viudas y sus hijos.

No sé Curtis, pero yo no logré conciliar el sueño aquella noche. No estoy seguro si fue curiosidad y la preocupación lo que me mantuvo escuchando, pensando y preguntándome qué le diría Dios a mi madre.

A la mañana siguiente no nos gustó para nada lo que nos dijo. Insistía en que Dios le había mostrado que pasábamos demasiado tiempo viendo televisión, y muy poco tiempo estudiando.

«Vamos a apagar la televisión y desde hoy solo podrán ver tres programas por semana...»

¿Tres? Estábamos a punto de protestar, pero mamá siguió hablando.

«... y todas las semanas leerán dos libros. Podrán elegirlos con libertad, pero de cada libro escribirán un informe para que yo lo lea».

Nuevamente quisimos protestar. Dos libros a la semana era más ilógico todavía que solo tres programas de televisión. Sin embargo, mamá se mantuvo firme.

No fuimos solo Curtis y yo los que cuestionamos lo que mamá había recibido como mensaje del Señor. Algunas amigas suyas, que también eran madres, le dijeron que era demasiado dura con nosotros, que los varones necesitábamos pasar tiempo jugando al aire libre. Incluso hubo quien le advirtió a mamá que se estaba arriesgando a que la odiáramos por exigir que apagáramos la televisión y leyéramos y escribiéramos informes.

Se equivocaban. No odiamos a mamá por instituir el nuevo plan. Claro que por un tiempo nos quejamos con regularidad, diciendo que estaba siendo demasiado dura con nosotros y rogándole que fuera más flexible. Pero en el fondo jamás dudamos que nos amaba y que solo quería lo mejor para nosotros. Así que nos apegamos a su restricción con respecto a la televisión, aun cuando ella estaba trabajando y nosotros nos quedábamos solos en la casa. La respetábamos demasiado como para desobedecerla.

También nos quejamos por tener que leer. Yo nunca había leído un libro entero en mi vida, excepto por los que nos mandaban leer en la escuela. No podía imaginarme leyendo un libro entero a la semana. Dos, era el colmo.

Mamá insistió: «Benny, amor, si lees puedes aprender lo que quieras. Las puertas del mundo se abren para quienes leen».

Así que Curtis y yo íbamos a la biblioteca pública. Mamá dichosos decía que podíamos leer cualquier libro que quisiéramos. Como me gustaban los animales, empecé a leer libros sobre ellos. Dos por semana. Luego escribía los informes para mamá, que nos hacía leer lo que escribíamos en voz alta (no fue sino hasta mucho después que nos enteramos que ella no sabía leer). Cuando terminábamos, tomaba el papel y lo miraba con atención como si de veras lo estuviera leyendo. Luego sonreía, ponía una marca bien grande en el papel, y nos lo devolvía.

Cuando terminé de leer los libros más interesantes sobre animales que pude encontrar en la biblioteca pública de nuestra área de Detroit, empecé a leer otros sobre plantas. Y luego, leí sobre rocas. Después de todo vivíamos en una sección bastante dilapidada de la ciudad, cerca de las vías del ferrocarril. ¿Y qué hay junto a las vías? Piedras y rocas. Así que coleccionaba rocas, que guardaba en cajas y comparaba luego con las imágenes de mis libros de geología. Poco después me conocía los nombres de casi todos los tipos de piedras, además de cómo se habían formado y de dónde provenía cada una.

Seguía en el quinto grado, mejorando poco a poco mis calificaciones en algunas materias. Pero también seguía siendo el tonto de la clase. Ninguno de mis compañeros sabía de mi programa de lectura.

Un día, nuestro maestro de ciencias entró en el aula y nos mostró una gran piedra negra y brillante.

—¿Alguien puede decirme lo que es esto? —preguntó.

Yo jamás había levantado la mano en clase. Nunca me había ofrecido a responder una pregunta. Así que esperé para ver si alguno de los chicos inteligentes contestaba. Ninguno dijo nada. Esperé entonces a que contestara alguno de los más lentos. Como nadie abrió la boca, supuse que era mi oportunidad.

Creo que cuando levanté la mano dejé atónito al maestro. Todos voltearon a mirarme. Mis compañeros se codeaban y susurraban: «Carson levantó la mano. Esta será buena».

El maestro finalmente se sobrepuso y dijo:
—¿Benjamin?
Dije:
—Señor Jaeck... es obsidiana.
Todo el mundo calló. Mi respuesta parecía buena, pero nadie sabía si era correcta o no. Así que estaban a la espera.
Finalmente el maestro rompió el silencio, diciendo:
—¡Muy bien! Es obsidiana.
Entonces, seguí:
—La piedra obsidiana se forma después de una erupción volcánica. La lava fluye y al contacto con el agua se produce un proceso de enfriamiento en el que los elementos se endurecen, el aire es expulsado, la superficie se torna brillante y... —De repente, vi que todos me miraban, atónitos ante lo que sabía el «tonto».
Pero, ¿sabes quién fue el más asombrado? Yo. Porque en ese momento me di cuenta de que no era un tonto. Para nada. La razón por la que supe responder algo que nadie sabía fue porque había estado leyendo libros de ciencia sobre animales, plantas y minerales. *¿Y si leía libros sobre todas las demás materias?*, pensé. *Entonces sabría más que todos esos chicos que se reían de mí y me llamaban tonto.*
A partir de ese día, hice exactamente eso. Ya cuando llegué al séptimo grado, los mismos alumnos que solían burlarse de mí diciendo que era el más tonto de la clase, venían a preguntarme: «Benny, ¿cómo se resuelve este problema?»
Yo decía: «Siéntate a mis pies, pequeño, mientras te enseño».
Admito que tal vez mi conducta era un tanto arrogante. Pero después de tantas burlas, me sentía bien mostrándoles lo que sabía.
En dos años de lectura semanal y disciplinada, pasé del último lugar de la clase al primero, en casi todas las materias. Mamá estaba feliz. Ya no corría el riesgo de fallar en la escuela y estaba más convencido que nunca de que quería ser médico. Tanto mamá como yo estábamos agradecidos a Dios por la guía que le había dado al orar preguntándole qué tenía que hacer con sus dos hijos. Curtis y yo estábamos agradecidos porque mamá se había arriesgado a que nos resintiéramos cuando se mantuvo firme en su decisión de desconectar la televisión y hacer que leyéramos.

Sin embargo, mi nueva posición en la clase no me protegía de todos los demás riesgos que la vida nos presentaba a mi hermano y a mí, mientras crecíamos en ese barrio para nada deseable. No lo pensábamos siquiera entonces, mamá tampoco conocía los riesgos que corríamos, pero con solo ir y venir de la escuela, estábamos expuestos a muchas cosas. La forma más rápida y divertida de ir y volver era saltando a uno de los vagones que pasaban por las vías, justo en el recorrido que teníamos que hacer Curtis y yo para ir a la Escuela Secundaria Wilson. A Curtis le gustaba el desafío de los trenes rápidos, por lo que lanzaba su clarinete en uno de los vagones para saltar luego y treparse al último vagón del tren. Sabía que si no lo lograba, se arriesgaba a no ver nunca más su instrumento musical. Pero aun así, jamás lo perdió.

Como yo era más pequeño, prefería esperar al tren más lento. Ambos corríamos un gran peligro, pero jamás lo consideramos siquiera. Es que no solo teníamos que correr, saltar, agarrar el pasamanos y aferrarnos con alma y vida a un tren de carga en movimiento. También teníamos que evitar a los guardias de seguridad que siempre vigilaban para atrapar a la gente que saltaba para subirse a sus trenes.

Jamás lograron atraparnos. Y nunca nos lastimamos tanto como un niño del que nos enteramos que había quedado incapacitado de por vida por haber caído bajo las ruedas del tren al intentar subir.

No fue la historia de ese chico lo que puso fin a nuestra arriesgada aventura. Dejamos de hacerlo cuando apareció una amenaza diferente, una mañana mientras yo corría junto a las vías de camino a la escuela. Cerca de uno de los cruces una pandilla de muchachos blancos se me acercó. Y uno, blandiendo un palo muy grande, gritó: «¡Oye, tú, chico negro!»

Su grito me heló, por lo que permanecí clavado en el lugar, mirando el suelo. Con el palo, el grandullón me pegó en la espalda y sus compañeros me rodearon. Me insultaron con todas las palabrotas que se les ocurrieron y me dijeron que «los negros» no podían ir a la Escuela Secundaria Wilson. Yo era demasiado pequeño como para pelear contra ellos, y estaba muy asustado como para correr. Cuando se cansaron de insultarme, dijeron: «Sal de aquí lo más rápido que puedas. Y que no volvamos a verte por aquí, porque la próxima vez, te mataremos».

Empecé a correr y no me detuve hasta llegar al patio de la escuela.

Le conté a Curtis lo que había sucedido y desde ese día cambiamos de ruta para ir a la escuela. Nunca volví a saltar a un tren en movimiento y tampoco volví a ver a esa pandilla.

La próxima vez que me enfrenté a una amenaza tan directa fue durante la escuela secundaria, cuando Curtis y yo decidimos que nos pondríamos a prueba para el equipo de fútbol del barrio. En Detroit el fútbol causaba furor en esos días, pero por desdicha, ni mi hermano ni yo la teníamos con nosotros. Todos los demás eran corpulentos. Nosotros éramos muy rápidos y en la práctica les ganamos a todos. Eso hizo que algunos se molestaran, o al menos molestó a algunos familiares y amigos.

Una tarde mientras Curtis y yo dejábamos el campo de prácticas, un grupo de hombres blancos nos rodeó. Podíamos advertir su ira antes de que abrieran la boca para hablar. Uno de ellos avanzó y dijo: «Si vuelven por aquí, ¡los tiraremos al río!» No dijo más que eso y todos se alejaron.

Mientras caminábamos a casa lo más rápido que pudimos, le dije a mi hermano: «¿Quién querría jugar al fútbol si los de su equipo no lo apoyan?»

Curtis entonces exclamó: «Encontraremos cosas mejores que hacer para ocupar el tiempo».

Y así fue como le explicamos la situación a mamá. Le dijimos que pensábamos estudiar más que nunca. Como no queríamos preocuparla, decidimos no contarle lo de la amenaza; tampoco se lo contamos a nadie más. Sencillamente, no volvimos a las prácticas y nadie preguntó por qué.

A pesar de todos los riesgos que nos asechaban aquellos días, el más grande que enfrenté en mi adolescencia fue uno que yo mismo busqué.

Mi riesgosa conducta me costó demasiado

Seguía con el deseo de ser médico. Y también decidí que quería ser rico. Eso significaba que mi perspectiva había cambiado: de médico misionero pasé a querer ser siquiatra. Jamás había conocido uno, pero en televisión los mostraban y parecían vivir todos en mansiones fastuosas, conduciendo Jaguars y trabajando en oficinas espaciosas, lujosas, donde lo único que tenían que hacer era hablar con locos todo el día. Pensé: *Como yo también hablo con locos todo el día, creo que este trabajo me vendría como anillo al dedo.*

Mi hermano me regaló una suscripción a la revista *Psychology Today* [Sicología Hoy]. Y aunque no entendía todavía todo lo que leía, poco a poco comencé a sentirme cómodo con el lenguaje y la terminología. Empecé a pensar en serio en mi nuevo objetivo profesional.

Sin embargo, había un gran obstáculo en mi camino al diploma de médico, de la clase que fuera.

Desde el momento en que me comprometí como cristiano, cuando tenía ocho años, siempre traté de vivir según las enseñanzas bíblicas que aprendía en la iglesia. Mi mayor problema durante los primeros años de la adolescencia fue la ira. Me causaba problemas porque tenía un carácter fuerte, que a veces se volvía incontrolable. El enojo surgía de la nada y me consumía al punto de convertirse en amenaza, no solo para mí mismo sino para los demás.

Un día le grité a mamá porque discutíamos por un par de pantalones que me había comprado y que yo no quería usar. Insistí en que los devolviera, por lo que me dijo que no podía ya que los había comprado en oferta. Grité que no me los pondría porque no me gustaban.

—Benny —me dijo—. Uno no siempre consigue lo que quiere.

—¡Yo sí! —grité. E instintivamente levanté la mano inconsciente de que iba a pegarle. Por dicha, Curtis estaba cerca y me agarró por detrás, forzándome a retirarme antes de que le hiciera daño a mamá.

En mi corazón sabía que jamás podría lastimar a mamá. Después de todo, me dije, era un chico bueno que casi nunca se metía en problemas. Sin embargo, la verdad es que esos arranques de ira eran cada vez más frecuentes. Nunca había sido así durante mi niñez; pero ahora —en la adolescencia— cuando me molestaba, perdía el control, muy rápido y por completo. Aun así, e incluso después de haberle levantado la mano a mi propia madre, no quería admitir que tenía un problema con la ira.

Un día le pegué a un chico en el pasillo de la escuela y, como en ese momento tenía el candado de mi gabinete en la mano, le produje una cortadura de ocho centímetros en la frente. Es claro y lógico que haya terminado en la oficina del director. Pero como era evidente que me sentía terriblemente mal y arrepentido por mi conducta, el chico me perdonó y el director no me expulsó de la escuela, como podría haberlo hecho.

Una vez más, ignoré el episodio, diciéndome: *No quise lastimar a nadie. Solo olvidé lo que tenía en la mano. Mi carácter no es tan terrible ni es un problema tan grande. Soy buen chico. Podré lidiar con esto.*

Pero finalmente sucedió algo que no pude ignorar, algo que podría haber arruinado mi vida. Sin embargo, ese hecho cambió mi vida. Para siempre. Y estoy agradecido.

Sucedió cuando tenía catorce años y estaba en el noveno año. Había ido a la casa de mi amigo Bob y estábamos escuchando su radio cuando de repente, él se inclinó hacia adelante y cambió de estación. A mí me gustaba lo que habíamos estado escuchando, por lo que me acerqué y volví a cambiar el dial. Bob cambió la estación de nuevo y entonces algo dentro de mí pareció romperse. Sentí una ola de ira y, casi sin pensarlo, saqué de mi bolsillo la navaja que llevaba siempre conmigo. En un movimiento que pareció involuntario, activé la hoja y lo ataqué con furia, para clavársela en el estómago. Fue increíble que la hoja diera contra la hebilla de metal de su cinturón y se quebrara en mi mano.

Bob levantó la mirada, de la hoja rota a mi rostro. Estaba atónito y no atinaba a pronunciar palabra. Pero pude leer el terror en sus ojos.

«Lo... lo... lamento», balbuceé. Y dejé caer la hoja al piso. Salí corriendo hacia mi casa, horrorizado al ver lo que había hecho. Entré como una tromba, corrí al baño y me encerré. Allí, me eché en el piso intentando en vano borrar el recuerdo de los últimos minutos. Cerraba los ojos con fuerza, pero no podía detener las imágenes que se repetían en mi mente: mi mano... la hoja cortante... la hebilla del cinturón... la navaja rota... la cara de Bob. No lograba librarme de todo aquello.

No había forma de encontrar justificativo. ¡Había intentado matar a mi amigo! Pensé: *Estoy loco. ¡Solo un loco trataría de matar a un amigo!*

Durante horas permanecí sentado en el piso del baño, encerrado. Pensaba. Recordaba. Y me sentía cada vez peor, más miserable, más enfermo y más asustado que nunca en la vida.

Al fin tuve que reconocer lo que ya no podía negar: tenía un grave problema con la ira. Más difícil todavía fue admitir que ya no podía controlarme.

Y entonces oré: *Señor, por favor, tienes que ayudarme. ¡Quítame este carácter!*

Había estado leyendo *Psychology Today* durante bastante tiempo, lo suficiente como para saber que el carácter forma parte de la personalidad y que casi todos los expertos opinaban que uno tiene que aceptar y compensar sus defectos, pero que casi nunca puede cambiarlos.

Aunque también pensé que jamás llegaría a concretar mi sueño de ser médico, si mi carácter era incontrolable. *Señor,* persistí, *por favor, ¡cámbiame! Prometiste en la Biblia que si pido algo en fe, lo harás. ¡Y creo que puedes cambiarme!*

Salí del baño y fui a buscar una Biblia. Luego, volví al baño y la abrí en el libro de Proverbios. Los primeros versículos que vi allí hablaban de la ira, y de cómo el iracundo solo consigue meterse en problemas. Parecía que esas palabras de Dios me hablaban directamente. Uno de los versículos que leí varias veces fue Proverbios 16:32: «Más vale ser paciente que valiente; más vale dominarse a sí mismo que conquistar ciudades» (NVI). Las palabras me fueron de convicción pero también, de esperanza.

De veras, era como si Dios me hablara directamente. Como si me asegurara que lo veía y lo sabía todo de mí, con mi carácter incontrolable y todo. Pero que aun así me amaba y eso, porque era Él quien me había creado y por lo tanto era el único que podía cambiarme. Y que lo haría.

Leí, oré y lloré durante mucho tiempo en el baño esa tarde. Poco a poco, una inexplicable sensación de paz me fue invadiendo y dejé de llorar. Mis manos ya no temblaban. Las horribles imágenes de lo que había hecho fueron disipándose, por lo que supe que Dios respondía a mi oración.

Me había encerrado en ese baño, a solas con Dios, durante cuatro horas. Pero cuando salí sabía que Él había hecho algo muy importante en mi corazón. Me había cambiado de manera innegable, aunque palpable.

No era solo que lo creía. Lo sabía.

Lo sé porque el problema de la ira incontrolable no volvió a ser una amenaza para quienes me rodeaban, ni tampoco para mí ni para mis sueños. No sé expresar con palabras lo que significó ver que ya nadie podría controlarme haciéndome enojar. Hoy sigue siendo una sensación de poder ese conocimiento de que nadie puede desatar en mí una erupción de ira incontrolable, que Dios me ha dado y me dará siempre la fuerza que necesito para controlar mi carácter y tratar con todas mis emociones.

De ese episodio en que casi mato a mi amigo y me condeno a pasar años tras las rejas, aprendí algo más y mucho más importante. Fue una nueva convicción, un nuevo entendimiento de que el Señor había puesto en la Biblia una fuente inagotable de sabiduría que podía servir como valioso recurso para la vida cotidiana.

Me llevó un tiempo comenzar a aplicar algo de esa sabiduría pero al fin, mucho de lo que encontré en mi hábito diario de leer la Biblia fue guardándose en mi corazón. Por ejemplo, Proverbios no solo contiene útiles consejos sobre la ira sino también advertencias contra los necios y la necedad que me hicieron ver que yo era vulnerable ante otro riesgo que podía amenazar con hacer trizas mis sueños. Era un peligro más sutil que el de la ira, pero igualmente grave.

Cuando a mediados de mi octavo año en la escuela mamá logró que pudiéramos volver a vivir en nuestra propia casa, habían pasado cinco largos años desde que mi padre nos dejara. Fueron cinco años de pagar alquiler, y dos de vivir en Detroit desde nuestro regreso de

Nueva Inglaterra. Para nosotros, volver a la calle Deacon era como estar por fin de vuelta en casa.

El cambio a mitad de año, de la Secundaria Wilson a la Hunter no fue una transición sin altibajos. Porque en Wilson yo me había ganado el respeto de mis ex compañeros, que me habían visto avanzar desde el último puesto como tonto de la clase hasta los primeros lugares en el cuadro de honor. Sin embargo, mis nuevos compañeros en la Secundaria Hunter (donde el setenta y cinco por ciento eran afroamericanos) no parecían tan impresionados por lo que sabías, como por lo que vestías.

Aunque anhelaba que me aceptaran, no teníamos dinero como para comprar la ropa que me haría encajar en el grupo. La presión de los compañeros llegó a ser un punto de contención entre mi madre y yo durante un par de años. Yo le pedía que me comprara la ropa de última moda, como la que usaban mis amigos. Y ella me explicaba con tristeza, una y otra vez, que sencillamente no podíamos darnos ese lujo. Entonces me quejaba diciendo que a ella no le importaba que me marginaran. Mamá respondía que quien me juzgara por la ropa que tenía puesta de todos modos no valdría la pena como amigo. Y así seguíamos, todo el tiempo.

Curtis, por lo general, se ponía de parte de mamá. Y aunque sentía resentimiento al principio, en mi corazón sabía que me estaba diciendo la verdad. Cuando leía Proverbios veía que todos esos versículos sobre los necios y la necedad, en realidad nos describían a mí y a mis amigos.

Advertí que era un necio, un tonto que seguía a los otros necios y tontos, cuya presión me hacía todavía más necio. No solo les importaba demasiado la ropa, sino que también consideraban que los estudios no eran una prioridad. Aunque no podía vestirme como quería, al menos podría quedarme en la calle después de la escuela, jugando al baloncesto en el parque hasta la hora de ir a dormir. Y como resultado, las calificaciones por las que tanto me había esforzado empezaron a empeorar. En octavo y noveno grados tuve muchas A [equivalente a la mejor nota] pero ahora, tenía C en casi todas las materias; lo que parecía gustarles a la mayoría de los del décimo grado de la Secundaria Southwestern de Detroit, donde asistí el año siguiente.

Claro que entonces surgió una oportunidad que me permitió escapar de la presión que ponía en riesgo mis sueños. Fue una oportunidad que requirió que corriera otro riesgo.

Las unidades de la ROTC (Cuerpo de Entrenamiento de Oficiales de Reserva, siglas en inglés) tenían un rol activo en muchas de las escuelas secundarias de Detroit en la década de 1960. En el inicio del décimo año mi hermano Curtis se inscribió en el programa, de modo que cuando terminó la secundaria había ascendido al rango de capitán y servía como comandante de la compañía de nuestra escuela. A pesar de ello, y por mucho que admirara a mi hermano, no estaba dispuesto a seguir sus pasos. La disciplina y las exigencias de la ROTC no eran atractivas para los chicos con los que me juntaba, así que para mí el programa no era interesante.

Pero un día vi al Coronel Sharper marchar por los pasillos de la escuela.

Al igual que Curtis, Sharper estaba en el último año, pero había llegado a ascender más que Curtis, por lo que fue uno de los únicos tres coroneles de todos los programas de la ROTC en la totalidad de las escuelas secundarias de Detroit. La autoridad que inspiraba y sus muchos logros no me impresionaban tanto como su uniforme, con las charreteras exhibiendo tres diamantes sobre cada hombro, filas de medallas y cantidad de cintas y cordones de colores. Pensé entonces que si podía presentarme en la escuela todos los días con un uniforme tan elegante ya no tendría que soportar la humillación de vestir la ropa que mi madre decía era lo único que podíamos comprar. Por sospechosos que fueran mis motivos, el hecho fue que de repente me encantó la idea de vestir un uniforme como el del Coronel Sharper.

Curtis tiene que haberse sorprendido mucho cuando le pregunté dónde y cómo podía inscribirme en el programa de la ROTC. Allí fue cuando me enteré que había un inesperado obstáculo para llegar al rango de coronel.

Solo se podía entrar en el programa de la ROTC en el primer semestre del décimo año. Eso significaba que los alumnos tenían que cursar seis semestres completos de secundaria a fin de ganar las promociones necesarias para llegar a subir en rango. Y como sucede en todas las buenas organizaciones militares, la ROTC tenía fórmulas y procesos rígidos para cada ascenso o promoción.

Como me estaba inscribiendo un semestre más tarde que mis compañeros, siempre quedaría atrasado seis meses con respecto a los demás. Y aunque llegar a ser coronel en solo cinco semestres no era imposible, tenía que admitir que por lo menos era algo bastante descabellado. Así que me pregunté: *¿Vale la pena este riesgo? ¿Realmente quiero pasar por los rigores de la ROTC si solo hay una oportunidad distante de llegar al puesto más alto del rango?*

Por lo tanto, y a pesar de que mis posibilidades de vestir el uniforme de coronel eran bastante remotas, fui lo suficientemente inteligente como para ver que cualquiera fuese el rango que lograra podría vestir mi uniforme de la ROTC para ir a la escuela casi todos los días hasta terminar la secundaria. Ya no usaría más ropa pasada de moda.

Así que me inscribí.

Y lo que me sorprendió fue que disfruté todo lo de la ROTC: la ciencia y la estrategia militar, armar y desarmar rifles, la práctica de tiro, la instrucción, todo lo que tenía que hacer. Y me fue tan bien que para fines de mi primer semestre me ascendieron, no a cabo sino a sargento del personal. Y a comienzos del año siguiente, me habían ascendido ya a sargento de primera clase y luego a sargento superior. Fue entonces que el Sargento Hunt, uno de verdad del Ejército verdadero, me presentó el desafío de tomar la clase del quinto período de la ROTC, una banda de hermanos bastante revoltosos, poco cooperativos, exasperantes.

El Sargento Hunt me prometió que si lograba ordenar a esa pandilla, me ascenderían a teniente segundo a comienzos de mi tercer semestre en la ROTC. Y si lo lograba, no solo me habría puesto en línea, superando a la mayoría de los cadetes que habían comenzado seis meses antes que yo, sino que tendría la oportunidad para presentar el examen de grado de campo. Solo quienes llegaban al rango de teniente segundo o más calificaban para ese examen que a su vez determinaba el nivel de promoción al que podrían acceder luego. Más allá de eso, toda promoción dependía estrictamente del mérito.

Claro que aceptar el desafío del quinto período que me presentaba el Sargento Hunt podría significar un posible fracaso, y conociendo a los bandidos de ese grupo como los conocía, sabía que existía un verdadero riesgo de terminar vencido o humillado. Pero el éxito por otra parte, me parecía la mejor oportunidad de tomar un atajo para pasar a muchos de los demás, posicionándome para seguir avanzando en el rango. Fue esa consideración de «la imagen completa» lo que me dio coraje para aceptar el desafío y correr los riesgos.

El resultado de todo fue que el quinto período solo parecía ser incorregible, porque pronto descubrí que en realidad tenían mucho amor propio, por lo que les hice trabajar duro en el entrenamiento físico y el conocimiento de los rifles. Luego, apelé a su amor propio y les desafié a no solo mejorar sino a ser la mejor clase de ROTC de la escuela a fines de ese semestre. Y lo lograron.

Recibí mi ascenso. Presenté el examen y obtuve el mejor puntaje de la ciudad, venciendo no solo a otros tenientes segundos sino también a todos los tenientes primeros, capitanes, mayores y tenientes coroneles... a todos. La directiva de la ROTC me convocó para una entrevista después de la cual me ascendieron al rango de teniente coronel, en un salto sin precedentes para quien ostentaba el grado de teniente segundo.

Mi nuevo grado no solo me daba más responsabilidades sino que también me calificaba para volver a tomar el examen de grado de campo el siguiente semestre. Mi desempeño en la segunda prueba me dio el anhelado ascenso a coronel y, además, el título de oficial ejecutivo de la ciudad, por sobre todos los programas de la ROTC en las secundarias del sistema de educación pública de Detroit.

Aprendí que con la gran responsabilidad suele llegar también gran honor y oportunidades. Como oficial ejecutivo de la ciudad, para la ROTC, tuve oportunidad de conocer al General William Westmoreland, cenar con ganadores de la Medalla de Honor del Congreso, encabezar el desfile del Día en Memoria de los Caídos y que me ofrecieran una beca completa para West Point.

Toda la experiencia con la ROTC fue como un sueño para mí. No solo servía de buena imagen en mis solicitudes de ingreso a la universidad, sino que me enseñó una cantidad de destrezas nuevas. También mejoró mi confianza, de modo que vi que la carrera militar me satisfaría, si aceptaba esa beca para West Point.

Pero cuando me senté a pensar en mi sueño de ser médico, decidí que no podía arriesgarme a interferir con lo que tanto quería. Así que aunque la ROTC fue una época maravillosa en mi vida que me enseñó mucho sobre las recompensas de los riesgos, decidí seguir avanzando y pude hacerlo en parte porque lo aprendido me había preparado para el siguiente gran riesgo que tendría que correr: elegir una universidad.

Ya he contado eso muchas veces, pero lo que jugó un papel principal en mi elección de una universidad fue un programa de televisión (uno de los tres que podía ver cada semana). Soñaba con que me eligieran para competir en el [concurso] *General Electric College Bowl*, que se trasmitía los domingos por la tarde. Equipos de estudiantes universitarios competían cada semana, respondiendo preguntas sobre diversas materias que iban de la ciencia a la matemática a la lengua o la historia, el arte y la música. Yo deseaba poder aparecer en ese programa algún día; tanto lo anhelaba que estudié a los grandes compositores clásicos y llegué a reconocer y apreciar su música (conocimiento que no contribuía a aumentar mi popularidad en la secundaria en una época en que a mis compañeros les gustaba más la música rock como los Beatles, los Rolling Stones y Three Dog Night o los nuevos sonidos populares de Motown de Las Supremas, Smokey Robinson, Dionne Warwick y Marvin Gaye.

La emisión del *GE College Bowl* que más me impresionó fue en el verano anterior a mi último año de escuela secundaria. En ese programa un equipo de académicos de Harvard competía contra un grupo de Yale. Todavía no me había decidido por una universidad en particular; pero ambas instituciones, por su renombre académico, estaban en mi lista. El problema era que solo tenía dinero suficiente para pagar el costo de una planilla de solicitud: diez dólares. Así que ese programa en el que el equipo de Yale le ganó al de Harvard, por un puntaje de unos quinientos diez a treinta y cinco puntos, fue el que me hizo tomar la decisión definitiva. ¡Presentaría mi solicitud para ingresar en Yale!

Si entonces hubiera sabido lo que sé hoy, jamás habría arriesgado el único dinero que tenía para presentar mi solicitud en Yale. Considerando el calibre de los miles de estudiantes de todo el mundo que presentan su solicitud cada año, ¿hasta qué punto eran realistas mis aspiraciones? Aun así...

De vez en cuando, en lo que a riesgos se refiere, la ingenuidad del joven rinde más dividendos que el conocimiento y la experiencia. Jamás se me ocurrió enviar mi solicitud a una universidad menos exclusiva, aun cuando allí estuvieran garantizadas mis oportunidades de ingreso.

En términos de mi determinación, no fue difícil correr ese riesgo porque seguía convencido de que Dios quería que fuese médico; también había leído muchos versículos que me decían que Dios respondería mis fervorosas oraciones y me otorgaría los deseos de mi corazón. Mi deseo era ir a Yale y oré por ello con fervor. Recuerdo haber leído Proverbios 10:24, que dice: «Lo que el justo desea, eso recibe». Así que seguía esperando que llegara mi carta de aceptación, día tras día, porque ese era mi deseo. Cuando llegó finalmente, no me sorprendió.

Pero despertó en mí un entusiasmo enorme.

Tenía muchos motivos para celebrar. Estaba un paso más cerca de la concreción de mi sueño. Y aunque todavía no pensaba en eso, había sobrevivido a una niñez «en riesgo». Había llegado a un nivel que sobrepasaba toda expectativa, excepto las de mi madre y las mías. Me sentía bien preparado para lo que me deparara mi siguiente etapa en la vida.

Pero no tenía idea de que solo estaba empezando a aprender las lecciones acerca de los riesgos que tendría que conocer para sobrevivir y llegar al éxito personal y profesional en el futuro.

Riesgos que corrí y que cambiaron mi vida para siempre

COMO SOLO TENÍA DINERO SUFICIENTE PARA ENVIAR UNA SOLICITUD, EL propio hecho de entrar en Yale fue un riesgo. Pero pronto descubrí que mantenerme dentro de esa universidad representaba uno mayor todavía: fracasar.

Llegué al recinto universitario sintiendo confianza en mí mismo... y hasta un poco de arrogancia también. Había ganado todo tipo de honores en la escuela secundaria, con los puntajes más altos de las escuelas públicas de Detroit el año anterior y también había hablado con varios reclutadores universitarios que me decían que sus universidades me querían. Calculé que Yale era afortunada por tenerme.

Luego, durante la cena una noche de mi primera semana allí, los estudiantes que compartían la mesa de la cafetería conmigo empezaron a comparar sus puntajes de evaluación total de la secundaria. Yo escuchaba. Primero sentí curiosidad. Y luego, espanto. Todos tenían puntajes superiores a los míos. Pienso que ese momento me dio la primera pista de que el nivel académico de Yale era un enorme paso en comparación con lo que conocía de mi escuela secundaria.

Aun así, no tomé cuenta del riesgo real de fracasar sino hasta casi al final de mi primer semestre. Mi antigua rutina de estudio en la secundaria consistía en leer el material, asistir a clase, estudiar durante un día o más antes de cada examen y luego cosechar mis altas calificaciones. Ese sistema no funcionaba en Yale. Todos los días y todas las semanas, veía cómo mi posición quedaba más y más relegada, en particular en química (curso requerido para quienes quieren estudiar medicina), en la que obtuve la nota más baja de los seiscientos alumnos de mi clase.

Me había ido tan mal que para fines del semestre supe que solo tenía leves esperanzas de poder evitar mi completo fracaso. El profesor de química tenía una regla: no importa qué calificación obtuvieras en el semestre, si te iba bien en el examen final como para mostrar que dominabas el material, olvidaba todas las notas anteriores y solo contaba la de ese buen examen.

No estaba del todo seguro si podría aprender todo lo que necesitaba saber para el examen final, pero decidí intentarlo. Al abrir mi libro de química para estudiar, oré: «Señor, ¡necesito que me ayudes! Siempre pensé que querías que fuese médico. Pero no podré seguir en el curso preparatorio si fallo en esta clase. Por favor, o hazme saber qué más tengo que hacer o dame un milagro y ayúdame a pasar este examen».

Pasé horas memorizando fórmulas, ecuaciones y leyendo el texto, intentando entender lo que no había podido comprender durante todo el semestre. Al fin, a medianoche las palabras se desdibujaban y decidí apagar la luz. Antes de dormirme susurré en la oscuridad: «Dios, por favor, perdóname por fallarte».

Durante la noche soñé que estaba sentado en la clase de química, completamente solo. Una figura envuelta en sombras se acercó y empezó a escribir problemas de química en la pizarra. Luego, empezó a resolverlos mientras yo observaba.

Cuando desperté por la mañana, recordaba lo suficiente de mi sueño como para levantarme y anotar los problemas. Había algunas respuestas un tanto confusas, pero los problemas estaban claros en mi memoria.

Me duché, me vestí y fui a mi clase de química, agotado y casi seguro de que no estaba preparado para el examen. Sin embargo, cuando el profesor repartió las hojas con las preguntas, me sorprendió ver en la primera página que la pregunta número uno era el primer problema que había escrito la figura del sueño en la pizarra. Miré rápidamente las otras preguntas y vi que todos los problemas eran idénticos a los que había visto en la pizarra de mi sueño.

Mi lápiz volaba, avanzando hoja por hoja. Sabía las respuestas a todas las preguntas. Cerca del final, mi recuerdo del sueño empezó a fallar y hubo preguntas que no supe contestar. Pero cuando entregué el examen, sabía que lo aprobaría.

Al salir de la clase paseé por el recinto de Yale durante una hora, pensando en lo sucedido y en lo que significaría. En mi mente, Dios había confirmado una vez más que quería que fuese médico.

«¡Gracias, Señor!», oré. «¡Hoy me diste un milagro!» También le prometí a Dios que esa sería la última vez que le pediría que me rescatara de mis malas calificaciones. Aprendería a estudiar durante el semestre y no arriesgaría mis calificaciones dependiendo de un esfuerzo exagerado a último momento.

Eso fue exactamente lo que hice.

En la universidad también decidí que correría otra clase de riesgo, que por su importancia no fue fácil de aceptar. Conocí a Candy Rustin justo antes de mi tercer año en Yale, aunque casi pierdo el tren del romance porque estaba muy concentrado en mis estudios y otras responsabilidades.

Había salido con algunas chicas en la universidad, ocasionalmente con grupos de amigos. Pero como trabajaba para pagar mis gastos y estudiaba para sacar las mejores calificaciones posibles, no tenía demasiado tiempo para citas ni para pensar en chicas... hasta que representé a Yale en una recepción especial para los nuevos estudiantes que venían de Michigan.

No pude dejar de notar a una linda jovencita con burbujeante sonrisa que parecía hablar con todo el mundo. *¡Qué linda chica!*, pensé. Decidí entonces que me acercaría a ella para presentarme; cuando unas semanas después la vi cruzando el recinto, sonreí y le pregunté cómo le iba con sus estudios.

«Creo que tendré A en todas», dijo.

Recuerdo haber pensado: *¡Ah! ¡Sí que debe ser inteligente de verdad!*

Después de ese encuentro decidí que cada vez que viera a Candy le hablaría. Ella cursaba las clases de preparatoria para aspirantes a médicos; supe que tocaba el violín en la Sinfónica de Yale y la Sociedad Bach. *¡Así que también es talentosa!*, pensé.

Desde mi primer año en Yale yo había asistido a la iglesia adventista de la localidad, y también cantaba en el coro. Necesitábamos un organista, así que un día mientras conversábamos le sugerí que viniera conmigo a la iglesia y se presentara para el puesto. Finalmente, no consiguió el trabajo pero me acompañaba a la iglesia y también se unió al coro. La veía entonces en la universidad pero además, todos los fines de semana en la iglesia. Poco después empezamos a asistir a un estudio bíblico auspiciado por la iglesia y nos quedábamos charlando luego. Éramos amigos, nada más. Yo estaba demasiado ocupado con mis estudios como para pensar en otra cosa.

Para el Día de Acción de Gracias de mi último año, la universidad nos contrató para entrevistar a los aspirantes de Michigan con alto puntaje en sus exámenes finales de secundaria. Yale nos brindó un auto alquilado; con ese vehículo íbamos de ciudad en ciudad para entrevistar a los jóvenes. Claro que también pudimos visitar a nuestros amigos y familiares.

El último día de nuestro viaje salimos de Detroit más tarde de lo planeado y como yo tenía que devolver el auto en Connecticut a las ocho de la mañana siguiente, decidimos que viajaríamos toda la noche. Era la ruta interestatal, así que el recorrido no presentaba peligros, pero yo estaba agotado. «No sé si podré conducir la noche entera», le dije a Candy.

Poco después de cruzar a Ohio, Candy se durmió. Supuse que sería mejor darle tiempo para que descansara antes de pedirle que me relevara al volante. Como a la una de la mañana vi un cartel que decía: «Youngstown, Ohio». El límite de velocidad era de cien kilómetros por hora, pero no habíamos visto un auto en casi media hora; así que conduje como a ciento cuarenta, confiado en que llegaríamos a tiempo después de todo.

No hacía frío dentro del auto, Candy dormía tranquilamente a mi lado y empecé a sentir que me pesaban los párpados. La línea divisoria en la ruta se desdibujaba a medida que me vencía el sueño.

Desperté de repente por la vibración de los neumáticos pegando con los postes metálicos que dividen los carriles. Lo único que pude ver fue la negrura de un abismo delante del auto y noté que íbamos a caer. Instintivamente, di un giro brusco para regresar el auto al asfalto. Podríamos haber volcado pero, en cambio, el vehículo dio vueltas como un trompo, no sé cuántas veces, y quedamos en el carril opuesto de la ruta interestatal. Por mi mente pasaron imágenes de mi infancia y pensé: *Así que esto es lo que se siente al morir.*

Cuando el auto se detuvo por fin, estábamos en el carril rápido de la vía por la que íbamos, con el motor encendido y orientados en la dirección correcta.

Temblando, llevé el auto hasta la orilla y apagué el motor, segundos antes de que pasara junto a nosotros un enorme camión con un remolque.

—Estamos vivos. Dios nos salvó la vida. Gracias, Dios —dije en voz alta.

Candy despertó con el sonido de mi voz.

—¿Pasa algo? —preguntó—. ¿Por qué nos detuvimos?

Pensaba que el auto tenía problemas mecánicos.

—¡No pasa nada! —le dije—. ¡Sigue durmiendo!

Pero notó la tensión en mi voz.

—Ben, no seas así. No puede estar todo bien si no nos movemos. ¿Por qué estamos aquí, junto a la vía?

Encendí la ignición e intenté lucir despreocupado mientras aceleraba.

—Nada... solo quise descansar un minuto...

—¡Ben! ¡Por favor!

Volví a la orilla, me detuve y apagué el motor.

—Bien —suspiré—. La verdad es que me dormí al volante y pensé... que moriríamos.

Apenas logré pronunciar esas palabras.

Candy se inclinó hacia mí y me tomó de la mano.

—El Señor nos ha salvado la vida, Ben —dijo con toda seguridad—. Tiene planes para nosotros.

—Lo sé —respondí, seguro como ella.

Ninguno de los dos pegó un ojo durante el resto de la noche. Conversamos tranquilamente durante todo el camino y, en algún momento, en Pensilvania o Nueva York, Candy se volvió hacia mí y me preguntó:

—Ben ¿por qué eres tan amable conmigo? Como hoy, que me dejaste dormir aunque habría sido mejor que te hiciera compañía para que te mantuvieras despierto.

—Supongo que porque soy así con todo el mundo.

—Es más que eso ¿verdad? —insistió.

—Soy amable con todos los estudiantes del segundo año de Yale —bromeé.

—Ben. Habla en serio.

Supongo que ese era el tema: si arriesgarme o no a hablar en serio. Me costaba no hablar en broma. Me costó arriesgarme cuando le dije:

—Creo que es porque me gustas. Me gustas mucho.

—Tú también me gustas, Ben. Más que cualquier otra persona que haya conocido.

Una sensación rara se apoderó de mí cuando la oír decir eso. No respondí, al menos no con palabras. Sentí que estaba a punto de correr uno de los riesgos más importantes de mi vida. Pero también sentía que era un riesgo correcto, al punto que ni siquiera dudé. Quité el pie del acelerador y volví a acomodar el auto en la orilla. Rodeé a Candy con mis brazos y la besé. Ella me correspondió. Fue nuestro primer beso. Lo cual significa que valía la pena correr el riesgo.

Ninguno de los dos entendía del todo en qué nos estábamos metiendo, pero sí sabíamos que nos estábamos enamorando. Desde ese momento, fuimos inseparables. Y, aunque parezca extraño, nuestra relación jamás fue un impedimento para los estudios. Pasábamos mucho tiempo juntos estudiando. Nos animábamos mutuamente. Y con Candy a mi lado estaba más decidido que nunca a esforzarme y concretar mi sueño.

No lo sabía en ese momento, pero la naturaleza de los riesgos que corría había empezado a cambiar. Muchos de los que corrí en mi niñez habían formado parte de la trama de mi vida, y no había tenido control alguno sobre ellos. Pero como joven adulto y luego como joven profesional, hubo más y más riesgos que implicaban que podía, o incluso a veces debía, tomar ciertas decisiones.

Hubo riesgos que evité y otros que abracé. Pero siempre traté de tomar decisiones sabias y buenas en cuanto a qué riesgos correr. No siempre tomé las mejores decisiones, en parte porque todavía no había encontrado la sencilla fórmula de análisis de riesgo que adopté desde que pasé por un momento crucial en este proceso de toma de decisiones en el ámbito personal y profesional.

Sin embargo, creo que algunos de los ejemplos de mis primeros encuentros con el riesgo serán una buena forma de demostrar lo que quiero decir, aunque sea solo para mostrar de qué modo estas experiencias de análisis de riesgo (que durante un tiempo fueron simples procesos de ensayo y error), conforman el centro de este libro. Antes de que lleguemos allí, quiero que puedas entender cómo llegué a desarrollar, entender y aplicar esta fórmula de análisis para la toma de decisiones en lo que a riesgos se refiere.

Quiero explicar cómo y cuál fue uno de los riesgos más grandes e importantes que acepté en mi primer año como estudiante de medicina, y que quizás sea la razón principal por la que puedo escribir este libro, ya que de otro modo no sería médico.

Después de un exitoso desempeño como estudiante en Yale y más convencido que nunca de que Dios quería que fuese médico, no me intimidaba en lo más mínimo lo que oía sobre los rigores académicos de la universidad.

Pero durante el primer semestre en la Facultad de Medicina de la Universidad de Michigan, me encontré encerrado en el salón de conferencias durante seis a ocho horas cada día, expuesto a tal torrente de datos e información que entendí por qué el primer año de ese proceso se ha comparado con la situación de que alguien abra un hidrante de incendios y espere que abras la boca para tragarlo todo. Si dijera que la cantidad de material que teníamos que aprender era «abrumador», estaría diciendo poco. Me fue tan mal en el primer conjunto de exámenes, a las seis semanas de empezar las clases, que me enviaron a ver al consejero para que me ayudara.

El consejero miró mis registros durante unos minutos y dijo: «Señor Carson, parece usted un joven muy inteligente... apuesto que hay muchas cosas que podría hacer, aparte de la medicina».

Con eso, el plan A que me sugería, implicaba abandonar los estudios de medicina. Sentía que no tenía pasta de médico y pensaba que me ahorraría muchos dolores de cabeza —y a otras personas también— si renunciaba antes de invertir tiempo y esfuerzo en un emprendimiento que no tenía sentido.

¡Qué devastador para alguien que soñaba con ser médico desde que tenía ocho años! Jamás había pensado en otra cosa. Supongo que mi consejero vio que no pensaba hacerle caso, por lo cual me propuso un plan B: reducir la carga. Estudiar uno o dos cursos a la vez, en lugar de muchos. Aunque me llevaría más tiempo, finalmente tal vez podría graduarme.

Le agradecí y me fui a casa con la cabeza dándome vueltas. Podía sentir cómo se derrumbaban mis sueños. No sabía qué hacer. Y entonces oré. Le pedí a Dios que me diera sabiduría; cuando logré calmarme, empecé a pensar en mi situación en términos de riesgo. *¿Qué pasa si abandono?*, pensé. Tenía miedo de caer tan bajo que dudaba que fuera posible recuperarme, pensé que mi vida sería un desastre. Todo eso me perturbaba y me era inaceptable, así que no tenía sentido seguir analizando esa opción.

Por eso, pasé a preguntarme: *¿Cómo puedo dar vuelta a esta situación?* Pensé en los cursos en los que siempre me había ido bien, y en aquellos en los que siempre había tenido dificultades. Noté que había un patrón común: por lo general tenía dificultades en los cursos que se centraban en largas y aburridas presentaciones, disertaciones o conferencias ya que no soy de los que aprenden oyendo. En cambio, me iba bien en los cursos en los que tenía que leer mucho. También me iba bien en los que tenían que ver con repeticiones.

¿Qué hice con esa autoevaluación?

Tomé la decisión de que no seguiría ninguno de los cursos de acción propuestos por el consejero. Y entonces, corrí un riesgo que parece terriblemente peligroso y drástico (y tal vez lo fuera). Como no aprendía oyendo largas conferencias, dejé de asistir a esas clases y dediqué todas esas horas usando las técnicas de aprendizaje que sí me eran efectivas: leer, repetir con apuntes tomados en tarjetas que creaba para cada materia, por ejemplo.

No es que ignoré las conferencias. Teníamos «escribas», gente que ganaba dinero tomando notas de cada una de las disertaciones o clases. Podías suscribirte por un módico precio, lo que hice. Descubrí entonces que con esas notas, absorbía la información mucho más rápido que cuando asistía a las clases.

Y sabiendo que mi método de aprendizaje más efectivo era la lectura, usé la gran cantidad de exámenes antiguos que había en la biblioteca. Al leer los del año anterior, del anterior a ese y de años pasados ya hacía tiempo, pude hacerme una idea de lo que me esperaría en mi propio examen y aunque las preguntas fueran distintas, el cuerpo de la información (en este caso, ¡digamos que se trataba de información sobre el cuerpo!) tendría la misma importancia este año a menos que hubiera un cambio muy importante en el conocimiento científico en los próximos meses.

Por ejemplo, vi que para responder a una pregunta tenía que entender las tres primeras partes del ciclo de Krebs, que tiene que ver con ciertos tipos de metabolismo y producción de la energía. En lugar de tratar de memorizar las respuestas a esas preguntas, vi que era mucho mejor pasar a la etapa siguiente: *tengo que entender las tres primeras partes del ciclo de Krebs* porque seguro que aparecerá en el examen de este año.

Cuando aprendí a estudiar con ese sistema, a crear mis propias tarjetas con apuntes y a leer las notas de los escribas junto con los libros de texto, ya casi no había riesgos de que sacara una mala nota en todos los años que dedicara al estudio de la medicina.

Lo más importante es que ese sistema de estudio me permitió convertirme en un médico de primera clase, ya que entendía el material de manera que no lo olvidaría nunca.

Candy y yo nos casamos el verano después de mi segundo año como estudiante de medicina, más o menos un mes después de que ella se graduara de Yale con un doble título en música y sicología. Empezamos nuestra aventura con el matrimonio, aceptando el hecho de que todavía me faltaban años de formación profesional. En esos años, tuvimos que enfrentar, analizar y decidir cursos de acción con respecto a varios riesgos adicionales. Veremos tres de ellos en un breve resumen.

Riesgo número uno: Piensa en nuevas maneras

Un día, mientras estudiaba medicina y cumplía con mi mes de rotación en el área de cirugía, observé cómo uno de mis instructores realizaba un delicado procedimiento quirúrgico con un paciente.

«Lo más difícil», explicaba mi instructor, «es localizar el foramen oval». Y con una larga aguja, exploraba buscando ese diminuto orificio que todos tenemos en la base del cráneo.

Mientras seguía con la mirada ese tedioso proceso de ensayo y error para ubicar ese mi músculo, punto de acceso a través del hueso para llegar al cerebro, pensaba: *Tiene que haber una forma mejor, menos invasiva, de ubicar el orificio en vez de estar probando con una aguja en la base del cráneo del paciente.*

Al terminar con las rondas del día fui al laboratorio de radiología, donde había trabajado un verano, y pedí permiso para usar los equipos. Me llevó varios días refinar la idea. Comencé con una sencilla verdad: que entre dos puntos se determina una línea recta. Mi teoría era que podría ubicar una diminuta argolla de metal en la parte frontal del cráneo y otra, en la parte posterior y que al pasar un haz de rayos X hasta lograr que ambas argollas estuvieran alineadas, sabría que el foramen oval estaría en esa línea.

El procedimiento básico parecía simple cuando lo razonaba, pero no podía dejar de preguntarme por qué no se le había ocurrido a nadie. No quise arriesgarme a hablar de mi descubrimiento con mis profesores, y durante días pensé: *Si me equivoco, pasaré una vergüenza. Pero si tengo razón, estos expertos cirujanos podrían sentirse ofendidos porque un simple estudiante proponga un procedimiento nuevo.*

Entonces utilicé la técnica con un par de pruebas en cráneos de cadáveres y descubrí que de veras funcionaba. Les expliqué a mis profesores de neurocirugía lo que estaba haciendo y les mostré la técnica. El jefe de neurocirugía miró, movió la cabeza despacio y sonrió: «Es fabuloso, Carson», me dijo.

No encontré resentimiento por parte de los cirujanos, e incluso algunos empezaron a usar mi técnica. La voluntad y disposición para pensar de manera distinta con respecto a un problema y luego aceptar el riesgo de compartir la idea con los demás, realmente dio buenos frutos.

Riesgo número dos: Sopesa las alternativas

Una vez tomada la decisión, cuando iniciaba mis estudios, de especializarme en neurocirugía, no fue difícil elegir un programa de residencia. Quería ir al Johns Hopkins, considerado por muchos el hospital escuela más importante del mundo en su categoría. La experiencia me dio todo lo que esperaba, y más todavía. Me dio entre otras cosas, una introducción al tipo de riesgos que son comunes en la carrera de un cirujano de cerebro.

Durante mi cuarto año en Baltimore fungí como jefe de residentes de neurocirugía en el Centro Médico Francis Scott Key, propiedad del Johns Hopkins. Una noche recibí una llamada de la sala de emergencias, por un adolescente que había llegado en ese momento y a quien habían golpeado muy fuerte en la cabeza con un bate de béisbol. Desafortunadamente, el incidente había sido el fin de semana cuando se realizaba la reunión de la Asociación Americana de Cirujanos Neurólogos en Boston, ese año. Mi cirujano principal, a quien debía consultar para obtener su aprobación en todos los casos, estaba en esa reunión. Mi otra opción era llamar a algún profesor del Johns Hopkins que estuviera de guardia esa noche, para cubrir todas las consultas de neurocirugía de todos los hospitales.

Intenté varias veces contactar al doctor de guardia pero no lo logré. Con cada intento, me desesperaba más y más porque mi paciente estaba comatoso y se deterioraba muy rápido. El daño cerebral era tal que yo estaba convencido de que el muchacho moriría a menos que le hiciera una lobotomía y le quitara el tejido dañado, como para darle al joven tiempo y espacio para que la hinchazón de su cerebro se redujera. Pero nunca había realizado ese procedimiento. Y las reglas del hospital me lo prohibían, aun siendo jefe de residentes. No podía operar algo así sin que estuviera presente un cirujano principal.

Mientras observaba a mi paciente, pensé: *¡Necesita que lo operen ahora mismo!*

Pero al mismo tiempo: *¿Qué pasa si entro allí y de repente no puedo controlar el sangramiento? ¿Y si hay algún otro problema que nunca haya tenido antes? Si algo sale mal la gente criticará la decisión y exigirán saber por qué violé las reglas y lo operé.*

Claro que también tuve que preguntarme: *¿Qué pasará aquí si no lo opero ahora mismo?* La respuesta era tan clara como el agua: el joven moriría.

El asistente de guardia que estaba esa noche vio que era difícil la decisión. Y me dijo una sola cosa: «¡Hazlo!»

Cuando abrimos el cráneo del muchacho, me sentí tranquilo y recordé exactamente los pasos que debía seguir para quitar los lóbulos frontal y temporal (que son sorprendentemente prescindibles) del lado derecho del cerebro de ese joven. No hubo complicaciones durante la cirugía.

Aunque estaba aliviado cuando el paciente despertó unas horas después y su estado neurológico era normal, me preocupé varios días por las consecuencias de haber corrido ese riesgo. Afortunadamente, no las hubo. Todo el personal médico presente esa noche sabía que el paciente habría muerto si yo no lo hubiese llevado enseguida al quirófano.

Me crucé con ese paciente hace un tiempo. Se acercó cuando terminé con mi charla en una reunión y se presentó. Hoy vive una vida normal, es casado y tiene familia; trabaja como sicólogo y consejero en el sistema de escuelas públicas de la ciudad de Baltimore.

Riesgo número tres: Toma tus propias decisiones

Se acercaba el final de mi jefatura de residencia y conocí a un neurocirujano de Australia que estaba de visita. El doctor Bryant Stokes me invitó a prolongar mi entrenamiento un año más al ir a trabajar con él en Australia, ocupando un puesto similar al de jefe de residentes, en un importante hospital escuela del oeste de Australia.

Por supuesto, Candy y yo dedicamos mucho tiempo a considerar muy en serio los pro y los contra de la propuesta. Bryant era un excelente cirujano y un muy buen tipo, y me aseguró que tendríamos continua afluencia de casos interesantes y con muchos desafíos. Sin embargo, varios amigos y colegas me advertían que en la colorida historia de Australia el racismo tuvo un rol importante, por lo que me dijeron que tal vez Candy y yo no fuéramos bien recibidos, que trabajar allí podría ser un gran error y que si iba, lamentaría la decisión y volvería a casa en unas semanas nada más.

Con ese tipo de consejos no me llevó mucho decidirme en contra de la opción de viajar a Australia, principalmente porque Candy estaba esperando a nuestro primer bebé. Pero en los días y semanas que siguieron, ambos comenzamos a sentirnos un tanto incómodos con nuestra apresurada decisión. Parecía que por todas partes nos encontrábamos con australianos y todos nos resultaban simpáticos, amigables, cálidos. Nos sentíamos aceptados. Cada vez que encendíamos el televisor había algún programa especial sobre el continente más pequeño del mundo. Se veía como un lugar maravilloso y atractivo. Todo eso de Australia, ¿era solo coincidencia? ¿O era que Dios intentaba decirnos algo? ¿Nos habíamos apurado a rechazar la invitación?

Candy y yo decidimos que investigaríamos un poco más. Volvimos a considerar algunos de los pro y los contra. Ir a Australia significaría un año más de capacitación, pero prometía darme mucha experiencia valiosa, operando bajo los mejores neurocirujanos australianos y con la oportunidad de trabajar con casos complicados por demás. Posiblemente hiciéramos nuevos amigos en una parte diferente e interesante del mundo. No ir significaba que podría iniciar mi carrera como neurocirujano tan pronto terminara mi residencia. Ya había pasado muchos años preparándome, y la verdad es que quería ir acabando con esa etapa para poder comenzar con mi propia carrera profesional. Eso me atraía mucho. También estaba el tema del racismo, las opiniones estaban divididas.

Finalmente decidimos ir. Nuestro año en Australia resultó una experiencia fabulosa. Me dieron la oportunidad de realizar la mayor cantidad de operaciones que haya tenido en un año y muchas de ellas muy complejas. En doce meses allí, dominé muchas técnicas nuevas y logré un nivel de habilidad y experiencia que solo podría haber conseguido en años si me hubiera quedado en los Estados Unidos, enfrentando el desafío que todo médico recién graduado tiene que resolver en su primer año: encontrar un puesto, tratar de establecerse, ir sintiendo la profesión en todos sus aspectos, entre otras cosas. Lo cierto es que cuando volví a los Estados Unidos y acepté un puesto como ayudante de cátedra en Johns Hopkins, ya tenía experiencia, habilidades y confianza en mí mismo como si hubiera trabajado años enteros. Cuando al año siguiente hubo una vacante para el puesto de director de neurocirugía pediátrica, me dieron el puesto... algo inaudito para alguien de solo treinta y tres años de edad. Eso nunca habría sucedido (y tampoco mucho de lo que ocurrió en mi carrera después) si no hubiera corrido el riesgo, aceptando lo incierto, mudándome con mi esposa encinta para operar cerebros en Australia durante un año.

La decisión de regresar al Johns Hopkins después de ese año también fue bastante riesgosa. Varias personas que me aconsejaban que hiciera otra cosa creían que estaba cometiendo un error al seguir con la medicina académica en lugar de probar las aguas más lucrativas del ejercicio privado. Una persona que me ofreció un puesto en otro hospital de Baltimore me advirtió que jamás sería feliz o que nunca me tratarían con justicia en un entorno tan «racista» como el Johns Hopkins.

En mi año de pasantía y mis cinco años de residencia jamás me sentí víctima de prejuicios o discriminación institucional, ni vi evidencia alguna que me hiciera pensar en algo así como una cultura racista. Siempre había sido feliz en Hopkins y los dichos de esa persona finalmente se vieron desvirtuados el año siguiente cuando, a pesar de mi juventud, me ofrecieron el puesto de director de neurocirugía pediátrica.

Las consideraciones financieras sí tuvieron peso, antes de lo esperado. Pero no como podría haberlo imaginado yo, ni nadie más. Para finales de mi segundo año en medicina académica en Hopkins, me sentía desilusionado tanto por las finanzas de mi departamento como por mi economía particular. Se me informó que no había presupuesto suficiente para que tuviera una secretaria exclusiva. Tenía que compartirla con otros médicos. Tampoco había dinero suficiente como para que tuviese una computadora en mi escritorio. También había que compartir eso.

Si sumamos a ello mi salario, muy por debajo de lo habitual en el caso de otros neurocirujanos, no es difícil entender que a pesar de un entorno de trabajo excelente, de la oportunidad de trabajar con casos difíciles y de la enorme recompensa de ayudar a tantas personas, sintiera que quizá me estaba perdiendo algo, como profesional.

Empecé a tantear otras oportunidades, a ver qué otras opciones tendría y al fin me ofrecieron unirme a un grupo privado de Texas, donde me habrían pagado seis veces lo que me pagaban en Johns Hopkins.

No parecía difícil tomar la decisión. Envié mi carta de renuncia y comencé con los preparativos para mudarnos a Texas. Pero el jefe del departamento de neurocirugía no aceptó mi renuncia. Es más, el doctor Donlin Long, un respetado mentor mío desde mi llegada a Baltimore como pasante, entró decidido en mi oficina y acompañado por el administrador en jefe del departamento de neurología. Querían hablar sobre mi carta, que a ellos les parecía «ridícula».

«Claro que hay dinero suficiente en el presupuesto como para que tengas tu propia secretaria», me dijeron. «Y por supuesto que puedes tener tu propia computadora». Incluso, le propusieron al decano que aprobara un programa de incentivos, y lograron convencerlo de aplicar ese plan que ligaba los salarios a la cantidad de casos y dinero que significaban para Hopkins mis intervenciones.

Aunque no tuve intención de que la carta fuera un método de presión, resultó serlo... y muy efectivo. De repente, ya no tenía por qué preocuparme. Mis problemas se habían solucionado.

Pero todavía había un elemento de riesgo. Estaría renunciando a cierto grado de independencia y a un mayor potencial económico, que en el ejercicio privado estarían a mi disposición. Al mismo tiempo, parecía un riesgo aceptable ya que creía que por alguna razón que todavía no podía entender, Dios quería que permaneciera en la medicina académica.

En retrospectiva, veo ahora que en muchos aspectos esa decisión ha dado buenos frutos.

Quizá el mayor beneficio que obtuve al quedarme en el Johns Hopkins sea el privilegio de trabajar en casos asombrosos. Muchos, como el de las hermanas Bijani y otros siameses, o las hemisferectomías como la de Maranda, o casos complejos y desesperados como el de Bo-Bo, presentaron riesgos significativos y memorables que les eran propios.

Quiero mencionar un ejemplo más, porque es el que me obligó a usar toda mi habilidad para analizar los riesgos, por lo menos todo lo que había aprendido hasta entonces, y en esa ocasión debí aplicar las lecciones que aprendí en cuanto a enfrentar y correr riesgos, condensándolas en una sencilla fórmula que desde entonces uso en mi vida personal y profesional.

Denise Baca llegó al Johns Hopkins desde Nuevo México. Tenía trece años y estaba en *status epilepticus*, que significa que tenía ataques de epilepsia continuos y que los había estado sufriendo durante más de dos meses. Como no podía controlar su respiración a causa de las convulsiones, le habían hecho una traqueotomía y hacía varios meses que no podía hablar.

Pocos años antes, Denise fue una niña normal y sana. Desde que comenzó con las convulsiones había ido a ver a médicos de todo el país, ya que cada vez estaba más deteriorada. La mayoría de los expertos concordaban en que el foco principal de los ataques provenía del área de Broca (área del habla) y la corteza motora, dos de las secciones más importantes de su hemisferio dominante.

Los expertos le habían dicho a sus padres: «No podemos hacer nada por ella». Pero luego, un amigo de la familia leyó uno de los artículos sobre Maranda Francisco y llamó a los Baca, que se pusieron en contacto con nosotros para preguntar si estábamos dispuestos a evaluar a su hija como posible candidata a una hemisferectomía.

De inmediato se produjo la controversia en Johns Hopkins. Varios neurólogos pensaban que era una locura pensar siquiera en ese procedimiento para esta paciente. Y tenían sus buenas razones. Con trece años, Denise era mayor que nuestros pacientes anteriores y como su cerebro no tendría la misma elasticidad que la del cerebro de un niño pequeño, había más probabilidades de que perdiera funciones. Sus ataques se centraban en áreas particularmente problemáticas de su cerebro, por lo que la cirugía era más riesgosa de lo habitual. Los ataques continuos también habían cobrado su precio, por lo que su estado general estaba muy deteriorado. Por ejemplo, había aspirado líquido y sus problemas pulmonares presentaban en sí mismos un riesgo quirúrgico.

Nuestro crítico más fuerte predijo: «Es muy posible que fallezca en la mesa de operaciones solo a causa de problemas clínicos, más que por la hemisferectomía». Sabía que el hombre sentía genuina preocupación.

Sin embargo, mis colegas, los doctores Freeman y Vining, concordaban conmigo en que los críticos estaban equivocados (éramos los tres médicos directamente involucrados en todas las hemisferectomías que se hacían en Hopkins en ese momento). Pensábamos que nuestra creciente experiencia en materia de dicho procedimiento nos daba derecho a tener voto y voz cantante en cuanto a quién sería candidato a la cirugía y quién, no.

Por respeto a quienes se oponían a la idea convocamos a una cantidad de conferencias a lo largo de varios días. A causa de la controversia, demoramos la operación y tomamos esa decisión en particular con todo cuidado y lentitud. Estábamos de acuerdo en que nuestros opositores merecían la oportunidad de que les escucháramos, pero insistimos en tener la última palabra.

Nuestro principal crítico incluso escribió una carta en términos muy duros, dirigida al presidente de la administración del departamento de neurología (con copias al presidente de la administración de neurocirugía, al presidente del hospital y a otras personas más). La carta declaraba que en su opinión como médico, Johns Hopkins no debía bajo circunstancia alguna considerar la posibilidad de hacer esa operación. Y volvía a presentar sus razones.

Inevitablemente hubo quienes se ofendieron. Me las arreglé para permanecer fuera del conflicto, negándome a tomar sus argumentos como acusaciones personales. Creía en la sinceridad de nuestro crítico y en su genuina preocupación por hacer lo mejor por Denise y el Hopkins. Tenía derecho a opinar. Solo que yo no estaba de acuerdo con él.

Aun así no queríamos seguir adelante, arriesgándonos a una controversia mayor que afectara aun más el ánimo de todo el hospital.

Durante días oré y le pedí a Dios que nos ayudara a resolver ese problema, pero no podía ver cómo resultarían las cosas.

De repente, todo se solucionó. Nuestro principal opositor se fue del país para asistir a una extensa conferencia en el extranjero y nuestro equipo de hemisferectomía decidió seguir adelante con nuestro plan, ahora que no habría voces cantantes en contra.

Les expliqué a los Baca, como lo hacía con los padres de otros niños que requerían de la medida drástica de una hemisferectomía: «Si no hacemos nada, Denise morirá. Si lo intentamos con este procedimiento, podría morir de todos modos pero al menos, tenemos una oportunidad».

Los padres entendieron. Querían darle a Denise «al menos una oportunidad de luchar».

El procedimiento en sí fue como lo esperábamos. Pero como sucede con algunos pacientes de hemisferectomía, Denise quedó en coma durante varios días. Solo podíamos esperar. Cuando despertó por fin, ya no tenía convulsiones. Y para el momento en qué pudo irse a casa, estaba hablando de nuevo. Semanas más tarde volvió a la escuela y su condición mejoraba continuamente.

Para cuando volvió nuestro colega de su viaje al extranjero, Denise mostraba tal progreso que no había razón para que él continuara con sus protestas. La controversia se calmó y el resultado tuvo un efecto tranquilizador en otros casos que podrían haber sido más controversiales todavía en los años que siguieron. Así que el riesgo del caso Baca dio buenos frutos, en más aspectos que el del resultado de la operación.

El éxito de ese caso me dio también un beneficio sorprendente, que he aprovechado desde entonces y pienso seguir aprovechando durante toda mi vida. En esos difíciles días de espera después de la cirugía, y sin saber cuál era el resultado de la operación, si había ayudado a Denise, quién había tenido razón en cuanto a lo que teníamos que hacer o el impacto del resultado en la paciente, en su familia, los médicos y el hospital, pensé mucho en el riesgo que había estado dispuesto a correr. ¿Cómo fue que llegué a la posición que decidí tomar? ¿Cómo y cuándo consideraría que un riesgo quirúrgico era demasiado grande? Y así, con otras cuestiones.

Creo que me costó más lógica y razonamiento en este caso, que en otras oportunidades porque yo sabía que si algo salía mal tendría que ser capaz de defender mi decisión de seguir adelante con lo que era, lo admito, una cirugía riesgosa. Los críticos querrían hablar. Así que yo seguía dándole vueltas a la cuestión, pensando en mi proceso de decisión desde todos los ángulos. Entonces empecé a comparar el análisis de riesgo del caso Baca con otros riesgos que había corrido. ¿Qué aprendí sobre mi proceso de tomar decisiones? ¿De qué modo había aprendido a tratar el riesgo?

Así fue como se me ocurrió la fórmula de «Análisis para lo mejor y lo peor» (AMP):

- ¿Qué es lo *mejor* que puede pasar si *hago* esto?
- ¿Qué es lo *peor* que puede pasar si *hago* esto?
- ¿Qué es lo *mejor* que puede pasar si *no lo hago*?
- ¿Qué es lo *peor* que puede pasar si *no lo hago*?

Tal vez estés meneando la cabeza mientras lees esas preguntas, pensando: ¿Tan fácil es?

Creo que sí es fácil, y vamos usar lo que queda de este libro para ver ejemplos que te ayudarán a entender de qué manera podemos aplicar esta simple fórmula de análisis de riesgo a situaciones personales y profesionales. Veremos también cómo podemos usar la misma fórmula para los temas más complejos y difíciles en la nación y en nuestro mundo de hoy.

Cuatro preguntas sencillas que ayudan a evaluar cualquier riesgo

Poco después del caso de Denise Baca, las mismas preguntas del AMP me sirvieron para evaluar el riesgo que presentaba el muy difícil y memorable caso de Christopher Pylant.

Los médicos diagnosticaron que Christopher, de cuatro años en ese momento, tenía un tumor grande y complejo en la base del encéfalo. Todos los que vieron al niño dieron el mismo pronóstico desalentador. Su condición era de paciente terminal, por lo que el tamaño y la ubicación del tumor lo hacían inoperable. Cuando los padres finalmente lo trajeron al Johns Hopkins para pedir mi opinión, examiné todos los estudios radiológicos y tuve que aceptar la opinión de los demás. El tumor parecía haberse enredado tanto en la base del cerebro que no veía cómo podríamos operar sin causarle un daño devastador y aun mortal al pequeño.

Desde la primera cita me impresionó la fe de la familia de Christopher. Sus padres fueron directos y me dijeron que Dios les había guiado al Johns Hopkins, donde encontrarían a un neurocirujano con sólida fe cristiana que podría ayudar a su hijo.

Con todo el respeto y el tacto posibles, les dije que tal vez yo era ese neurocirujano que tenían que ver, que sí tenía gran fe en Dios y que con gusto haría todo lo que pudiera por ayudar a su hijo. Pero tal vez, la mejor ayuda que podía ofrecer era asegurarles que habían hecho todo lo que podían por su hijo y que ahora, tenían que dejarlo en manos de Dios.

La obvia reticencia de los Pylant para aceptar esa explicación me molestó. Claro que había tenido padres negadores en otras ocasiones. Pero el fervor de su pedido de que reconsiderara mi veredicto era diferente en algún aspecto: *¿No podía yo hacer algo, lo que fuera, por su hijo?*

Me sentía dividido, jalado. Podía identificarme con esos angustiados padres ya que mi hijo tenía la misma edad de Christopher. No solo creía en un Dios poderoso sino que además, en mis pocos años como médico, ya había visto casos que solo podrían explicarse como la respuesta a la oración. Con todo, sabía que no podría justificarme si actuaba diciendo sencillamente que los padres tenían fe en que debía hacerlo. Me hacía falta una base lógica, alguna justificación racional para seguir adelante con una operación peligrosa. Así que, me dediqué a escudriñar mi alma: *¿Hay alguna posibilidad de que esto sea otra cosa y no un tumor maligno invasivo en la base del cerebro? ¿Hay alguna posibilidad de que todos estemos equivocados? ¿Tengo que seguir adelante con esto?*

Al fin, volví a las mismas y simples preguntas:

¿Qué es lo peor que podría pasar si operamos? Confirmaríamos el diagnóstico mortal al encontrar un tumor horriblemente maligno y avanzado en la base del cerebro. También había la posibilidad de que Christopher muriera en la mesa de operaciones a causa del trauma de una cirugía tan peligrosa y delicada.

¿Qué es lo mejor que podría pasar si operamos? Podríamos encontrar algo distinto a lo esperado cuando estudiamos las tomografías y, entonces, tendríamos una oportunidad para hacer algo notoriamente relevante.

¿Qué es lo peor que podría pasar si no operamos? No hacer nada significaría que lento pero seguro, el deterioro seguiría avanzando y el niño moriría al fin y al cabo.

¿Qué es lo mejor que podría pasar si no operamos? Basado en lo que sabía, no había nada «mejor» que pudiera pasar si no hacía nada. Christopher iba a morir.

Al pensar en las cuatro preguntas, vi que en tres de los casos las respuestas eran virtualmente iguales. Eso contribuyó a que pudiera concretar mejor el razonamiento, porque solo una de las opciones presentaba al menos una oportunidad de obtener un resultado positivo. Pero, ¿era lo suficientemente buena esa oportunidad?

Decidí entonces que nada tendríamos que perder si procedíamos con una exploración inicial, lo cual hicimos. Por desdicha, después de efectuar una sección congelada (un segmento ultradelgado de tejido que podíamos examinar enseguida con el microscopio), encontramos que sí teníamos un tumor de aspecto horriblemente maligno, congruente con todo lo que nos mostraban las tomografías. No creo que jamás me haya sentido tan desalentado al encontrar que tenía razón en algo.

Estaba desanimado cuando terminamos de cerrar al paciente y les contamos a los padres la devastadora noticia. Sin embargo, la respuesta y la recuperación del pequeño fueron una agradable sorpresa. Christopher no manifestaba ninguno de los potenciales efectos adversos postoperatorios. Es más, parecía mejorar después de la descompresión lograda en el proceso de abrir la parte posterior de su cráneo y aliviar parte de la presión que ejercía el tumor al crecer sobre la base del cerebro. *¡Qué raro!*, pensé. Así que pedí que le hicieran otra resonancia magnética.

En la nueva imagen parecía que podía haber en realidad un plano entre el tumor y la base del cerebro. *¿Habría estado tan comprimida la base del cerebro como para que nos fuera imposible distinguir entre esta y el tumor en todos los estudios anteriores?*

Lo único que sabía con certeza era que ahora, después de descomprimir un poco nada más, podríamos ver lo que parecía una fina brecha entre el tumor y la base del cerebro, razón suficiente como para decidir que teníamos que volver a entrar allí para explorar de nuevo las posibilidades. La noticia fue muy bien recibida por los padres, que seguían confiando absolutamente en que encontraríamos algo más que un tumor maligno invasivo.

Para resumir la historia, solo diré que al volver a explorar vimos que el tumor hacía presión sobre la base del cerebro, lo que habría seguido afectando al niño hasta matarlo. Pero no había penetrado aún en la base del encéfalo, así que con mucho cuidado, durante una tediosa y larga tarea, tiramos, cortamos y extrajimos todo lo posible de ese tumor. Como ahora no había nada que presionara la base de su cerebro, Christopher se recuperó muy pronto y pasado el tiempo creció, estudió después de la secundaria y se convirtió en ministro. Un final feliz que no habría sucedido si no hubiera recurrido a mi rudimentario sistema de análisis de riesgos para decidir qué hacer.

Quiero señalar, sin embargo, que aunque ejecutemos con máxima cautela el examen de AMP, no tenemos garantizado un final de cuento de hadas. Unos meses después del caso Pylant llegó un niño a Hopkins desde Ohio, con una resonancia magnética similar y con padres igualmente preocupados, que no estaban dispuestos a aceptar el desalentador pronóstico de los médicos a quienes habían consultado. Claro que recordé el caso de Christopher Pylant y, por supuesto, me tomó mucho menos tiempo volver a repasar las preguntas del análisis de riesgo, para llegar a la misma decisión: explorar la lesión.

Esta vez, muy a mi pesar, el tumor era uno maligno y estaba en la base del cerebro. Quité lo suficiente como para aliviar parte de la presión, pero no pude quitarlo del todo. Así que el tumor siguió creciendo, el paciente siguió empeorando y al fin falleció.

Esto no quiere decir que el AMP fallara en este caso. Porque el dispositivo de las cuatro preguntas nos sirvió en realidad, ya que lo mejor que podría haber pasado al hacer algo fue que no lo perjudicáramos. Y así fue. En realidad, tal vez le compramos un poco más de tiempo con su familia. Y lo mejor que podría haber pasado si no hacíamos nada es que habría empeorado, para fallecer de todos modos. Pero en ese caso los padres no habrían sentido que lo habían hecho todo y tal vez habrían quedado con una duda que les acosaría toda la vida. Lo peor que podría haber pasado si hacíamos algo era que podríamos haberlo perjudicado seriamente, o acelerado su muerte, lo cual no habría cambiado en mucho las cosas. Y lo peor que podría haber pasado si no hacíamos nada era que habría empeorado continuamente, para finalmente morir, cosa que sucedió en realidad.

Incluso cuando el AMP no da como resultado algo positivo en particular, hay menor probabilidad de que las cosas sean peores, justamente porque uno recurrió al análisis. Y lo que sí garantiza este análisis es que consideras las diversas posibilidades de manera razonable y lógica antes de tomar una decisión incierta o arriesgada. Eso tiene que mejorar las probabilidades de que termines con una solución feliz, o al menos, con un curso de acción razonable y defendible que minimizará el riesgo de que luego te arrepientas o lamentes lo decidido.

Las mismas cuatro preguntas del AMP me sirvieron como invalorable recurso para decidir en un caso de los más críticos, o al menos más cruciales, en mi carrera como médico.

Cuando Josef y Theresa Binder llegaron al Johns Hopkins a principios de 1987, buscando ayuda para sus hijos, Patrick y Benjamin, me percate de inmediato que la cirugía presentaría un riesgo más grande que cualquiera de los desafíos profesionales que enfrenté hasta entonces. Los niños habían nacido sanos en todos los aspectos, excepto en uno: eran siameses, unidos por la parte posterior de la cabeza. Todos los especialistas europeos consultados por los Binder habían aconsejado que no se les separara porque creían que la cirugía implicaría sacrificar a uno de los gemelos.

Con todo y eso, los Binder se negaron a rendirse. Cuando nos conocimos, Theresa admitió que desde el nacimiento de los gemelos ella había «vivido con un sueño que me mantiene con ganas de seguir adelante. Es el sueño de que en alguna manera encontraríamos médicos capaces de obrar un milagro». Relato ese milagro en detalle en *Manos consagradas*, donde incluyo los detalles médicos y la historia de la cirugía. Aquí quiero centrarme principalmente en el proceso de toma de decisiones por el que pasé.

Nadie había logrado separar a gemelos craneópagos occipitales a causa de la extrema complejidad de las conexiones vasculares que hay en la parte posterior de la cabeza. Las pocas veces en que se había intentado, murió uno de los gemelos, o los dos. Esa cirugía no era solo riesgosa, sino una aventura en un territorio difícil que no figura en el mapa.

Habían pasado menos de dieciocho meses desde el caso de Denise Baca, así que todavía no me había acostumbrado a analizar automáticamente los riesgos con las preguntas de la fórmula AMP. Pero de inmediato, me formulé e intenté responder esos cuatro interrogantes básicos:

> **¿Qué es lo mejor que podría pasar si operamos?** Si lográbamos separar a los gemelos, ellos (y sus padres) tendrían por fin la oportunidad de llevar vidas normales.
>
> **¿Qué es lo peor que podría pasar si operamos?** A causa de la extrema complejidad de una cirugía sin precedentes como sería esta, había mucha probabilidad de que algo saliera mal, y murieran o uno o los dos gemelos, o que el resultado para uno o ambos fuera incapacitante.

¿Qué es lo mejor que podría pasar si no operamos? Los niños permanecerían pegados, y durante una cantidad de años no determinada podrían vivir sanos, al menos en todo lo que pudieran sin ser capaces de caminar, gatear, sentarse o darse la vuelta. Jamás podrían girar la cabeza para mirarse uno al otro.

¿Qué es lo peor que podría pasar si no operamos? Como la mayoría de los gemelos craneópagos tienen o adquieren una cantidad de problemas médicos que les impiden llegar a edad adulta (que es lo que quince años más tarde hizo que las siamesas Bijani fueran únicas), había muchas posibilidades de que al fin uno o ambos sufrieran complicaciones con riesgo de morir. Y cuando muriera uno, el otro también moriría.

Estas primeras reacciones a las cuatro preguntas me ayudaron a enfocar y dirigir mis pensamientos, pero el caso tenía tantos factores complejos y complicados que vi que necesitaba más información para detallar las preguntas y luego tomar decisiones con al menos algo de confianza. Necesitaba saber más y tener más sabiduría antes de seguir adelante con el caso Binder.

¿Dónde encontraría ese conocimiento y esa sabiduría necesarios para lidiar con un problema médico tan difícil? ¿Cuál es la diferencia? ¿Cómo saber cuándo tengo lo suficiente de ambas cosas como para tomar una decisión correcta? ¿Y por qué pienso que hay una decisión «correcta»? Todas esas preguntas son cruciales y tenía que contemplarlas antes de embarcarme en un procedimiento médico sin precedentes, o al menos antes de tomar una decisión riesgosa, con pocas certezas.

Como quiero mantener las cosas tan sencillas como sea posible debo sugerir aquí una estrategia fácil de recordar, para adquirir el conocimiento y la sabiduría que necesitamos antes de tomar una decisión en nuestro peligroso mundo. Hay que pensar en:

- ¿Quién?
- ¿Qué?
- ¿Dónde?
- ¿Cuándo?
- ¿Cómo?
- ¿Por qué?

Al contestar estas preguntas tan conocidas, en el contexto de las cuatro preguntas básicas del análisis de lo mejor y lo peor, podremos afinar nuestro enfoque y también la exactitud de cualquier proceso de análisis de riesgos.

Demostraremos la utilidad de estas preguntas en el caso de la decisión sobre los Binder:

¿Quién?

Al identificar quién sería el más afectado por cualquier decisión que tomáramos en el caso Binder, y luego repasar las cuatro preguntas del análisis de riesgos desde su punto de vista, pude comprender más.

Por ejemplo, desde la perspectiva de los padres:

> **¿Qué es lo mejor que puede pasar si operamos?** Con una separación exitosa se cumplirían los más profundos deseos de los padres, y además se simplificaría la vida de la familia Binder de manera asombrosa. Con solo cuidar de los niños y llevarlos a cada lugar, ya estaban enfrentando dificultades. Y eso, sin mencionar el dolor de ver cómo se esforzaban en vano por lograr los hitos más básicos de su desarrollo.
>
> **¿Qué es lo peor que puede pasar si operamos?** Lo pero sería añadir más dolor si muriera uno de los niños o los dos, o si durante la cirugía quedaran con un daño cerebral grave.
>
> **¿Qué es lo mejor que puede pasar si no operamos?** Sin la cirugía los niños seguirían viviendo con la suficiente salud como para que la familia pudiera cuidarlos y amarlos, aprendiendo a aceptar sus limitaciones y problemas, pudiendo celebrar los logros que alcanzaran mientras vivieran.
>
> **¿Qué es lo peor que puede pasar si no operamos?** Lo peor era la posibilidad, más temprano que tarde, de que surgieran complicaciones a causa de su condición de siameses o debido a sus limitaciones y restricciones, lo cual podía deteriorar su salud y en cierto momento causarles la muerte.

Claro que también hice este AMP desde el punto de vista de los niños, algo que en realidad tenía más peso que la perspectiva de los padres, pero tenía que conjugar de alguna manera los resultados con estos antes de tomar una decisión.

¿Quién más se vería afectado? Pensemos en un momento en otros gemelos craneópagos en el futuro. Para ellos, lo mejor que podría haber pasado en el caso Binder habría sido una separación exitosa que pudiera copiarse luego. Y aun una operación fallida podría haber dado como resultado lecciones valiosas que podrían mejorar sus oportunidades. No había nada positivo para los gemelos siameses del futuro si no operábamos, y como aspecto negativo tendríamos nuevamente la oportunidad perdida de avanzar en el conocimiento médico, aprendiendo algo novedoso y útil que se pudiera aplicar en procedimientos futuros de separación.

Como soy científico y me interesa el progreso en el conocimiento de mi área, no podía ignorar el futuro. De todos modos, como no habían venido otros gemelos craneópagos para una consulta que en ese momento pensé sería una oportunidad única en la vida para mí, lo primero que tenía que preocuparme eran los Binder.

Sin embargo, también tenía que considerar el AMP desde mi propia perspectiva. Reconocí que si decidía operar no solo le daría a la familia la única oportunidad real de un resultado positivo, sino que además, «lo mejor que podía pasarles» también podía ser «lo mejor que podía pasarnos» al Johns Hopkins y a mí. Una operación exitosa, por cierto, sería un gran hito para nuestro departamento de neurocirugía.

Al mismo tiempo, lo peor que podía pasar, desde mi perspectiva, era un riesgo importante para mi reputación. Yo era joven todavía, de treinta y cinco años, hacía poco que había dejado la residencia y aunque era ya jefe de neurocirugía pediátrica en uno de los hospitales-escuela más importantes del mundo, había logrado mis quince minutos de fama con el procedimiento de la hemisferectomía y otros quince por el éxito parcial en una cirugía intrauterina, al implantar una derivación ventrículo'amniótica para corregir la hidrocefalia en un bebé gemelo nonato. No era solo que mi carrera personal había comenzado de manera excelente, sino que Hopkins ganaba renombre como nueva fuerza en neurocirugía pediátrica. Un caso de alto perfil como el de los

Binder, si salía mal podía causarme un golpe profesional, del que me sería difícil recuperarme.

Al identificar quién se vería afectado y considerar las perspectivas de cada parte, vi que me acercaba más a una decisión en el caso Binder.

¿Qué?

¿Qué era lo que necesitaba saber en el caso Binder? ¡Todo lo posible! Por eso, leí todo aquello a lo que pude echar mano, sobre casos anteriores de gemelos siameses, prestando atención en particular a lo que había salido mal y a las complicaciones surgidas. Noté también las similitudes y diferencias entre los intentos anteriores y el caso Binder para pensar qué podríamos hacer de manera diferente. Luego consulté con otras personas de gran conocimiento acerca de algunas de las ideas que estaba empezando a considerar.

En este punto el conocimiento juega un papel importante, y no solo por lo que había estudiado en el pasado sino más bien, por lo que estaba dispuesto a aprender ahora. Quería saber tanto como pudiera sobre los gemelos siameses unidos por la cabeza.

He notado a lo largo de los años que cuando estoy evaluando una acción o idea que parece particularmente difícil o riesgosa, suele haber cantidad de personas que pueden presentarme largas listas de razones por las que no funcionará o no debiera yo pensar en hacerlo. Pero no fue así en este caso. En lugar de encontrar detractores, seguía encontrando gente que decía: «Oye, parece una buena idea. Creo que tu propuesta vale. ¿En qué puedo ayudarte?» Y me presentaban a otros, dispuestos a ayudar, que también ofrecían buenas ideas.

¿Dónde?

Tenemos que considerar al menos tres aplicaciones del «Dónde», para tomar decisiones:

- ¿Hacia dónde vas? (tus objetivos)
- ¿Dónde estás? (tus destrezas, habilidades, ideas y actitudes)
- ¿Por dónde comenzarás? (tu preparación)

En el caso Binder, mi objetivo más importante era ayudar a los niños y a su familia, encontrando la forma más segura para separarlos. Esto respondía a la primera pregunta: *¿Hacia dónde vas?*

En respuesta a *¿Dónde estás?*, llegué a la conclusión, después de estudiarlo con sumo cuidado, de que mis colegas en Hopkins y yo teníamos la destreza requerida para realizar la operación.

También sabía que responder a *¿Por dónde comenzarás?*, implicaría una enorme tarea de preparativos. Así que nuestro equipo quirúrgico del Johns Hopkins pasó cinco meses preparándose, lo cual incluyó cinco ensayos de tres horas cada uno, en que practicamos y refinamos el procedimiento usando muñecos de tamaño real, unidos por las cabezas con velcro. Formamos un equipo de siete anestesistas pediátricos, cinco neurocirujanos, dos cardiocirujanos, cinco cirujanos plásticos y, de igual importancia, docenas de enfermeros, enfermeras y técnicos. En total, setenta personas. Sería un quirófano lleno de gente, con movimientos orquestados como en una coreografía, porque literalmente teníamos que determinar *dónde* estaría ubicada cada persona.

¿Cuándo?

A menudo, nuestra conclusión se ve afectada por los tiempos en nuestro AMP. Si hubiera estado practicando la medicina veinte años antes y hubieran acudido a mí los Binder, probablemente ni se me habría ocurrido considerar la posibilidad de operarlos. La historia de los intentos por separar gemelos siameses era demasiado desalentadora. Pero con los años, habían surgido nuevas técnicas como para mejorar las posibilidades, y por eso estaba yo dispuesto a sopesar las opciones.

También te recomiendo que repitas el AMP cada vez que veas que algo ha cambiado de manera sustancial: ha pasado un año, o estás en otro momento de la vida, o has meditado en el *quién*, el *qué*, el *dónde*, el *cuándo*, el *cómo* y el *por qué*. Los tiempos cambian. Y también las circunstancias. A veces esos cambios afectan tu análisis de riesgos y modifican tu forma de pensar, tal vez al punto de hacer que reconsideres tu decisión.

Hay un memorable ejemplo de este tipo de situación en cuanto al manejo del tiempo. Es algo que pasó cuando yo era pequeño. Cuando vivíamos con nuestros tíos en Boston, mi hermano Curtis y yo jugábamos muchas veces en un parque cercano donde imaginábamos aventuras del Lejano Oeste, o escalando montañas mientras trepábamos las enormes rocas que había en ese parque. Si todavía existe el lugar, estoy seguro de que habrán puesto un cerco para impedir que los niños se lastimen y los padres inicien una demanda contra el municipio. Pero a fines de los años cincuenta nadie pensaba en ese tipo de riesgos, así que podíamos jugar sin problemas. Hasta que una tarde...

No recuerdo si fue porque algún niño me desafió o si se debió a una meta personal que me había autoimpuesto. El tema es que yo estaba cruzando la pared de roca por una angosta cornisa, a gran altura. Tenía una mano aferrándome a una grieta y aplastaba mi cuerpo todo lo posible contra la roca mientras avanzaba muy lento buscando de dónde sostenerme con la otra mano. De repente se desprendió un gran pedazo de la cornisa y quedé colgando, peligrosamente aferrado de una sola mano mientras oía cómo se rompían las piedras al estrellarse contra el suelo.

A poca distancia la cornisa se veía más ancha y sólida, pero no tenía punto de sostén para intentar llegar allí. Desde donde me encontraba, vi que había otra grieta que tal vez pudiera alcanzar con mi mano libre, pero el problema era que la abertura estaba cubierta por una fea telaraña. Ya he contado que me gustaban mucho los animales, pero lo que no conté es que detestaba a las arañas. Sentía terror y había visto en el parque enormes arañas lobo que tejían telarañas idénticas a la que veía en ese momento. Ni siquiera pensaba en la posibilidad de introducir mi mano en un nido de arañas lobo. Pero entonces miré hacia abajo. Mi tremenda aracnofobia y el riesgo de que me picara una palidecieron en comparación con el grave daño que sabía podría sufrir si caía desde una altura de quince metros. Solo necesitaba un punto de sostén, así que extendí la mano, me aferré a la roca metiendo mis dedos en la grieta, avancé con los pies y logré llegar a la parte segura.

Momentos, circunstancias, decisiones. Todo era diferente.

¿Cómo?

No hace falta tratar los temas del *quién, qué, dónde, cuándo cómo* y *por qué* en un orden en particular. Tal vez incluso puedan revisarse de manera simultánea porque muchas veces se complementan o necesitan combinarse. En el caso Binder, por ejemplo, la respuesta al *cuándo* hizo un distintivo en la respuesta al *cómo*.

Con el fin de dañar lo menos posible los cerebros de Patrick y Benjamin durante la cirugía, se me ocurrió un plan bastante audaz, de tres pasos, que implicaba la combinación de hipotermia, desvío circulatorio y paro cardíaco deliberado. La temperatura de los pequeños se reduciría para hacer más lentas sus funciones corporales. La desviación de la circulación haría que la sangre de los niños pasara por una máquina cardiorespiratoria para oxigenarla. Y en un momento, en el punto más crítico de la operación, con el fin de controlar el sangramiento intencionalmente haríamos que se detuvieran los corazones de los chicos. Estas tres técnicas no se habían utilizado jamás en simultáneo en un caso de neurocirugía pediátrica, por lo que hablé con muchos expertos para encontrar la mejor forma de hacerlo todo. Mi conclusión fue que en este punto mi equipo de cirugía conocía muy bien los tres procedimientos y que podríamos combinarlos, eficazmente y con toda seguridad para los niños.

Mi análisis de riesgo cambió con completo al llegar a esta conclusión sobre el *cómo*. Porque ahora teníamos algo que parecía ser una estrategia factible, y que nos daba una razonable esperanza de éxito.

¿Por qué?

Me es casi imposible realizar un análisis de riesgo sin tomar en cuenta el *por qué*. Para decidir cómo responder ante cualquier riesgo casi siempre tengo que examinar, y muchas veces reexaminar, mi razonamiento a la luz de mis motivos, con lo cual entran en juego mis valores personales. Y esos valores son los que sopeso con todo cuidado, en términos del análisis y las conclusiones. Para ello, hace falta que en verdad yo tenga valores, que los conozca y que tenga experiencia empleándolos.

En el caso Binder yo ya había considerado el riesgo desde el punto de vista de las demás partes. Por mi parte, había un enorme riesgo potencial con respecto a mi reputación si los resultados eran negativos. Mi sistema de valores personales, sin embargo, hacía que me fuera relativamente fácil descontar toda preocupación por mi reputación para concentrarme más en la perspectiva de mis pacientes. Mi fe (hablaré más de ello en otro capítulo), tiene gran influencia en mi sistema de valores. La regla de oro de Cristo: «En todo traten ustedes a los demás tal y como quieren que ellos los traten a ustedes», y otras amonestaciones bíblicas como: «Nadie tiene amor más grande que el dar la vida por sus amigos», por lo general me indican con toda claridad cuánto peso he de darles a las diversas perspectivas y en especial, a la mía.

Mi experiencia me ha confirmado la sabiduría de lo que la Biblia enseña. A lo largo de los años como médico he visto muchas veces que el egoísmo es la raíz del conflicto en las personas. A demasiada gente le preocupa más su reputación y el qué dirán que el mejor curso de acción o los riesgos que realmente deberían correr.

Todo se resume a los valores. Si tu prioridad es quedar bien con los demás, tu vida tomará un rumbo distinto que si la prioridad que tienes es usar los talentos que Dios te dio para hacer un aporte positivo al mundo. Estos valores también tendrán influencia en cuanto a qué riesgos decides correr.

Recordarás que mi decisión en cuanto al riesgo del controvertido caso de las gemelas Bijani se resumió a la obligación (mis valores). Después de un análisis inicial de los riesgos en ese caso, y de decidir que había grandes posibilidades para *lo peor*, y pocas para *lo mejor*, resolví no participar. Lo que me hizo cambiar de idea fue ver que tenía el conocimiento, la capacidad, la destreza y la experiencia necesarios como para mejorar las posibilidades de éxito. El hecho de no participar me habría dejado con la sensación de los que en la parábola del buen samaritano —relatada por Jesús—, ignoraron al hombre que yacía golpeado a la vera del camino, pasando de largo y sin ayudarlo. No podía hacer algo así. Por eso cambié de idea y acepté participar en el caso.

A decir verdad, el factor *por qué* juega un rol esencial en todos los riesgos que acepto correr. Después de todo, Cristo dijo: «Les aseguro que todo lo que hicieron por uno de mis hermanos, aun por el más pequeño, lo hicieron por mí». La mayoría de los niños que veo en mi consultorio enfrentan graves riesgos médicos. Tanto ellos como sus familias están sufriendo —indefensos y a menudo sin esperanzas— cuando llegan al Johns Hopkins. Por cierto, ellos son «los más pequeños». Y a causa de mi sistema de valores, y porque sé por qué hago lo que hago, suelo estar más que dispuesto a arriesgarme a atenderlos y ayudarlos.

Corrí ese riesgo con los gemelos Binder, por lo que mi análisis de riesgo dio frutos. A veinticuatro horas de comenzada la operación, el equipo quirúrgico salió del quirófano. Uno de los médicos se acercó a la madre de los niños y le preguntó, sonriendo: «¿A cuál de los niños querría ver primero?»

Meses después Theresa y Josef Binder regresaron a Alemania con sus amados hijos, dispuestos a empezar una vida muy distinta.

Para entonces la proyección de los medios en ese caso me había convertido en algo así como una celebridad. Empecé a recibir pacientes y casos complicados, referidos por médicos de todo el país, además del extranjero. Y al mismo tiempo, todos parecían querer oír mis disertaciones. Mi vida también cambio para siempre como resultado del caso Binder.

Cuando observo el mundo de hoy veo que se toman muchas decisiones riesgosas, pero me gustaría ver más, tomadas en base a un análisis de lo mejor y lo peor.

Por ejemplo, me presentaron en el programa *Good Morning America*, y me pidieron que contara quién influyó en mi infancia. Hablé entonces de la escuela primaria, donde los otros niños me llamaban «tonto» y del señor Jaeck, el joven maestro de ciencias que había sostenido la piedra obsidiana en la mano, impresionado porque yo supiera de qué se trataba al punto de invitarme al laboratorio después de clases para ayudarle con las tareas. Fue él quien avivó mi interés por la ciencia al permitirme alimentar y cuidar a los animales del laboratorio: una ardilla colorada, una tarántula, un pez, algunos crustáceos, entre otros.

Llegué seguido por un equipo de cámaras de la empresa televisiva ABC y encontramos a un profesor Jaeck, más viejo y calvo, todavía enseñando en la escuela. Disfrutamos de una breve reunión durante la cual recordamos los viejos tiempos y luego quise que el equipo de filmación viera la maravillosa colección de animales en el laboratorio. Pero el maestro meneó la cabeza y dijo: «Ya no tenemos animales en el laboratorio porque representan un riesgo para los alumnos. Podrían rasguñarlos o morderlos y el sistema escolar no podría afrontar la responsabilidad en términos económicos».

¡No podía creerlo! Bueno, en realidad sí. Pero no quería ya que detestaba pensar en que generaciones de jóvenes alumnos se perdieran precisamente lo que había despertado mi interés por la biología y lo que mantuvo vivo mi sueño de llegar a ser científico y médico, lo que soy hoy.

Las autoridades que tomaron una decisión tan lamentable parecen haber considerado solo una de las preguntas del análisis de riesgo: *¿Qué es lo peor que puede pasar si seguimos permitiendo que los alumnos estudien y cuiden animales vivos en nuestro laboratorio de biología?* Que algún alumno se lastime y la familia demande a la escuela.

Pero parecen no haber formulado otras preguntas: *¿Qué es lo mejor que puede pasar si permitimos que los alumnos estudien y cuiden animales vivos en nuestro laboratorio de biología?* Nuestro programa de ciencias será más atractivo, habrá estudiantes que se interesen por las ciencias biológicas, y muchas otras cosas.

Sí se preguntaron: *¿Qué es lo mejor que puede pasar si nos libramos de los animales?* Reduciremos nuestra potencial «responsabilidad» eliminando un «riesgo» que jamás fue un problema para nosotros y tal vez les demos a nuestras paranoicas aseguradoras menos razones para aumentar sus precios. Pero parece que no se preguntaron: *¿Qué es lo peor que puede pasar si nos libramos de los animales?* Jamás sabremos cuántos estudiantes en riesgo —como Ben Carson— podrían perderse el entusiasmo e inspiración que necesitan para alcanzar su potencial en la escuela y en la vida.

Preguntemos solo por los peores casos y entenderemos por qué, en nuestra cultura —en la que existen juicios y demandas—, las autoridades escolares tomarían la «decisión-reflejo» de exiliar a los animales. Pero si formulamos las cuatro preguntas, costará no encontrar una política más razonada y diferente.

Si establecemos como prioridad «la eliminación de todo riesgo», pronto tendremos entornos de aprendizaje aburridos, estériles, estancados y sin estímulo. ¿Cómo se compara este riesgo con el peligro de que una ardilla rasguñe el dedo de un alumno? ¿Piensas que sería esta una cuestión relevante en un momento en que países como India o China nos han sobrepasado en la cantidad (o porcentaje) de graduados universitarios en ciencias y tecnología año tras año?

¿Ves cómo un sencillo análisis de riesgo acerca de lo mejor y lo peor puede aplicarse a toda circunstancia?

Aquí hay otro ejemplo, mucho menos grave en mi vida personal:

Hace unos años recibí una llamada de Hollywood. Querían saber si me interesaba un papel haciendo de mí mismo en una comedia de cine.

Querían que interpretara el papel de un cirujano que separaba gemelos siameses, interpretados por Matt Damon y Greg Kinnear.
—Son adultos —respondí—. Yo me ocupo de pediatría.
Dijeron que eso no importaba.
—¿Por dónde están unidos? —pregunté.
—Por el hígado.
—Pero yo soy neurocirujano.
Dijeron que eso tampoco importaba.
Reí con ganas y de inmediato hice un rápido análisis de riesgo:

¿Qué es lo peor que puede pasar si hago esto? El riesgo más grande que veía era para mi imagen como científico que toma su vocación en serio. Me tomo en serio mi función como médico exitoso y como cristiano que inspira y presenta un ejemplo a los jóvenes. Así que no quería poner en juego mis parámetros profesionales ni morales. Además, podrían criticarme quienes pensaran que no era adecuado que alguien en mi posición participara del proyecto. Veía muchas razones para decir que no.

¿Y qué es lo mejor que podría pasar si lo hago? No estaba muy seguro en cuanto a cómo responder. Necesitaba más información sobre el «qué», y tenía que conjugar mis valores, preguntando también: *¿Lo haría solo por hacerlo? ¿Por la diversión, por el encanto que da formar parte del elenco de una película?* La respuesta era no. Pero, *¿lo haría si hubiera un beneficio importante?* Tal vez.

Eso hizo que respondiera: «Bien, leeré el guión y si no es descabellado, consideraré mi participación si ustedes estrenan la película en Baltimore, para recaudar fondos para dos organizaciones sin fines de lucro fundadas por mí: nuestro fondo Carson Scholars, o Académicos Carson, que celebra y promueve la excelencia académica, y Angels of the OR, o Ángeles del Quirófano, un fondo que se usa para ayudar a los pacientes quirúrgicos que no cuentan con seguro médico suficiente».

Aceptaron estudiar mi propuesta. Leí el guión, que era bastante sencillo aunque no descabellado. Luego acepté aparecer haciendo de mí mismo en la película *Stuck on you* [Pegado a ti], y los productores aceptaron estrenarla en Baltimore.

Logramos recaudar casi medio millón de dólares con el evento. No he recibido malos comentarios por haber participado. La gente parece sentir más curiosidad que ganas de criticarme por ello. Así que el beneficio fue mucho mayor que el riesgo, como pensé que sería al terminar con mi análisis de lo mejor y lo peor que podría pasar, al decidir finalmente formar parte del elenco.

Un día, poco antes de terminar con el manuscrito de este libro, recibí un mensaje de correo electrónico en el momento indicado. Era de un biólogo que estudia a las focas monje de Hawai, en peligro de extinción. Trabaja para el Servicio Marino Nacional de Honolulu, Hawai. Él y sus colegas habían oído una entrevista en la Radio Pública Nacional en la que durante unos treinta segundos describí mi plantilla básica de análisis de riesgos, que —como saben— uso antes de tomar importantes decisiones en casos complicados. «Aunque le parezca extraño», escribía, «se nos ocurrió que ese mismo marco de referencia se podía usar para estructurar nuestra lógica con respecto a un fenómeno biológico que afecta a la foca monje».

El problema era el siguiente: en uno de los seis atolones donde esta especie se reproduce, en las islas del noroeste de Hawai, los tiburones galápago estaban devastando la población de cachorros de foca monje. La situación empeoró al punto que los biólogos comenzaron a pensar que la única forma de preservar a esa especie en peligro sería tomando la drástica medida de matar a los tiburones depredadores (que abundan en esas aguas).

La sola mención de matar a veinte predadores activos invitaba a la controversia porque las aguas en cuestión forman parte de una reserva federal donde a todas las especies se las considera protegidas. No era una decisión fácil de tomar para estos científicos que buscaban preservar a los animales, por lo que encontraron que con la plantilla de análisis de lo mejor y lo peor se les simplificaba la tarea.

Me enviaron por correo electrónico la solicitud de autorización para incluir mis preguntas, e incluyeron mi nombre como crédito en un artículo que habían escrito para una publicación científica profesional, titulada tentativamente: «Tiburones galápago y focas monje: Un acertijo para quienes buscamos preservar la naturaleza».

Después de presentar el problema principal, el artículo terminaba diciendo:

> En última instancia, nuestro análisis se centra en la determinación de beneficios y riesgos relativos, surgidos de la acción y la inacción. Nuestro razonamiento podría estructurarse en un marco sencillo, de cuatro preguntas:
>
> - ¿Qué es lo mejor que podría pasar si intervenimos?
> - ¿Qué es lo peor que podría pasar si intervenimos?
> - ¿Qué es lo mejor que podría pasar si no intervenimos?
> - ¿Qué es lo peor que podría pasar si no intervenimos?
>
> Los resultados óptimos de la intervención incluirían la exitosa eliminación de todos los depredadores activos y persistentes del grupo de tiburones galápago, dándoles así mayores probabilidades de supervivencia a los cachorros de foca aún no destetados, a niveles equivalentes a los de otros sitios (más de noventa por ciento).
>
> Lo peor que podría pasar con la intervención sería: 1) que redujéramos significativamente la población de tiburones galápago de los atolones interiores, de manera que perturbara el funcionamiento del ecosistema mediante la remoción de un depredador de gran nivel, o 2) que logremos eliminar los veinte tiburones que queremos sacar, pero que la función depredadora continúe a un nivel aceptable ya que la cantidad de depredadores activos se mantiene constante cuando los nuevos ejemplares aprenden que existe una presa vulnerable. Hemos investigado la primera posibilidad usando el modelo *EcoSim* y encontramos que la eliminación de veinte tiburones tendría efectos casi imperceptibles en la dinámica del ecosistema.
>
> Lo mejor que podría pasar, si no intervenimos, es que la conducta depredadora se reduzca naturalmente. La única situación en que creemos que podría darse esto es si se reduce el tamaño de la población de presas (o densidad poblacional de

cachorros en cada islote) al punto de que la eficiencia de la caza y el retorno energético de la depredación persistente caiga por debajo del umbral de peligro (que desconocemos). Alternativamente, podríamos aplicar eficaces elementos de disuasión no legales que en algún momento reducirían los riesgos de depredación, pero aún no se han identificado dichos elementos de disuasión...

Por último, lo peor que podría pasar si no intervenimos es que la conducta depredadora se vuelva práctica común al punto de afectar todas las áreas de cría en los islotes, tal vez alcanzando a otras áreas de las islas del noroeste de Hawai. Los depredadores tienen la capacidad de hacer un gran impacto en las poblaciones de presas... Dicha situación podría afectar gravemente las posibilidades de recuperación de la subpoblación, e incluso de la especie.

Al examinar este conjunto de respuestas, es evidente que los riesgos de intervenir son relativamente menores que los posibles beneficios de una intervención exitosa. Además, los riesgos ante la no intervención son graves. Cuando evaluamos las opciones con este marco de análisis, prevalece la defensa del argumento de intervención.

El científico que me contactó me ofreció su aliento con respecto a la idea acerca del análisis de riesgo añadiendo al final de su mensaje: «Sé que se han escrito muchos libros sobre teorías formales para la toma de decisiones en situaciones inciertas, pero nos parece muy convincente la sencillez de la estructura propuesta por usted».

También a mí me lo parece, porque funciona en todo tipo de situaciones.

10
La fe es un riesgo, creas en lo que creas

LA FE ES, POR DEFINICIÓN, UN RIESGO.

El solo intento de iniciar una discusión en serio sobre este tema a menudo ya parece en sí un riesgo muy grande. ¿Vale la pena el riesgo de la fe? ¿Es demasiado riesgoso hablar acerca de la fe?

Para responder estas preguntas, te contaré sobre un discurso que di en la Convención Nacional de Maestros de la Ciencia en Filadelfia hace unos años. Mi tema era: Evolución o creacionismo, un tema riesgoso como una papa caliente, frente a unos quince mil maestros y administradores de escuelas públicas.

Comencé mi discurso con una resumida versión de mi propio peregrinaje, desde mis inicios como niño en riesgo hasta mi papel en algunos de los casos médicos más difíciles en los que tuve el privilegio de trabajar. Me aseguré de dar el crédito merecido al señor Jaeck y a otros maestros de ciencia de la escuela pública, cuyas enseñanzas, aliento y afecto personal inspiraron mi interés en ella. Lamenté el hecho de que el miedo a la responsabilidad hubiera eliminado a los animales de laboratorio robándoles a los alumnos que hoy asisten a mi antigua escuela la oportunidad de sentirse inspirados, como me sucedió en ese entonces. También expresé preocupación en torno a encuestas recientes que muestran que los estudiantes de los Estados Unidos ocupaban el vigésimo primer lugar en una lista entre los veintidós países con mejor educación del mundo en el área de ciencias y matemáticas.

Hablé de la increíble capacidad de la mente humana y de la tragedia que representa el hecho de que tanta gente no llegue a canalizar el asombroso potencial de su cerebro. También mencioné algunos de los factores que contribuyen a que no se utilice este increíble recurso que nos ha dado Dios, incluyendo la presión de los compañeros en asociación con lo políticamente correcto, que a menudo limita nuestra disposición incluso como científicos objetivos, a debatir con razones y criterio acerca de la evolución y el creacionismo.

Eso fue lo que me propuse hacer, comenzando por el nivel macro de hablar sobre lo mucho que la astronomía ha aprendido acerca de la vastedad y el impecable orden de nuestro universo. Hoy podemos predecir exactamente el curso y el momento de llegada de un cometa a setenta y cinco años en el futuro. ¡Piensa nada más en la asombrosa precisión que hace falta para eso!

Naturalmente, nos preguntamos cómo es que llegamos hasta allí. Hay científicos que creen que todo sucedió como resultado de una gran explosión o Big Bang, que dio inicio a todo, desde poner en rotación a la tierra sobre su eje a la velocidad justa y a la distancia precisamente adecuada con respecto al sol como para no terminar incinerada, pero lo suficientemente cerca como para que no se congele, junto a otros planetas en sus órbitas y otras galaxias, posicionados perfectamente para impedir que los rayos dañinos nos destruyan a nosotros y a nuestro planeta. Le dije a mi audiencia: «No tengo suficiente fe como para creer que todo eso sucedió al azar».

Jamás he podido entender cómo es que los mismos científicos que proponen la teoría del Big Bang también aceptan la segunda ley de la termodinámica (entropía) que afirma que las cosas tienden naturalmente a avanzar hacia un estado de desorganización, y no de organización. Sin embargo, gran parte de la teoría del Big Bang depende de que se crea que después de todo, lo que nos rodea (la materia) solamente se dio a partir de la nada, en una gigantesca explosión y que en lugar de esparcirse y ser cada vez más desorganizado todo se fue armando y organizando solo, en un maravilloso patrón de planetas, órbitas, sistemas solares, estrellas y galaxias que llegan al infinito y que se mueven en una coreografía celestial que es a la vez misteriosamente hermosa y matemáticamente predecible. ¿Cómo se conjuga esto con la segunda ley de la termodinámica? He hablado con físicos ganadores del premio Nobel que borbotean hipótesis que en resumen no son más que un bla bla bla de astrofísica, y que al final admiten: «Bueno, seguimos aprendiendo todavía. Hay tanto que no llegamos a entender». No he encontrado todavía a nadie que tenga la certeza suficiente como para ofrecer una explicación convincente.

Les sugerí a los maestros de ciencia que muchas personas aceptan la teoría del Big Bang por fe nada más, a pesar de la evidencia que hay a favor o en contra de la misma. Pero entonces, pregunté: ¿De dónde vino la primera célula viva? Darwin construyó toda su teoría de la evolución sobre la premisa de que la célula es el ladrillo más simple y fundacional de la vida.

El microscopio de electrones y cantidad de otras herramientas contemporáneas solo han comenzado a mostrarnos lo increíblemente compleja que es una célula. Tenemos una membrana celular con lipoproteínas con fases interpuestas de cargas positivas y negativas que permiten el paso de ciertos tipos de moléculas, pero no de todos. Un núcleo o nucleolo muy complejo, una retícula endoplásmica con ribosomas que pueden entender y replicar patrones genéticos y aparatos de Golgi que generan energía. Y ni siquiera hemos empezado a hablar de los genes, los intrincados patrones de comunicación del ADN y la cantidad de ingredientes adicionales subcelulares y sus funciones. Si las células son el punto de partida original de la vida, ¿cómo fue que llegaron a existir todas esas partes y procesos complejos e interrelacionados?

Aun así, concedamos misteriosamente que de alguna manera las células surgieron porque sí nomás. ¿De dónde salió entonces la gran diversidad de células? El darwinismo sostiene que toda la vida evolucionó en un proceso gradual, progresivo y paso a paso, de lo simple a lo complejo. Así que, ¿cómo se unieron esas células sencillas y primitivas, para formar organismos multicelulares más complejos?

Ni siquiera hace falta hablar de organismos entonces. Pensemos en un ojo, nada más. ¿Cómo llegó un bastoncillo a permanecer en algún lugar durante millones y millones de años, hasta que pudo desarrollarse una célula cono? Y entonces, ¿cómo se unieron los múltiples bastoncillos y conos para formar un intrincado aparato visual y sensorial, incrustado en la retina como parte de una compleja red neurovascular que convierte imágenes en información eléctrica que se transmite por la red neuronal a lo largo del nervio óptico y es reinterpretada en la corteza occipital del cerebro como imagen reconocible? Y antes de llegar siquiera a la retina, ¿qué pasa con la pupila? ¿Dónde y cómo llegó a desarrollarse en aislamiento total, sin que hubiera propósito para ella sin todas esas otras cosas? Tampoco habría propósito para el iris sin la pupila y la cámara anterior. Ni para la córnea. Ni habría propósito para los cortos nervios filiares, ni para nada de todo eso sin que existiera todo lo demás.

¿Se desarrolló solo cada uno de los tipos de célula y luego esperó durante unos mil millones de años, con la esperanza de que apareciera un tipo de célula compatible que finalmente le convirtiera en parte no solo importante sino indispensable, de un elaborado sistema que en sí mismo es complemento de otros sistemas todavía más complejos que a la vez forman parte de un organismo más grande? ¿Cómo aceptan esa frase gastada de «la supervivencia del más fuerte», esa premisa que indica que la función es el factor clave que decide qué características genéticamente útiles se transmiten y qué organismos perdurarán hasta una nueva generación? ¿Hemos de creer entonces que las células especializadas sobrevivieron durante millones de años, sin servir a un propósito real hasta que aparecieran otras células especializadas y sin valor alguno, que también sobrevivieron durante millones de años, para finalmente combinarse con ellas anticipando una utilidad futura que le tomaría millones de generaciones más, de pasos evolutivos?

Creer que el origen de la vida tiene su explicación en la evolución darwiniana requiere más fe que la que tengo. Les dije a los maestros de ciencia: «Hace falta fe para creer en la evolución, igual que para creer en el creacionismo. Solo es cuestión de dónde decide uno depositar su fe». Por lo que sé (y lo que no sabemos) de la biología, me es tan difícil aceptar las afirmaciones de la evolución como pensar en un huracán que al soplar sobre un depósito de chatarra formara un avión 747 totalmente equipado y listo para volar. Uno podía hacer que soplaran mil millones de huracanes sobre miles de millones de depósitos de chatarra a lo largo de infinitos períodos de tiempo y no creo que de allí surja un ala aerodinámica, para no hablar siquiera de un jet Jumbo completo con conexiones de sistemas de propulsión, de radar, de inyección de combustible, de escape de gases de combustión, de ventilación, de control, de electrónica y todos los sistemas de respaldo, entre otras cosas. Sencillamente, no hay tiempo suficiente en la eternidad para que eso suceda. Y por eso, nadie duda jamás que el 747, por su existencia misma, sea evidencia convincente del diseño inteligente producido por alguien.

Del mismo modo, ¿qué diremos del cuerpo humano y el cerebro humano, inmensamente más complejos, más versátiles, más maravillosos y asombrosos que cualquier avión creado por el ser humano? ¿No son evidencia aun mayor de un diseño inteligente? Eso, les dije a los maestros presentes, constituye la razón por la que para creer en la evolución hace falta más fe que la que yo logro tener.

Por otra parte, les dije que si consideramos la posibilidad de que haya un Creador, es bastante simple creer y entender que exista un universo con diseño tan complejo e inteligente. Es más, es fácil imaginar a un diseñador inteligente haciendo criaturas con la impresionante capacidad de sobrevivir para adaptarse a su entorno.

En contraste, Darwin, que tiene una interesante historia «religiosa», parte a las Islas Galápagos. Allí, ve unos pájaros llamados fringílidos, con picos gruesos, y los compara con otros fringílidos del mundo. Y busca una explicación. Resulta que habían pasado unos años de sequía en las Galápagos, por lo cual no abundaba el alimento para esas aves y, en consecuencia, los únicos pájaros que lograron sobrevivir eran los que tenían picos gruesos y fuertes que les permitían romper las semillas más duras, ingiriendo así el alimento que precisaban para sobrevivir y reproducirse. Poco después, los únicos fringílidos que quedaban en las áridas islas golpeadas por la sequía eran los de pico ancho, y sus crías, que habían heredado esa misma valiosa característica.

Darwin acuñó el término «supervivencia del más fuerte», y con esa frase argumentaba poder explicar la diversidad de la vida, ya no como evidencia impresionante de la existencia de un Dios poderoso y creativo sino como predecible resultado de un proceso más racional y científico de «selección natural». Luego, extrapoló sus hallazgos con los fringílidos para hacer de la selección natural el fundamento de una teoría más amplia de la evolución, con la cual podía explicar el origen de la vida, del ser humano y el universo sin tener que dar crédito o considerar siquiera la existencia de un Dios creador.

En el paradigma de Darwin, la capacidad de adaptación de estos pájaros era señal clara de la selección natural (es decir, sin Dios), y por ello, potente evidencia de la evolución. Pero en otro paradigma podría ser señal de que existe un Creador sabio e inteligente que les dio a sus criaturas la capacidad para adaptarse de manera que todo cambio en su entorno no significara la segura extinción de la especie.

Todo se resume a cuál de los paradigmas deseemos aceptar. Como les dije a los maestros, hace falta fe para creer ambos paradigmas.

En mi opinión, la plausibilidad de la evolución se ve comprometida todavía más con la afirmación de Darwin en cuanto a que a unos cincuenta o cien años de su tiempo los científicos llegarían a la suficiente sofisticación geológica como para encontrar los restos fósiles de todo el árbol de la evolución en una progresión inequívoca, paso a paso, de la vida a partir de la ameba y culminando en el hombre, para incluir a todas las demás especies intermedias.

Claro que eso sucedió hace ciento cincuenta años, y todavía no hay tal evidencia. Y es que no está allí. Pero cuando uno lo menciona ante los defensores del darwinismo la mejor explicación que tienen es: «Bueno... es que... ¡se ha perdido!» Nuevamente, encuentro que no puedo llegar a tener la fe suficiente como para creer en esa explicación, ya que todos los fósiles que encontramos carecen de evidencia fosilizada de una progresión detallada de la evolución de organismos simples a organismos complejos, de especie en especie. Encoger los hombros y decir: «Bueno, misteriosamente se ha perdido y tal vez jamás la encontremos» no me parece una respuesta particularmente satisfactoria, objetiva ni científica. Pero lo que más me cuesta tragarme es que tantos de los que no lo pueden explicar siguen dispuestos a afirmar que la evolución no es una teoría sino un hecho, insistiendo al mismo tiempo que quien quiera considerar o hablar de la posibilidad del creacionismo no puede ser un científico de verdad.

Ya cuando terminé mi discurso, había dejado claro que creo que tenemos estos enormes cerebros con capacidad para procesar tanta información, con un propósito: Porque hemos sido creados a imagen de Dios, y no a imagen de una ameba. También señalé que si somos de veras inteligentes, usaremos nuestros cerebros y presentaremos a los alumnos el desafío de emplear los suyos no solo para aprender datos de ciencia, matemáticas, historia, literatura y las demás disciplinas sino para pensar en lo que creemos y en por qué lo creemos, con la disposición y voluntad de arriesgarnos posteriormente a una discusión objetiva.

No sé si alguna vez recibí una reacción más alentadora que la que me dieron esos maestros de ciencia (creo que mil quinientas personas aplaudiendo de pie califica como una «ovación abrumadora»). Muchos educadores se me acercaron después, o me escribieron en los meses posteriores, diciendo cuánto apreciaban que hubiera tratado el tema. Querían que supiera que yo había dicho muchas cosas en las que realmente creían, pero que no mencionaban por temor a arriesgarse. Algunos incluso dijeron que después de oírme ese día habían decidido ser más sinceros con respecto a expresar sus creencias.

Encontré que me animaban mucho sus comentarios ya que confirmaban el valor del análisis de lo mejor y lo peor que hice antes de dar la charla, considerando si arriesgarme o no a hablar de la evolución y el creacionismo en una conferencia nacional de maestros de ciencia.

Me había formulado las cuatro preguntas básicas:

¿Qué es lo peor que podría pasar si hablo acerca de mis creencias? Lo más probable no es que el público me arroje tomates o me abuchee para que no hable más, sino que me descarten por pensar que lo que digo es absurdo y que solo soy otro ejemplo de que el cristianismo está debilitando y destruyendo a la sociedad. Por lo que todo mi discurso podría usarse como palanca para incentivar a quienes ya están en desacuerdo a apartarse todavía más.

¿Qué es lo mejor que podría pasar si hablo acerca de mis creencias? Una gran cantidad de personas podrían hallar coraje para hablar sobre lo que creen en verdad. Podría contribuir a que se plantee una discusión objetiva.

¿Qué es lo mejor que podría pasar si no hablo acerca de este tema ya controversial? Todo seguiría como hasta ahora. Nada cambiaría.

¿Qué es lo peor que podría pasar si no hablo acerca de este tema? Como mínimo perdería una maravillosa oportunidad de mostrarles a muchos miembros de la comunidad científica que creer en Dios no es ser contrario a la ciencia.

Ese primer análisis de riesgo me convenció de que lograría poco si no me arriesgaba a hablar acerca de la evolución y el creacionismo. La mejor oportunidad de animar a una discusión más franca me atraía mucho y después de sopesar algunos de los factores del *cómo* y el *por qué*, sentí confianza en que podía reducir las posibilidades de que sucediera lo peor.

Así que decidí correr el riesgo. Y me alegro de haberlo hecho.

¿Cuáles eran esos factores del cómo y el por qué?

A lo largo de los años he aprendido un par de cosas en cuanto a cómo hablar acerca de mi fe sin ofender, pero al mismo tiempo despertando en las personas una inquietud. Siempre comienzo mi discurso con un resumen o anécdota de mi historia. Encuentro que cuando la audiencia entiende un poco a quien les está hablando, de dónde viene, qué cosas ha vivido y cómo llegó a las ideas y valores que sostiene, tienen mayor inclinación a escuchar la explicación de por qué uno cree lo que cree.

Cada vez que toco el tema de la fe, encuentro que la mejor política es hacerlo en términos de los efectos que tiene en mí, como persona y no sobre lo que pienso que tendría que significar o lograr para los demás. Francamente, estoy convencido de que esta estrategia es la razón por la que mis libros han escapado al radar, y son leídos y comentados por miles de estudiantes en escuelas públicas de los Estados Unidos cada año. Aunque en todos mis escritos hay referencias claras y frecuentes a la fe, siempre en el contexto de mi experiencia personal. No es que intente hacer proselitismo. Estoy consciente de que otras personas tendrán creencias distintas y no querría jamás atacar a alguien con mi fe ni argumentar que mis creencias son las únicas que son correctas y que todos los demás están equivocados (aunque sí tengo gran convicción acerca de la verdad). Pero cuando hablo de la fe siempre la presento como mi fe y explico cómo y por qué llegó a ser mía y lo que ha logrado por mí.

Uno de los problemas para la gente de fe que cree fervientemente en un Dios creador es que no parezcan totalmente tercos e irrazonables cuando hablan con los que no creen. En la comunidad científica, descartar el pensamiento cristiano a menudo no es tanto hostilidad a la idea de Dios como hacia las actitudes que la acompañan. Asumir la actitud de santurrón, negándose a respetar o incluso escuchar el punto de vista de los demás, suele presentar un riesgo para ambas partes.

Así que, ¿por qué arriesgarse a hablar sobre la fe?

Cuando empecé con las entrevistas después de las primeras hemisferectomías, y en especial después de separar a los siameses Binder, invariablemente surgía el tema de la fe. Podría haber dicho, sencillamente: «Es un tema privado, no tiene relevancia en esta conversación». Habría sido la salida más segura y la mayoría de los entrevistadores se habrían alegrado de poder seguir adelante con lo suyo. Pero para mí, no era lo correcto.

Ni siquiera hizo falta un análisis de riesgos sobre lo mejor y lo peor para llegar a esa conclusión. Por los valores que sostengo como parte de mis profundas creencias espirituales, elijo correr el riesgo de hablar de mi fe por razones bastante simples. Jesús les dio claras instrucciones a sus seguidores con respecto a que como parte esencial de su vida cristiana debían vivir sus enseñanzas en la vida cotidiana y dar la buena nueva de la fe a los demás. Al no querer hablar de mi fe habría estado ignorando su enseñanza específica.

Pero además, mi razonamiento iba más lejos aun. Creo que Dios tiene un propósito específico para mí y para todas las personas a quienes les da el regalo de la vida. Desde que tenía ocho años y comencé a creer que Dios quería que fuese doctor, he reconocido que mi vida no me pertenece. El camino no siempre ha sido recto, y en ocasiones me he desviado buscando mi propio rumbo. Pero Dios siempre me guió interviniendo en tantas oportunidades que sería ingrato de mi parte no reconocer su rol e influencia en mi vida.

También creo que el plan de Dios para mí incluye la notable posición que me ha dado para hablar, escribir y ser ejemplo para muchos jóvenes de nuestro país. Como no fui yo quien buscó ni esperó tales oportunidades, tengo que inferir que son más de Dios que mías y si eso es así solo puedo concluir entonces que Dios quiere que yo use esa plataforma o posición —no para sentirme cómodo e ir a lo seguro sino— para tratar de hacer algo distintivo. Para mí, es un riesgo que vale la pena correr.

En efecto, mi análisis acerca de lo mejor y lo peor me ayuda a ver que una de las peores cosas que tiene jugar a lo seguro es que muestra no solo falta de honestidad y gratitud de mi parte sino además, falta de confianza. Jugar a lo seguro equivaldría a dar este mensaje: Que no confío realmente mi vida a Dios, que no creo que Él es capaz de dirigir y guiar a las personas, los sucesos y las circunstancias según su voluntad. Este mensaje sería falso, ya que recuerdo que Proverbios 21:1 dice: «En las manos del Señor el corazón del rey es como un río: sigue el curso que el Señor le ha trazado». Eso me indica que si el Señor tiene poder para controlar a reyes y ríos, seguramente puedo confiar en Él respecto de los detalles de mi vida. No necesito andar con cuidado cuando se trate de hablar o vivir mi fe, de mi fe en Él.

Quiero reiterar brevemente un punto que ya mencioné antes. Si no soy cauteloso, la confianza en mí mismo así como mis firmes convicciones, pueden parecer arrogancia. Por eso constantemente vigilo mi actitud e intento ser sensible en cuanto a lo que digo, a dónde lo digo e incluso a cómo pueden sentirse quienes me escuchan. Me he cruzado con algunos cristianos que contienden que no importa dónde o bajo qué circunstancias los creyentes tenemos que declarar que: «¡Cristo es el camino!» Pero si uno está hablando en una sinagoga judía, esa no es la forma de hacerlo. Es más, no hay muchas situaciones en las que yo crea que es eficaz el modo que implica que: «Yo tengo razón y usted está equivocado».

Quienes creen que no están cumpliendo con su responsabilidad como cristianos o con la Gran Comisión de Cristo, a menos que prediquen un mensaje directo e incluso agresivo, no están viendo la imagen completa. No importa si con este mensaje uno se está dirigiendo a cien o cien mil personas. ¿Qué bien se logra con ello? El objetivo definitivo, la imagen completa, es la instrucción que Cristo les dio a sus seguidores: atraer, no ahuyentar, a los demás.

Por eso, tampoco busco entrar en disputas insistiendo que la otra persona está equivocada o que algo malo ha de haber en ella solo porque no está de acuerdo conmigo. Precisamente, por la fuerza de mis creencias me siento cómodo hablando acerca de la fe con receptividad, dispuesto a considerar cualquier verdad.

Por otro lado, si nos llamamos científicos, no cerremos automáticamente los oídos y los ojos a lo que sea, solo porque no lo entendamos. Cuando vemos algo que no se puede probar mediante evidencia científica o explicar de manera que tenga lógica, al menos seamos objetivos como para discutir en calma a la luz de las diferentes teorías y considerar de qué modo cada una de ellas trata el tema. He visto que cuando mi actitud es esa, el que no está de acuerdo con lo que digo no se muestra tan hostil y, en efecto, parece escucharme y pensar en lo que tengo que decir.

Aun así admito que uno de los riesgos que enfrenta quien está dispuesto a hablar en público de su fe espiritual es el peligro a que le malinterpreten o le clasifiquen por estereotipos, si su interlocutor solo tiene una comprensión superficial de la fe. Recuerdo que cuando inicié mi carrera, me entrevistaron para la NPR. Mi entrevistadora dijo: «Entiendo que es usted una persona muy religiosa». De inmediato corregí su afirmación, explicando que me molesta el hecho de que la religión organizada, históricamente ha sido utilizada de manera errónea con el fin de controlar a las personas. Y por eso, le dije, no me considero «religioso» en lo más mínimo. Sin embargo, sí soy una persona de enorme fe. Tengo una profunda relación personal con Dios que crece día a día y que guía mis pensamientos y mis acciones.

A lo largo de los años he insistido en este punto una y otra vez. Hay una diferencia entre la religión y la fe que me permite disfrutar de una relación personal con Dios. Millones y millones de personas se han apartado o incluso se han sentido ofendidas o heridas por lamentables relaciones con grupos «religiosos». Esas personas necesitan entender que la esencia de la fe cristiana no es tanto cuestión de conexión con un grupo organizado de gente, sino una relación personal con una sola persona: Cristo.

No tengo mucho que ver con la tradición religiosa. No es que tenga problemas con quienes encuentran gran inspiración y significado en los ritos o las ceremonias, pero los rituales religiosos nunca hicieron demasiado por mí. Lo que sí significa mucho para mí es la comunicación regular con Dios.

Sé que todo esto puede parecer presuntuoso a los oídos de algunos, que se preguntarán qué es lo que hace que los cristianos sean tan egoístas como para suponer que el Creador todopoderoso quiere tener una relación con ellos. Creo, en cambio, que hay que entender que esta maravillosa buena noticia de una relación personal fue idea de Dios en primer lugar, y que ese privilegio, nos dice la Biblia, está disponible para todos y no para unos pocos.

Uno de los ejemplos más alentadores es David. Si hubo rey más improbable, fue él. Mintió, engañó, asesinó y cometió adulterio. Lo que puedas imaginar, él lo hizo. Y, sin embargo, la Biblia describe al rey David como un hombre «del agrado de Dios».

¿Cómo es posible eso?

La respuesta se encuentra en el Salmo 51, cuando ese rey pecador y equivocado acude a Dios con remordimiento, y le ruega: «Crea en mí, oh Dios, un corazón limpio, y renueva la firmeza de mi espíritu. No me alejes de tu presencia ni me quites tu santo Espíritu [si fuera yo el autor, añadiría... "aunque soy un desastre"] Devuélveme la alegría de tu salvación; que un espíritu obediente me sostenga». David conocía por experiencia propia el gozo de estar en comunión con Dios. No es algo que uno pueda explicar por medio de la lógica, sino cuando está en armonía con Dios y siente un gozo específico, sea que viva en el Taj Majal o en un pequeño apartamento de los barrios bajos. La relación te sostiene y te satisface, y eso es lo que entendía David.

Así que allí estaba ese rey de Israel. Rico, poderoso, respetado y honrado. Pero sabía que sus acciones malas y egoístas lo habían separado de Dios. Había perdido ese calor de la relación cercana que tenía antes, de la salvación de Dios. Y quería recuperar todo eso. Estaba dispuesto a rogar, a implorar, a hacer lo que fuera para ser restaurado al favor de Dios. Y Dios le aceptó de vuelta, por siempre fue aclamado desde entonces como un hombre «del agrado de Dios».

La historia de David me da esperanza porque me dice que tener una relación personal con el Creador del universo no significa que tengo que ser perfecto en todo, sin equivocaciones. Ni siquiera tengo que ser «religioso». Solo significa que busco a Dios y que intento cultivar, nutrir, fortalecer y mantener mi relación con Él como motivación más importante, central, en mi vida.

Aunque, por supuesto, considero que esa relación es especial, no por ello creo que yo sea especial ni mejor que otros. Al contrario, eso me recuerda constantemente que soy imperfecto, como todos los demás. Así que el privilegio de tener una relación con el Señor y servir al Rey de todo el universo, en verdad me humilla y me obliga a reconocer mis debilidades.

Ese es el tipo de actitud que creo que Dios quiere de parte de todos nosotros cuando iniciamos una relación con Él. También pienso que es la verdad que quiere que sus seguidores tengamos en mente al hablar con otras personas acerca de nuestra fe. Cuando así lo hacemos, tenemos más oportunidades de que nos escuchen.

11
Vive tu fe en un mundo incierto

QUIERO CONTARTE AHORA SOBRE LA VEZ EN LA QUE NO ESTABA TAN SEGURO de querer explicar lo que creía. Debía hablar ante un público formidable, como no había enfrentado jamás. No se puede comparar con los quince mil maestros de ciencia ante quienes hablé sobre evolución y creacionismo, ni tampoco con la vez que hablé ante los más poderosos líderes de nuestro país, que asistieron al Desayuno Anual de Oración Nacional ofrecido por el presidente, hace unos años.

Mi público más formidable fue el de la prestigiosísima Academia de Logros. Me habían invitado a formar parte del panel de debate sobre «Fe y ciencia», durante su Cumbre Internacional Anual. La idea me hizo pensar en la seriedad del tema y en el evento. Porque el hecho de ser miembro de esa organización, implica que la persona ha logrado algo impresionante. Todo ex presidente de los Estados Unidos ha sido incluido, junto a jefes de estado de otros países y merecedores del Premio Nobel de la Paz como Lech Walesa de Polonia y el ex primer ministro soviético Mikhail Gorbachev. La academia también honra los logros en otras áreas:

- las artes, con personas como Maya Angelu, John Grisham, Quincey Jones o Stephen Sondheim.
- los negocios, con gente como Michael Eisner de Disney, Jeff Bezos, fundador y presidente de Amazon.com, o Fred Smith, fundador de Federal Express.
- servicio público, con nombres como el del arzobispo Desmond Tutu de Sudáfrica, o el defensor de consumidores Ralph Nader, y la ya fallecida Rosa Parks.
- ciencia y exploración, incluyendo al fallecido economista Milton Friedman, al conquistador del Everest Sir Edmund

Hillary (y cantidad de nombres que no podría siquiera contar, de ganadores de Premios Nobel en medicina y ciencias).
- deportes, con atletas fantásticos como Dorothy Hamill, Willie Mays y John Wooden.

¿Quería en verdad hablar de mis creencias espirituales ante tan augusta asamblea? Mis años de membresía en la academia me habían brindado algunas experiencias maravillosas y allí había hecho amistad con personas cuya opinión, voluntad y respeto siguen siendo importantes en mi vida. Pero, ¿querría arriesgar todo eso solo por ser franco con ellos en cuanto a mi visión de la fe y la ciencia? ¿Qué tan grande sería ese riesgo?

Mi análisis sobre lo mejor y lo peor que podría pasar fue similar al que hice antes de la convención de maestros de ciencia en Filadelfia, pero sentía que esta vez había mucho más en juego. La posibilidad de pasar una vergüenza ante todos esos científicos galardonados parecía potencialmente peor que la de sentirme avergonzado ante un grupo de maestros de ciencia de la escuela pública. Con todo, también había gran potencial para lo mejor, para la oportunidad de que eso iniciara una discusión objetiva y ayudara a otros a animarse a hablar sobre lo que realmente creen. No era tanto porque pensara que mi discurso cambiara la forma de pensar de los distinguidos miembros de la academia, sino porque cada año invitamos a la cumbre a unas trescientas personas de la generación siguiente (académicos de Rhodes, de Fulbright, de la Casa Blanca, por ejemplo), que podrían beneficiarse oyendo un discurso que mostrara que creer en Dios no necesariamente implica que uno se oponga a la ciencia.

Decidí aceptar. Y la experiencia fue todo lo difícil e interesante que esperaba. Uno de los otros panelistas era el doctor Donald Johanson, notable paleoantropólogo, famoso por afirmar que el espécimen fosilizado que encontró en África y nombró «Lucy», representaba a una especie extinguida de la que desciende la raza humana. Durante el curso del debate, hizo una observación que me pareció bastante condescendiente al afirmar que los «verdaderos científicos» lo hacen y deciden todo basados en los hechos, a diferencia de quienes eligen depender de Dios. Cuando me llegó el turno de hablar, aclaré que los «verdaderos científicos» suelen pasar por algo muchas, muchas brechas en lo que sostienen como datos o hechos mientras desde su pedestal declaran su devoción a la verdad exacta cuando en realidad, algunas de sus teorías requieren de que se tenga mucha fe como para creer en ellas.

En ese punto Don Johanson se levantó de un salto y me interrumpió con sus protestas. Respondí con toda la calma posible que «no estaba hablando de nadie en particular, solo haciendo una observación general, basándome en mi experiencia. Aunque a quien le quepa el sayo...» El público irrumpió en una fuerte carcajada. Luego dije que tanto la religión como la ciencia implican que hay que tener fe y que ambas disciplinas no necesitan ser mutuamente excluyentes todo el tiempo, que la gente tiene que decidir en qué tener fe y que esa decisión no te hace superior con respecto a los que no deciden creer en lo mismo que uno.

No sé si lo que dije les llegó a los demás panelistas, pero durante el resto de la conferencia los comentarios me hicieron ver que la gente me había estado escuchando. El cineasta George Lucas me dijo que estaba de acuerdo conmigo en cuanto a que no debería haber tal hostilidad ni controversia en esta cuestión. «Podemos ver el reflejo de Dios en todo lo que Él creó», afirmó.

Aunque las respuestas más aprobadoras fueron las de los jóvenes graduados universitarios que se acercaron para agradecerme lo que había dicho, un joven de Oxford confesó: «Siempre fui ateo. Pero ahora, estoy pensando seriamente en modificar mis creencias».

Eso parecía razón suficiente como para correr el riesgo de hablar sobre la fe.

Pero, ¿por qué arriesgarme por la fe?

Para mí, el por qué está vinculado no solo a la relación personal sino a la experiencia individual. Ya he contado cómo con mis propios ojos fui testigo del potente impacto positivo que la fe ha tenido en mi vida una y otra vez. En un momento particularmente vulnerable de mi infancia, me dio el sueño y el sentido de vocación que a la vez, me dieron esperanzas para el futuro. Cuando mi madre buscaba sabiduría en cuanto a qué hacer con sus hijos criados en situación de riesgo y en peligro de desperdiciar su potencial, la respuesta que Dios le dio cambió por completo el rumbo de nuestras vidas. Como adolescente, cuando lloraba desesperado pidiendo ayuda con mi descontrol y mi ira, encontré fuerza emocional y sanidad.

Después de la escuela secundaria, el riesgo de la fe era ya muy diferente. Al asistir a una universidad secular y elitesca (bueno, sí, esa sería la palabra) de la Costa Este donde la religión no era considerada como tal a menos que incluyera algún sistema exótico oriental o misterioso, mi fama me convertía en motivo de curiosidad para muchos de los otros estudiantes. Que asistiera a la iglesia y a práctica del coro todas las semanas les parecía extraño. Sin embargo, a lo largo de esos años, diversos amigos de Yale fueron conmigo a la iglesia en un intento por descubrir a qué era yo tan devoto. Fue debido a mi compromiso con la fe que invité a Candy a ir conmigo a la iglesia, y por eso creció nuestra amistad, nos enamoramos y al fin nos casamos. Así que mi fe, incluso en la universidad, tuvo un profundo efecto en mi vida y puedo decir con franqueza que también lo tuvo en otras personas.

Mi compañero de habitación Larry Harris (que asistía conmigo a la iglesia) y yo, recaudamos mucho dinero en la universidad, para la obra misionera de la iglesia. Después de obtener permiso para solicitar donaciones, nos sentábamos frente a los comedores residenciales de la universidad con grandes imágenes a todo color de las personas de África, India y otros lugares diciéndoles cómo se utilizaría el dinero recaudado. Mucha gente en las universidades más prestigiosas en los primeros años de la década de 1970 hablaba sobre nuestra responsabilidad de ayudar a los pueblos necesitados del mundo, en desventaja con respecto a otros, pero nadie más les brindaba a los estudiantes la oportunidad de donar. Claro que muchos de los chicos de Yale provenían de familias adineradas, así que nuestro pedido apelaba a su sentido de la obligación, y aun tal vez les hacía sentir culpa. Recaudamos miles de dólares para las misiones.

Sin embargo, me sentía motivado a participar en todas estas actividades relacionadas con la fe porque mi relación personal con Dios era muy real para mí. Sentía que independientemente de dónde estuviera o cuál fuera mi situación, podía hablar con Dios sabiendo que me escuchaba. Veía que pasaban muchas cosas cuando oraba, cosas que iban mucho más allá de la mera coincidencia (en mi libro *Manos consagradas*, hablo de esas cosas).

Mi fe presentó un nuevo tipo de riesgo cuando estudiaba medicina. Era cuestión de tiempo, que no alcanzaba. Porque los estudiantes de medicina estudian de la mañana a la noche, y casi nunca duermen.

Había tanto que aprender que las horas del día no alcanzaban. Aun así seguía yendo a las prácticas del coro los viernes por la noche, y luego el sábado me tomaba todo el día libre para ir a la iglesia y estar con mis amigos de la congregación. Eso significaba que cada fin de semana, durante un día y medio yo no podía dedicarme a mis estudios. Y mi rutina era la misma aun cuando se acercaban las fechas de exámenes finales. ¿Era un riesgo? ¡Seguro que sí! Algunos de mis compañeros pensaban que estaba loco.

—¿Qué es lo que vas a hacer? ¡Tenemos un examen el lunes! —decían.

—Estaré preparado —respondía. Y así era. No había problema. Es más, mientras otros se agotaban estudiando hasta último momento, yo tenía la oportunidad de descansar la mente. Creo que me daba una ventaja y el riesgo de la fe volvió a dar buenos frutos.

Ya he contado algunas historias sobre los riesgos que corrí con varios casos médicos a lo largo de los años, pero creo que ahora necesito hablar del riesgo que corro cuando intento incorporar mi fe espiritual y mis valores a mi práctica profesional como médico. Aquí está mi análisis de lo mejor y lo peor para este riesgo:

¿Qué es lo peor que puede pasar si intento integrar mi fe a mi trabajo? Puedo vislumbrar una cantidad de cosas: tanto los pacientes como los colegas podrían pensar que estoy loco, y me tratarían como tal. Profesionalmente, me harían a un lado y yo no podría tener tantos pacientes como querría. Si mis colegas no me aceptan sería como un paria social. Si se ofenden las personas que no conviene que se ofendan, incluso podría perder mi empleo.

¿Qué es lo mejor que puede pasar si intento integrar mi fe a mi trabajo? Lo mejor que sucede si ejerzo mi fe en mi profesión es que puedo ser en el trabajo la misma persona que soy en las demás áreas de mi vida. Puedo basar mis decisiones profesionales en los mismos valores en que baso todo lo demás, lo cual significa que puedo sentirme totalmente en armonía con la voluntad de Dios, intentando usar los talentos que me ha dado de manera adecuada para edificar a otros y darle gloria a Él llevando el tipo de vida y dando la clase de ejemplo que harían que otros quisieran conocer a Dios. Esa armonía puede darme un sentimiento de calma y paz al punto de sentirme en calma y en paz ante las difíciles decisiones de vida o muerte que un neurocirujano pediatra enfrenta día a día. Vivir en calma y certeza por cierto, establece un enorme distintivo cuando uno realiza procedimientos quirúrgicos peligrosos en plazos de tiempo muy restringidos. Y al tener la misma motivación primaria en el trabajo y en la vida, con el deseo de agradar, amar, honrar, obedecer y representar a Dios en todo lo que pueda, también mis decisiones profesionales serán más calmadas, creando menos estrés. Si solo tengo que agradar a Dios puedo deshacerme de muchas otras ansiedades, como por ejemplo, dejar de desperdiciar tanta energía emocional pensando: «¿Qué pensará tal colega o tal jefe? ¿Qué esperarán de mí? ¿Cómo reaccionará tal o cual grupo? ¿Qué quiere esta gente?» Es mucho más fácil actuar ante un público de Uno solo.

¿Qué es lo peor que podría pasar si no integro mi fe a mi trabajo? No pasaría mucho tiempo antes de que me empezara a sentir incómodo conmigo mismo. La vida me parecería desarticulada, sin equilibrio. Todo lo que hiciera parecería hipócrita porque habría una disonancia cognitiva en el fondo de mi mente. Me sentiría mal hasta que decidiera qué camino tomar en la encrucijada. Tarde o temprano me vería obligado a decidir: o me arriesgo con mi fe o la abandono.

¿Qué es lo mejor que podría pasar si no llevo una vida de fe en el trabajo? En mi opinión, no hay nada que pudiera pasar en sentido de ser «mejor». Porque lo mejor sería más o menos igual a lo peor.

En realidad, no hice un análisis de riesgo cuando decidí incorporar mi fe espiritual a mi práctica como médico, aunque seguramente me habría facilitado la toma de decisiones porque aclara las consideraciones más relevantes. Aun así, al repasar hoy mi decisión a la luz del análisis de riesgos, me siento reanimado y reafirmado en mis creencias.

Integrar la fe y el trabajo suele ser difícil para algunos. Tal vez, porque hay que pagar un precio alto en términos de crítica, oposición, injusticia y otras cosas más. Pero creo que parte (y no toda) la crítica o reacción negativa proviene del mismo tipo de actitudes de las que hablamos en el capítulo anterior, si uno se muestra insensible o no usa buen criterio para hablar de su fe.

Recuerdo a una joven médica residente que me llamó un día pidiendo mi apoyo en protesta porque la habían despedido de su programa de residencia de cirugía. Algunos pacientes se habían quejado porque ella tenía la costumbre de orar con ellos antes de la operación. Le dije que lo lamentaba, pero que no podía darle mi apoyo. No pensaba que como autoridades médicas teníamos derecho a imponerles a los pacientes nuestra fe. Muchas familias, si no la mayoría, saben de mi fe personal y no tengo problema en hablar de ello si me preguntan. No dudo nunca en decirles a los padres de mis jóvenes pacientes el día antes de una operación que si ellos hacen sus oraciones esa noche yo estaré haciendo las mías y que como resultado, tanto ellos como yo tendremos menos de qué preocuparnos al día siguiente. Y con gusto he orado con muchos de mis pacientes y sus familias, pero solo porque me lo han pedido. Eso es distinto a decidir que uno orará con ellos, lo quieran o no. Tenía esperanzas de que la residente aprendiera la lección y mostrara un poco más de criterio en su siguiente rotación de residencia. Hay bastante que decir en cuanto a la sabiduría o el discernimiento y todos podemos reducir el riesgo de vivir nuestra fe en el trabajo si usamos un poco de cada una de estas cosas.

Lo que no podemos hacer es eliminar todos los riesgos de la fe. Si pudiéramos probar la existencia de Dios sin lugar a un atisbo de duda siquiera, creer en él ya no sería fe. Así que veo que esta idea de cultivar una relación personal con un Dios al que no podemos ver ni tocar puede parecerle una propuesta riesgosa a muchas personas. Y hacer de esa relación la motivación central de tu vida, el fundamento de tus valores más básicos, la inspiración para tus objetivos en la vida, incluso puede parecer un riesgo irracional, aterrador y paralizante.

Encuentro, sin embargo, que ese riesgo es mucho más aceptable cuando veo que mi relación personal con Dios también significó un gran riesgo para él. En efecto, según la Biblia, Dios fue quien corrió primero el riesgo en la creación, al darles a los seres humanos el libre albedrío para que pudieran elegir si creer y obedecer, o no. Entonces, corrió un riesgo aun mayor al enviar a su único Hijo a la tierra para vivir y morir, con el fin de darnos una idea más clara de cómo podemos tener una relación personal con él y cómo sería la misma.

Saber que Dios no está pidiéndonos que corramos un riesgo que no haya corrido antes él, me hace ver que es más fácil aceptar el riesgo que intrínsecamente conllevan algunas de las enseñanzas más difíciles de la Biblia:

- Trata a los demás como quieres que te traten.
- No hay amor más grande que el de quien entrega la vida por sus amigos.
- Si alguien quiere seguirme, que se niegue a sí mismo, tome su cruz y me siga. Porque quien quiera salvar su vida la perderá, pero quien pierda su vida por mí la encontrará.

Mi reacción natural ante esas instrucciones es más o menos así: *¡Ah! ¡Ese tipo de fe implica un riesgo muy grande!*

Es cuestión de experiencia y perspectiva el hecho de que yo considere que ese es un riesgo que estoy dispuesto a aceptar. Si reflexiono en el pasado veo que hubo costos a corto plazo. ¿Inconvenientes? También los hubo, claro. ¿Han habido cosas que quería hacer y no hice, a causa de mis valores de fe? Seguro. ¿Me pregunté alguna vez si me estaba perdiendo algo? Seguro. Pero quiero decirte una cosa: sinceramente, no lamento ni una sola de las ocasiones en que me arriesgué por mi fe.

Algunas personas de fe pagan un precio terriblemente alto por defender sus creencias. Como suelo dar muchas conferencias y discursos, me entero por otros científicos que ellos creen y comparten mis creencias cristianas, pero que no se atreven a hablar de ellas en público. Es demasiado arriesgado ir en contra de las convenciones políticamente correctas de la comunidad científica. Sin embargo, no puedo evitar el deseo de que haya más científicos dispuestos a animarse, recordando el clamor del apóstol Pablo cuando escribió en el capítulo ocho de Romanos: «Si Dios está de nuestra parte, ¿quién puede estar en contra nuestra?»

Es precisamente el tipo de aliento que necesité cuando la Academia de Logros me pidió que participara en otro panel de debate sobre el mismo tema en 2006. Recordando la respuesta positiva que había tenido el año anterior, no lo pensé dos veces.

Este segundo panel, si se puede decir, fue mejor que el primero. Compartía la plataforma con tres eminentes científicos: el doctor Francis Collins, cristiano como yo y director del Proyecto Genoma Humano, uno de los emprendimientos investigativos más grandes en la historia de la ciencia; el doctor Daniel Denté, que sintetizó la investigación de avanzada en campos como la neurología, la lingüística, la ciencia informática y la inteligencia artificial para construir un modelo que explica su teoría de la base neurológica evolutiva de la conciencia y la religión como «fenómeno natural»; y el doctor Richard Dawkins, cuya defensa de la teoría de la evolución a lo largo de su carrera le ha valido el mote de el «Rottweiler de Darwin». Y que vertió su crítica de la fe religiosa y el rol de la religión en la historia en el documental de televisión titulado *Root of all evil?* [¿La raíz de todos los males?] y había publicado poco antes su libro titulado *The God Delusion* [El engaño de Dios]. Así que podía sentir certeza en cuanto a qué diría él.

Ese panel de debate fue tan entretenido como el del año anterior. Cuando uno de los otros se refirió a la evolución como hecho y señaló algunas semejanzas entre diferentes especies a modo de evidencia, pareció impresionado ante mi respuesta de que no creo en la evolución y que creo que es posible que dos personas objetivas vean la misma «evidencia» para llegar a conclusiones muy diferentes. Por ejemplo, sugerí una situación en la que se acabara la vida en nuestro mundo y pasaran millones de años antes de que visitaran la Tierra exploradores provenientes de otra galaxia. En algún momento excavarían y encontrarían un Volkswagen Escarabajo y un Rolls Royce. Los extraterrestres al principio notarían las diferencias, pero luego verían que ambos tenían motor y transmisión, que cumplían la misma función. ¿Concluirían entonces por lógica que el espécimen más complejo tenía que haber surgido como resultado de la evolución, a partir del modelo más simple? ¿Sería razonable inferir entonces que el mismo creador del primero veía que su diseño básico para un sistema de locomoción (motor y transmisión) se podría mejorar para hacer una versión más sofisticada que diera como resultado un segundo vehículo? A veces, las conclusiones a las que arribamos dependen enteramente de las suposiciones de las que partimos.

Le recordé al panel y al público presente que paso mucho tiempo y dedico muchas energías a trabajar con el cerebro humano y el sistema nervioso. Cuanto más aprendo más me impresiona su complejidad. También trato a niños y tengo razón para considerar las maravillas del potencial humano. He llegado a la conclusión de que hay un desarrollo añadido, una dimensión extra, un sentido más profundo que distingue a los seres humanos de todas las demás criaturas. Lo llamo espiritualidad.

Admití que era imposible probar científicamente la existencia de Dios. Pero también expresé mi acuerdo con Francis Collins, que les recordó a nuestros otros dos colegas que es imposible probar algo negativo. «¿Cómo podría decirse con certeza entonces que Dios no existe? Eso se me presenta como la falacia más importante. Tengo que admitir que el agnosticismo es una postura intelectualmente más sincera. El férreo ateísmo, decir que «no puede haber un Dios y sé que así es», se derrumba en el altar del debate lógico y realmente debiera considerarse como una forma más de la fe ciega».

Daniel Denté respondió a eso diciendo:

—No conozco a nadie que afirmara ser un férreo ateo, como dices.

Me sorprendió oírlo, y también a Francis Collins, que con cierta incredulidad le contestó:

—¿No conoces a nadie? ¿Y qué hay de *The God Delusion* [El Engaño de Dios]? — en referencia al libro de Richard Dawkins. Hubo varias risas entre los presentes.

Le dije a Collins:

—Creo que hemos convertido a alguien.

Las carcajadas resonaron tan fuerte que no creo que muchos hayan oído murmurar a Dawkins:

—¡Eso es ridículo!

Luego argumentó que según nuestro razonamiento, incluso es posible «un monstruoso spaghetti volador», a lo que el doctor Collins y yo reímos respondiendo que en eso, éramos agnósticos.

Señalé que «con toda nuestra sofisticación, con las resonancias magnéticas y las tomografías, todavía no hemos descubierto el origen del pensamiento. Ni conocemos el origen de un sentimiento. Podemos hablar de respuestas electrofisiológicas, pero no podemos llevarlo al siguiente nivel. No podemos ponerle una etiqueta. Y pienso que esa es una de las cosas que nos hacen diferentes». Admití que yo no podía probar mi creencia de que esto evidencia que existe un Dios creador.

Pero del mismo modo, los otros miembros de nuestro panel no podían probar su teoría tampoco. Todo era cuestión de cuánta fe tenemos y en qué. Dije: «Sencillamente, no tengo fe suficiente como para creer que algo tan complejo como lo es nuestra capacidad para razonar, pensar, planificar y tener un sentido moral de lo bueno y lo malo hayan surgido porque sí nada más».

Casi al final de la sesión, una de las personas presentes en el auditorio nos preguntó cuánto de lo que creíamos o de lo que no creíamos era resultado de nuestra experiencia personal. Admití enseguida: «Las experiencias son, con toda claridad, lo que me ha dado mi fe en Dios». Conté que en mi adolescencia, había sido tan iracundo que casi apuñalo a un amigo. Iracundo hasta que un día tuve una experiencia y empecé a reconocer que había un poder más allá de mí mismo. Expliqué también que cuando empecé «a conectarme con ese poder, mi vida cambió por completo. Hay quien dirá que es charlatanería. Hay que vivirlo por experiencia propia».

El doctor Dawkins entonces puso en disputa nuestra posición afirmando:

—No creo que a nadie le interesen mis experiencias personales. Solo me importa lo que es verdad. Eso significa que me importa la evidencia. Mi experiencia privada y personal no es evidencia de nada.

No tuve oportunidad de responder a ese comentario pero desde entonces, lo he pensado y lamento disentir. Aunque jamás querría afirmar que mi experiencia es lo único que puede dar a conocer una determinada cuestión, sí diría que mi experiencia personal es una forma de evidencia, válida y convincente. ¿Qué es un experimento científico sino una experiencia controlada en la que el científico registra sus observaciones, resultados y conclusiones personales? Si bastantes personas repiten la experiencia del ensayo con los mismos resultados, llegando a las mismas conclusiones, la comunidad científica considera que eso es evidencia. Todos, científicos o no, aprendemos por experiencia. La experiencia personal no es lo mismo que la verdad. Pero puede ser evidencia que nos señale el camino a la Verdad.

Todos tuvimos entonces quince segundos para «resumir» el debate sobre fe y ciencia. Creo que no hubo quien dejara de reír ante el límite de tiempo que nos daban.

Usé mis quince segundos para presentar un desafío: «Pregúntense esto: Si hay un Dios, ¿cuál es el riesgo de no creer en Él en comparación con el de creer? Y si no hay Dios, ¿cuál es el riesgo de no creer en comparación con el de creer en Él? Pregúntense esto cuando vayan a la cama esta noche».

Richard Dawkins informó a los presentes: «El doctor Carson acaba de invocar lo que se conoce como la «Apuesta de Pascal». Supone que el Dios que les confronta cuando lleguen ustedes a las puertas de perla es, en efecto, un Dios al que le importa apasionadamente si creen en Él o no. Si yo fuera Dios, no me importaría tanto si alguien cree en mí (aquí Dawkins cambió su perspectiva del yo-Dios al yo-persona) si no si soy buena persona, decente y si viví honradamente buscando la verdad. Y como respondió Bertrand Russell cuando le preguntaron: «¿Qué diría usted si se encontrara frente a frente con Dios? Si Dios le confrontara preguntando: "¿Por qué no creíste en mí?"» Bertrand dijo que respondería: «Faltaba evidencia, Dios. ¡Faltaba evidencia!"»

Dawkins concluyó diciendo: «Pienso que un Dios al que valiera la pena adorar, respetaría mucho más a esa persona que a quien cree en Él solo porque fuera la opción más segura».

Supongo que mi respetado colega tenía razón al sugerir que debiera haber razones mejores para arriesgarse a creer en Dios que el simple motivo de que es la opción más segura. Yo creo que las hay.

También tenía razón en acusarme de haber tomado prestada la apuesta de Pascal, pero sentí que se aplicaba a esa audiencia y también creo que es muy adecuada para este libro. Blas Pascal, el matemático y filósofo francés considerado por muchos el padre del análisis de riesgo, vivió durante bastante tiempo como mujeriego y diletante antes de cambiar de estilo de vida e ingresar a un monasterio para estar más cerca de Dios. Cuando le pidieron que explicara su transformación, ese hombre brillante que había pasado gran parte de su vida intentando construir una fórmula matemática que funcionara como cuantificador de probabilidades, presentó su propio análisis de lo mejor y lo peor de los riesgos: La apuesta de Pascal. Aunque espero que no sea la lógica de la fe para nadie, sí es un buen punto de partida para cualquiera que esté pensando si vale la pena o no correr el riesgo de tener una fe personal. Haz tu propio análisis de riesgos.

Si hay un Dios y crees en él, sabes que lo mejor está por venir. Si hay un Dios y rechazas totalmente la idea de vivir de manera diferente, el riesgo eterno para ti es incalculable. Si no hay un Dios y crees en Él, lo peor que puede suceder es que hayas vivido siempre con un nivel elevado de endorfinas, pensando que crees en algo bueno. Y si no hay Dios y no crees en él, no habrá consecuencias graves ni en un sentido ni en otro.

Creo, y también lo creía Pascal, que cuando uno se sienta y piensa en ello de esta manera, tiene mucho más sentido creer en Dios que no creer, siquiera solo porque uno tiene mucho más que perder si se equivoca y Dios sí existe, que si uno se equivoca y no existe. Como le dije a uno de los miembros del panel en la Academia de Logros, no creer en Dios no te convierte en mala persona, así como creer en Dios tampoco me convierte a mí en buena persona.

Todos tenemos que decidir. Pero solo cuando alguien corre el riesgo de la fe, puede de veras comenzar a vivir por propia experiencia la mejor consecuencia y la mejor lógica que conozco para creer en Dios. Ese es el privilegio de una relación personal con el Creador del universo, que quiere ofrecernos su sabiduría y su guía, y ayudarnos a lidiar con todos los demás riesgos que enfrentamos en nuestro peligroso mundo.

12. Los riesgos profesionales

En los capítulos anteriores hablé de los riesgos de varios casos quirúrgicos en los que trabajé, pero he tenido que pasar por otras situaciones en mi profesión, en las que debí decidir asuntos difíciles. También allí usé el análisis de riesgos.

Recordarás que me arriesgué a ignorar el consejo de mi consejero de primer año, que me había sugerido dejar de estudiar medicina para buscar algo con menos exigencias. Bien, cuando decidí especializarme en neurocirugía mientras cursaba mi tercer año, también corrí un riesgo. Por un lado no hubo quien me animara demasiado en esa dirección. No sé si fue causa o efecto, pero obviamente la neurocirugía no era un campo elegido por muchos estudiantes de mi raza o condición económica. En efecto, existían hasta entonces solo ocho neurocirujanos negros en la historia.

Tuve que sopesar los riesgos de invertir tanto tiempo y esfuerzo preparándome para un campo que tal vez me presentara desafíos peculiares. Aunque todavía no había llegado a mi fórmula de análisis de riesgos, consideré algunas cuestiones que me ayudaron a evaluar los pro y los contra.

Después de una larga serie de éxitos académicos, ¿querría arriesgarme a pasar una vergüenza si fracasaba en mi intento por graduarme en una especialidad considerada por muchos como la más exigente? ¿Qué tan difícil sería ganarme la confianza y aceptación de la comunidad médica y los potenciales pacientes? Veía muchas incertidumbres que podían presentar problemas.

En cuanto a los aspectos positivos, podría ver grandes beneficios. Con su compleja anatomía e ilimitado potencial, el cerebro humano me fascinaba como ninguna otra cosa que hubiera estudiado en la universidad. No imaginaba nada mejor que trabajar como neurocirujano.

Es difícil asignarle un valor a la concreción de las más altas aspiraciones que pueda uno tener. Mejorar la vida de otros, dándoles no solo longevidad sino optimizando su calidad de vida, es algo que no tiene precio. Esas cosas por cierto justificaban que corriera un riesgo importante.

También tenía que considerar otro beneficio: que al elegir este camino, podría ser modelo para otros. Esa podría ser la mejor razón, y la más atractiva, para arriesgarme a tomar la decisión que tantos otros encontraban inconveniente.

Es obvio que mis valores también tuvieron mucha influencia en mi decisión. El factor del tiempo, o el *cuándo*, tuvo su rol. Si hubiera habido riesgos más grandes que los que acabo de mencionar, como si por ejemplo hubiera vivido treinta años antes y en el sur, ese riesgo podría haber pesado mucho más que los beneficios y tal vez, habría elegido entonces otro camino profesional.

En el capítulo 8 hablé de la época en que en los inicios de mi carrera, los límites presupuestarios de la medicina académica me empujaban a considerar oportunidades más lucrativas en el ejercicio privado, Pero las consideraciones económicas no fueron los únicos factores, ni los últimos, que me obligaron a sopesar los riesgos de quedarme en el Johns Hopkins.

Como miembro menor del cuerpo de profesores, mi carrera era bastante inusual. A causa de los casos notables en los que tuve el privilegio de participar, como las hemisferectomías y luego la separación de los siameses Binder, mi nombre se había hecho muy conocido no solo en los Estados Unidos sino en el mundo. Mi creciente reputación dentro de mi profesión dio lugar a mayor número de casos referidos, todos de gran complejidad, por lo que con gusto acepté esos desafíos. Sin embargo, el renombre que acompañó a todo eso fue una consecuencia totalmente inesperada.

La cobertura de los medios y todas las entrevistas fueron una novedad al principio y decidí disfrutar de la experiencia mientas durara. En el frenesí de las notas periodísticas que siguieron al caso Binder, le aseguré a Candy que «todo eso al fin acabará y volveremos a vivir con normalidad». Acaso por la combinación de mis logros profesionales y mi historia como niño criado en extrema pobreza, mucha gente evidentemente pensaba que era yo un caso de interés humano por derecho propio. Muchos de los relatos de la historia médica de los gemelos iban acompañados o seguidos de artículos sobre mi biografía. No pasó mucho tiempo antes de que me inundaran con llamados, pidiendo «por favor, venga y hable para ayudar a nuestra causa», o «cuente su historia e inspire a los jóvenes con los que trabajamos».

Como uno de los motivos primarios para elegir el rumbo de mi carrera había sido el deseo de ser un modelo para alentar a los jóvenes en situación desfavorable como había sido la mía, con gusto acepté las invitaciones para hablar en escuelas, iglesias y otras organizaciones del país. Pero cuanto más hablaba, más invitaciones recibía.

Las respuestas de los jóvenes eran gratificantes. Muchos estudiantes de escuela secundaria, e incluso de la universidad, me escribían para contarme que al haber hablado de las lecciones aprendidas sobre la presión de los compañeros, la importancia de leer y estudiar, las dificultades que había vencido, les servía de inspiración para esforzarse e ir en pos de sus propios sueños. Me sentí muy pequeño cuando vi que podía causar impacto solo con contar cómo había sido mi propia experiencia. ¿Cómo podría rechazar esas oportunidades de hablar y tal vez, aportar algo importante a las vidas de tantos jóvenes?

Pero todos esos compromisos requerían de mi tiempo, mi energía, de que viajara... además de que mi carrera académica como médico también sumaba innumerables exigencias. Los pacientes y las muchas cirugías eran solo la punta del iceberg profesional. Para sobrevivir en un entorno académico, y para poder avanzar y triunfar por supuesto, también tenía que estudiar, investigar, participar en organizaciones nacionales y publicar artículos en revistas especializadas.

Durante un tiempo logré equilibrar ese duelo de exigencias que presentaba mi vida pública y profesional, pero pronto vi que mi vida privada se veía invadida por esos requerimientos. Mis amigos y colegas me advertían que si no abandonaba los intereses externos, en referencia a mis compromisos como disertante, jamás tendría esperanzas de avanzar en el escalafón académico para ser profesor titular.

Sentía que ya no podía seguir con la presión de tantas exigencias en diversos sentidos, pero ¿cómo decidir qué hacer? Para tomar una decisión tan compleja e importante tenía que evaluar un amplio rango de intereses en puja, con los riesgos correspondientes a cada uno. Podía convencerme, claro, de que mis valores exigían que hiciera de mi familia la prioridad por sobre mi carrera o mis compromisos como disertante, pero eso no me ayudaba a saber cómo equilibrar las oportunidades profesionales como médico y disertante. No quería arriesgar la oportunidad de avanzar y tener éxito en la carrera que ahora me daba esta posición de figura pública que estaba disfrutando, sabiendo que creía que Dios me había llevado a ello como medio para poder ayudar a otros y que por ello, ese esfuerzo merecía de mi esmero.

Reconocía que había en esto un riesgo para mí, para mi carrera, mi éxito y mi vocación si no llegaba a lograr mi punto másico de logros académicos como profesor titular. Pero también tendría que pagar un precio muy alto si le daba la espalda a los muchos jóvenes de este país y del exterior que jamás llegaran a alcanzar su potencial por falta de esa gota de inspiración, ese pequeño ejemplo que podía representar mi persona al mostrarles el camino.

Al sopesar esos riesgos a la luz de mis creencias y valores vi que mis obligaciones hacia los demás tenían que ser más grandes que las que tenía conmigo mismo. Por eso decidí que no me preocuparía demasiado por mi éxito académico o por lograr un puesto como profesor titular. Pero aunque intentaba no pensar en mí mismo, todavía sentía la obligación hacia los pacientes a quienes podía ofrecer ayuda médica que significaba por lo general la diferencia entre la vida y la muerte, y estaba consciente de la obligación hacia las multitudes a quienes podía ayudar al darles aliento y rumbo con mis conferencias y discursos.

Realmente ¿eran caminos tan divergentes los que se presentaban con estas oportunidades en conflicto? ¿Tenían que ser mutuamente excluyentes las dos opciones? No estaba tan seguro. Quería creer que en muchos puntos se superponían, pero no veía dónde.

Como creía que la provisión y la guía de Dios me habían traído hasta ese punto, le pedí que abriera las puertas por las que quisiera que pasase y que me diera sabiduría en cuanto a cómo proceder. Creo que lo hizo.

Una de las cosas que me mostró fue que podía usar todo ese tiempo de viajes y traslados de mis conferencias para mayor provecho. En los aviones, aeropuertos y habitaciones de hotel, lejos de las presiones e interrupciones diarias, podía mantenerme al día con la literatura, con los protocolos de investigación, con los borradores de artículos que podía escribir y con la revisión del trabajo de mis colaboradores. Con planificación y un poco de creatividad podía llevar a Candy, a uno o más de nuestros hijos, a mi madre y a veces a toda la familia Carson a lugares muy interesantes que tal vez no habríamos conocido de otro modo.

Y con nuevos objetivos combinados en mente, decidí que no abandonaría mis compromisos como disertante. Estaré por siempre agradecido de haber decidido correr ese riesgo. Porque al aprovechar al máximo mi tiempo en los viajes (y con la ayuda de personas que llegaron a mi vida como resultado de ello), encontré que era posible hablar dos veces a la semana como promedio y aun así seguir avanzando en mi carrera médica.

Durante la mayor parte de mi profesión, he realizado un promedio de cuatrocientos cincuenta cirugías de cerebro cada año (los neurocirujanos en el ejercicio privado suelen promediar unas ciento cincuenta) mientras cumplía con la investigación y las publicaciones requeridas, con la suficiente regularidad como para al fin ser nombrado profesor titular en cuatro disciplinas: neurocirugía, oncología, pediatría y cirugía plástica.

Irónicamente, uno de los resultados imprevistos de mi decisión de hablar ante el público juvenil fue que mi visibilidad pública en cierto momento compensó todo sacrificio económico causado por mi decisión de seguir trabajando como académico. Los requerimientos de conferencias y discursos, hicieron que recurriera a una organización de planificadores para disertantes, que me ayudó a administrar, establecer prioridades y maximizar mis apariciones en público. Empecé a escribir libros y hasta encontré que muchas corporaciones me buscaban para que integrara sus juntas directivas. En total, mis actividades «extracurriculares» crecían en términos económicos y mi situación era mejor de lo que podría haber esperado si hubiera elegido el ejercicio privado.

Sin embargo, la confirmación suprema de que había tomado la decisión adecuada al combinar los dos caminos profesionales, se ve representada por las más de cien mil cartas que he recibido de personas de Norteamérica y el resto del mundo. Todas las semanas, casi todos los días, hay jóvenes que me escriben diciendo que su vida cambió al oír mi historia, al leer alguno de mis libros o al ver una entrevista en televisión o en una revista, que les hizo ver que ellos también tienen un cerebro y con ello, la capacidad de definir sus propias vidas.

Si es ese el único legado que dejo, estaré muy feliz y todos los riesgos habrán valido la pena.

Jamás habría podido mantener mi carrera como médico en el Johns Hopkins, ni haber dado tantas conferencias y discursos si no hubiera corrido otro gran riesgo al iniciar mi carrera. En ese momento, tenía tantos casos que pasaba prácticamente todas las noches en el hospital, tratando con los problemas de los pacientes. Si no estaba en el quirófano, estaba de guardia las veinticuatro horas los siete días de la semana, para consultas sobre cualquiera de los pacientes pediátricos neuroquirúrgicos del Johns Hopkins.

Pronto vi que si seguía a ese ritmo me agotaría. Debido a eso empecé a pensar en cómo repartir el peso de mis responsabilidades, por lo que me atrajo la idea de contratar a un médico asistente. Claro que eso implicaba un precio, pero nuestro programa de neurocirugía pediátrica producía ingresos suficientes (esto era antes de que las compañías de seguros decidieran que utilizarían Medicare y Medicaid como base para los pagos), y yo tenía fondos disponibles con los que pude contratar a una excelente asistente, Carol James, que me ha acompañado durante toda mi carrera. Carol pronto se ganó la confianza de mis pacientes, demostrando ser invalorable. Así que nuestro programa se amplió y contraté a otro asistente, y luego a otro más hasta formar el equipo de cuatro con quienes trabajo hoy. Con eso tengo la posibilidad de ver y tratar a más pacientes, algo que el hospital no dejó de notar. Al fin la administración empezó a prever en el presupuesto del hospital los pagos a los asistentes, con lo que ya no tenía que sacar el dinero de mi presupuesto clínico particular (que se encogía cada vez más porque las compañías de seguro comenzaron a decidir cuánto y cómo pagar, de manera relativamente arbitraria). Hubo luego otros colegas que también contrataron asistentes a medida que todos iban viendo lo valiosos que podían ser. Desde que se instauró el límite semanal de ochenta horas de trabajo para los residentes, nuestros asistentes han tenido mucha más participación en la distribución de casos de pacientes en las consultas.

No sé qué haría sin mis ayudantes, aunque hubo un tiempo en que temía tener que arreglármelas sin ellos. Fue tal vez uno de los riesgos profesionales más grandes que haya tenido que enfrentar. En efecto, mi desaliento fue tal que consideré muy en serio abandonar la medicina por completo.

En los últimos años de la década de 1990 la mayoría de las compañías de seguros de salud estaban reduciendo sus niveles de reintegros (el porcentaje de honorarios del cirujano que cubren para sus clientes), al punto que yo ya no tenía dinero para pagarles a quienes trabajaban para mí. De cinco empleados a tiempo completo pasé a tener tres, y el ánimo de todos decayó terriblemente. En el consultorio había fricciones porque los que quedaban tenían que trabajar mucho más para poder cumplir con todo (tendrás que tomar en cuenta que mi equipo siempre ha estado sobrecargado, con doce o más horas de trabajo al día, por lo que no podía pedirles más, aunque lo hacían sin que se lo pidiera). Con más y más casos para menos médicos, vi que sería cuestión de tiempo enfrentar la imposibilidad de mantener la calidad de la atención que estaba acostumbrado a brindar.

Ese era un riesgo sencillamente inaceptable. No importa cuántos análisis de riesgo hiciera, no podía ver ningún resultado que «lo mejor» en este dilema. Lo había hecho todo, o por lo menos todo lo que se me podía ocurrir. El resto no dependía de mí. Fue en ese momento que pensé que sería preferible abandonar la medicina antes que brindar menor calidad en la atención a los pacientes.

Pero antes de tomar esa decisión busqué sabiduría. Hablé con algunos presidentes de compañías importantes y con personas en posiciones de liderazgo y responsabilidad en todo el país, además de contactar a amigos y conocidos de la Academia de Logros, de la Sociedad Horatio Alger y de otros lugares. Era gente a la que había conocido a lo largo de los años, pero al escucharlos noté que siempre surgía una misma sugerencia: que dejara de tratar con las compañías de seguros o Medicare y aceptara únicamente a los pacientes que pudieran pagar de sus bolsillos. No puedo decir que la idea me pareciera descabellada. Podría usar todos mis talentos y mi tiempo para atender a los pacientes sin tener que lidiar más con la caprichosa y omnipotente industria de los seguros que había tomado el control de la atención de la salud de los estadounidenses.

Sin embargo, no pensé que pudiera hacer lo que me sugerían por una razón: jamás olvidaré que durante mi infancia, mi salud estuvo casi siempre atendida por médicos que de una forma u otra dependían del sistema de coberturas. Sería hipócrita si rechazaba a los pacientes que estaban en la misma situación en la que estuve yo. Pero de algún modo, todos esos consejos me hicieron pensar.

Y parte de lo que más me ayudó provino de George Lucas, el productor y director de Hollywood, quien me alentó muchísimo. Me escuchó mientras yo describía mi dilema y hasta dijo que con gusto haría lo que pudiera por ayudarme con lo del dinero. Apreciaba eso, pero no era lo que estaba buscando. Tampoco me había acercado a él esperando un consejo específico sobre la atención de la salud en el país, porque él no sabía mucho del tema. Pero como es un tipo inmensamente creativo supuse que sabría algo acerca de riesgos profesionales y sueños, y esperaba que su sabiduría me fuera de utilidad. Y así fue.

Su consejo más pertinente tenía que ver con la importancia de utilizar los talentos que uno tiene, sin permitir que las interferencias menores le distraigan de su misión en la vida. Ese consejo, en sí mismo fue un desafío, me levantó el ánimo enormemente y me hizo dejar de pensar tanto en abandonar para empezar a preguntarme qué podía hacer para poder seguir ejerciendo la medicina.

Volví a estudiar el dilema desde todos los ángulos que se me ocurrieron. Sabía dónde estaba el problema: el reintegro por los honorarios del cirujano era siempre insuficiente. También sabía quién era el mayor culpable: la mayoría de mis pacientes tenía el seguro Blue Cross/Blue Shield, porque BC/BS es la mayor aseguradora de salud de Estados Unidos y como es tan grande puede establecer los honorarios médicos como se le ocurra. El nivel varía muchísimo de estado en estado, de modo que los médicos de Alabama tienen más beneficios que los de Maryland. (Por ejemplo, BC/BS reintegra el ochenta por ciento de los honorarios del cirujano en Alabama, mientras que en Maryland, solo cubre el veintiocho por ciento de mis honorarios.) Y para empeorar las cosas Blue Cross ha decidido que no importa de dónde vengan los pacientes (y al Johns Hopkins llegan de todas partes), la compañía tenía derecho a reembolsar solo el honorario válido en Maryland, que es el más bajo. Es decir que BC/BS de Alabama me pagaría en el Johns Hopkins de Baltimore solo un tercio de lo que me ofrecerían por realizar la misma cirugía en Birmingham.

Hice varios cálculos y concluí que como teníamos tantos pacientes con cobertura de BC/BS, el cambio en esta política podría resolver la crisis económica de mi división en lo inmediato. Entonces llamé al director de Blue Cross de Maryland para ver qué se podía hacer. Después de decirme que no podía ayudarme, hablé con gente de la oficina nacional de la compañía para explicarles las circunstancias y expresarles mi deseo de seguir participando como proveedor de BC/BS, y para preguntarles si se podía hacer algún ajuste en esa política. Vi enseguida que no tenían motivación alguna y, por ello, no deseaban considerar siquiera la posibilidad de una modificación.

Entonces tomé la difícil y riesgosa decisión de no participar más con Blue Cross. No participar significaba que ya no estaría en las listas de médicos aprobados por Blue Cross/Blue Shield. Los pacientes de BC/BS que llegaran a mi consultorio y necesitaran una operación tendrían que afrontar el gasto de mis honorarios por adelantado, y de su propio bolsillo.

Sabía que esa decisión presentaba un riesgo importante, pero ya había evaluado ese riesgo con un análisis de lo mejor y lo peor que podía pasar: ¿Qué era lo mejor que podría pasar si dejaba de participar y me negaba a trabajar con Blue Cross/Blue Shield? Lo mejor que podía pasar sería que cobraría lo suficiente en honorarios como para mantener al equipo que tenía, y hasta contratar a los asistentes que me faltaban, con lo que podríamos brindar un mejor nivel de atención a todos los pacientes. Y lo peor que podía pasar si no trabajaba más con ellos era que más y más pacientes decidirían que no podían darse el lujo de acudir a mí hasta tanto la cantidad de casos se redujera al punto de que ya no valiera la pena sostener al equipo, y eso me incluía, claro está. Antes de llegar a ese punto tendría que tomar una decisión difícil: o soportar la vergüenza de volver con BC/BS, agachando la cabeza y con la cola entre las patas, pidiendo que volvieran a incluirme en sus listas... o abandonar la medicina.

Lo mejor que podía pasar si no me arriesgaba a abandonar a BC/BS era que de alguna manera podría seguir arreglándomelas con menos gente en el equipo y ofreciendo el mínimo nivel aceptable de calidad en la atención. Aun así sería muy frustrante y desagradable. La otra opción remotamente viable era que si no dejaba a BC/BS tendría que despedir a más asistentes, con lo cual se reduciría en mucho la cantidad de pacientes que podríamos atender. Con ello, tendríamos que empezar a decirle a la gente: «Lo siento, no podemos ayudar a su hijo o hija». Y lo peor que podría pasar si no hacía nada era que tendría que despedir a mis ayudantes y no podría hacer aquello que sentía que Dios me había llamado a hacer.

Después de sopesar el riesgo decidí borrarme de las listas de BC/BS, y sucedió algo interesante, un fenómeno. Mis pacientes con BC/BS tenían que pagar en efectivo y de su bolsillo, pero cuando entregaban la factura a su empresa, la compañía les reembolsaba más de lo que BC/BS me había estado devolviendo a mí. Supongo que vieron que tenían que hacerlo con tal de apaciguar los ánimos y mantener su clientela, mientras que ante la compañía de seguros la situación para mí no tenía opciones. (La mayoría de los médicos tienen tantos pacientes de Blue Cross/Blue Shield que la compañía puede dictar términos arbitrariamente suponiendo que no nos negaremos a atender a sus clientes sencillamente porque no se nos pague bien.)

Como se les reembolsaba bastante pronto y el nivel era razonable, la mayoría de los pacientes de BC/BS siguieron llegando a mi consultorio y yo intentaba ayudar, con un descuento automático del veinte por ciento a todos los pacientes de Blue Cross, con el fin de que su responsabilidad personal fuera menor y no tuviera que darles la espalda a los que yo sabía que no podrían pagar la diferencia entre mis honorarios y lo que BC/BS les reembolsaría. Para auxiliar a los que realmente no podían pagar, ayudé a crear una organización sin fines de lucro llamada Angels of the OR [Ángeles del Quirófano] (de lo que hablaré más adelante).

Cuando dejé de trabajar con Blue Cross en 2001 no estaba seguro de lo que pasaría. Pero funcionó bien, para los pacientes y para mí. Pronto los ingresos llegaron al nivel que me permitió volver a tener un equipo completo. Seguimos tan ocupados como siempre y podemos brindar la misma atención de calidad a todos nuestros pacientes, independientemente de su situación económica.

Esos riesgos profesionales con los que he lidiado a lo largo de los años, en ciertos aspectos son características de mi profesión. Como trabajo todos los días abriendo cabezas de niños para operar sus cerebros, estoy muy consciente de que mis decisiones y acciones tienen consecuencias importantes para ellos y sus familias, durante el resto de sus vidas. Esos temas difíciles en la industria de la atención de la salud en nuestros días presentan desafíos especiales a todos los proveedores médicos.

Pero no soy solamente cirujano. También soy profesor y enseñar siempre es un riesgo porque uno nunca sabe cómo responderá cada alumno. Es riesgoso para el instructor que le enseña a un piloto cómo volar un jet, porque en algún momento tendrá que entregarle el control. Mucho más fácil es hacer las cosas uno mismo. Es más rápido, crea menos estrés, pero si todos hiciéramos eso, nadie aprendería jamás a hacer las cosas. Y cuando el maestro muriera, con él se irían sus conocimientos. Así que, en algún punto siempre hay que correr un riesgo.

Si lo haces bien, lo reducirás. El buen maestro observa el aprendizaje y progreso de su estudiante y sabe cuándo puede depositar en él su confianza. Algunos aprenden rápido. Recuerdo a un residente en particular, que lo absorbía todo como si fuera una esponja. Para cuando llegó al final de su primer año de residencia, podía hacer lo que hacían los residentes en jefe. Yo pensaba que tenía la capacidad técnica para convertirse tal vez en el mejor neurocirujano del mundo. Por desdicha, tuvo un accidente y se ahogó mientras nadaba. Cuando uno trabaja con seres humanos, o cuando les enseña, nunca sabe qué va a suceder. Eso también es un riesgo con el que hay que convivir, no importa qué cosa estés enseñando.

Mi éxito como cirujano y profesor de medicina en el Johns Hopkins me ha valido muchas invitaciones para ocupar puestos en juntas de directorios de compañías nacionales. Actualmente, sirvo en dos juntas directivas: la de la Kellogg Company y la de Costco Wholesale Corporation. Con todos los problemas y mala publicidad en torno a los manejos económicos de Enron, WorldCom, Tyco y otras grandes compañías en los últimos años, he tenido que sopesar los riesgos que implica ocupar un lugar en una junta corporativa. Hablo del riesgo a pasar vergüenza y también del riesgo económico. Pero al participar en esas juntas, he conocido a algunas personas extraordinarias y además, he aprendido mucho sobre finanzas, estructura corporativa y administración de recursos humanos. Esa información me sirve en mi profesión, y me permite mejorar las dos organizaciones de caridad que he fundado.

Cuanto más interactúo con colegas en estas juntas corporativas, y con personas de diferentes áreas, tanto más noto que en toda carrera hay desafíos específicos. No creo haber hablado con una sola persona exitosa en cualquier profesión que no haya tenido que enfrentar y vencer tremendos riesgos. Me gustaría mencionar dos ejemplos, en un breve resumen.

Se me ocurre primero George Lucas, cuyo padre había planificado que se uniera al negocio de bienes raíces de la familia. Pero ese no era el sueño de George. Él estudió cine y quería hacer carrera como productor y director. Su creatividad jamás estuvo en duda, pero de las ideas no sale el dinero para pagar la renta. Vivió por un tiempo como el típico artista pobre, preguntándose de dónde saldría su próximo almuerzo, hasta que finalmente se tragó su orgullo y le pidió dinero prestado a su padre. El hombre le adelantó el dinero que necesitaba pero era claro que creía que llegaría el momento en que George volvería para trabajar en el negocio familiar.

Después de convertir una película que había hecho como estudiante, ganando premios, en su primera película de cine, conocida como THX 1138, surgió una oferta bastante lucrativa para hacer otra. La paga le quitaría presión, y el ofrecimiento era tentador. Pero esa película tampoco era lo que George soñaba. Le habían llegado comentarios poco favorables sobre un manuscrito en el que trabajaba en ese momento, pero creía en la idea y quería dedicar todas sus energías a ese proyecto. Así que siguió insistiendo hasta que finalmente reunió los fondos necesarios para producir esa película y, con bajo presupuesto, *American Graffiti* lo llevó a la fama. Tomó el dinero que ganó con esa película, vendió su casa e invirtió todo lo que tenía en una idea todavía más loca. *La Guerra de las Galaxias*, no solo cambió su vida sino que produjo una revolución en la industria cinematográfica.

Desde el principio George Lucas soñó con ser un productor cinematográfico independiente, para hacer películas a su manera, sin abogados, inversores ni ejecutivos que le dijeran qué hacer y qué no. Así que, como siguió corriendo el riesgo de invertir sus ganancias de una película en la siguiente, construyó un legado y un imperio comercial que hoy vale miles de millones de dólares.

No titubea cuando afirma que para él el éxito jamás tuvo que ver con el dinero. Siempre se trató de la libertad para ir tras su sueño y su pasión. Le ha costado en términos económicos y de creatividad, pero si no hubiera corrido esos riesgos, si hubiera tomado un camino más fácil como el de hacer lo que querían los demás o lo que quería su padre, duda que hubiera podido ser feliz. Y ese era un riesgo que no estaba dispuesto a correr.

No puedo pensar en la gente exitosa que he conocido con el correr de los años sin hablar del ya fallecido A.G. Gaston. Almorcé con él hace unos años en el instituto Tuskegee, cuando tenía noventa y cinco años. Sabía algo de su fascinante historia, así que fui directo y le pregunté:

—Señor Gaston, ¿cómo pudo un hombre de color como usted convertirse en multimillonario, viviendo en Birmingham, Alabama, en la década de 1940?

—Fue sencillo —respondió—. Solo mantuve los ojos abiertos, miré a mi alrededor y me pregunté: «¿Qué es lo que necesita la gente?» Y entonces, lo que fuera, lo hacía.

Vio que muchas de las personas de color y de edad avanzada en ese momento se preocupaban por si sus familiares podrían costear el gasto de un lindo funeral cuando ellos murieran. No importaba si esa preocupación era válida o no. Importaba cómo se sentía la gente. Así que A.G. Gaston comenzó a ir de puerta en puerta, diciendo que si la persona le pagaba veinticinco centavos cada semana, él les garantizaría un funeral de seiscientos dólares cuando murieran, tanto si vivían hasta cumplir los cien años como si morían a la semana siguiente. Siempre y cuando cumplieran con el pago semanal de veinticinco centavos como seguro de funeral, él les garantizaría un lindo servicio cuando llegara el momento. Muchos aceptaron el ofrecimiento del señor Gaston, por lo que él usó ese ingreso semanal de dinero para construir su propia compañía de seguros. Poco después fundó un banco y luego diversificó el negocio a la hotelería y otras propiedades, mientras levantaba un imperio que a fin de cuentas usó para brindar importante apoyo económico al Movimiento por los Derechos Civiles en la década de 1960. A.G. Gaston sabía bastante del tema de los riesgos. Supo identificar su visión en términos literales e imaginarios, como ingrediente clave para llegar al éxito: «Solo mantuve los ojos abiertos».

Al hablar con personas como George Lucas y A.G. Gaston, llego a la conclusión de que el factor único y determinante del nivel de éxito que alcanza cualquier persona en cualquier carrera es el modo en que lidia con los riesgos que dicha carrera presenta.

Piensa por un minuto en esas personas que han tenido la mayor influencia y el más grande impacto en la historia. Considera sus acciones. Su carácter. Casi todo lo que les hacía especiales tenía que ver con los riesgos.

La creatividad exige que corramos riesgos. También la exploración y la innovación. Quienquiera que haya pensado fuera de lo convencional se ha arriesgado. El liderazgo implica riesgos. Y ante estos hace falta coraje. La inversión tiene que ver con el riesgo y la toma de decisiones también suele significar algún nivel de riesgo.

Piensa en Colón, navegando hacia lo desconocido. En los que fundaron la nación de los Estados Unidos y firmaron la Declaración de Independencia. En Lincoln, con su proclamación de emancipación. En los hermanos Wright en Kitty Hawk. Piensa en Eisenhower el Día D y en John Kennedy durante la crisis de los misiles cubanos. Piensa en Rosa Parks en aquel autobús. La grandeza en cualquier emprendimiento por lo general se mide en términos del riesgo al que se enfrenta la persona. Ante el riesgo, se gana la condición de héroe, por lo que el éxito se define según los riesgos que se corran y se venzan.

No importa cuál sea la profesión, siempre hay riesgos. Tenemos que usar nuestros cerebros para decidir cuáles son aceptables y cómo enfrentarlos. Un buen punto de partida siempre será el análisis de lo mejor y lo peor que puede suceder.

En todo caso, no creo que la medida más importante de una persona sea su carrera. Porque la verdadera grandeza no tiene que ver tanto con lo que uno hace, como con lo que es la persona, y eso implica que los riesgos personales a los que nos enfrentamos día a día tal vez sean mayores que los profesionales.

13
Mis riesgos particulares, cara a cara con la muerte

MUCHA GENTE SE ENTERÓ DEL PROBLEMA DE SALUD QUE RECIENTEMENTE puso en riesgo mi vida, aunque pocos sabían que no fue mi primer encuentro cara a cara con el cáncer.

Como mi experiencia anterior tuvo un papel importante en el modo en que respondí esa vez, necesito brindar un poco de información aquí.

Durante mi residencia en el Johns Hopkins, había un período de tiempo designado para la investigación básica en mi campo y como cada vez me interesaban más los tumores cerebrales y la neuro-oncología, inicié un proyecto de investigación que requería de la creación de un modelo de tumor cerebral en animales, con el fin de que tomara imágenes y luego buscara el tratamiento. Los científicos sabían ya que si podían obtener resultados coherentes al trabajar con animales pequeños sus hallazgos se traducirían en nuevas curas y mejor atención a los pacientes humanos que sufrieran de enfermedades similares. Pero hubo problemas al trabajar con ratones, monos y perros. Los modelos con perros producían resultados incongruentes, los monos eran demasiado caros y los ratones y ratas (aunque de bajo costo) eran tan pequeños que no podíamos operarlos. Tampoco obteníamos buenas imágenes de sus cerebros con equipos de tomografía o resonancia magnética.

El desafío en mi caso consistía en encontrar un modelo de costo accesible que produjera resultados congruentes y cuyo tamaño fuera adecuado como para tomar imágenes y operar.

Al fin descubrí que usando porciones de un tipo de tumor extremadamente virulento, llamado VX2, podríamos vencer al sistema inmute de los conejos blancos de Nueva Zelanda y lograr tumores dondequiera que fuese al inyectarles el cáncer a los animales. Los tumores cerebrales entonces crecían a ritmo predecible y congruente (criterio esencial para la investigación que se requería de mí), hasta que los conejos enfermaban y morían entre doce y catorce días después de la inyección.

Podíamos observar y registrar la tasa de crecimiento de cada tumor usando equipos de tomografía y resonancia magnética, pero debíamos llevar a los conejos a Alemania para las resonancias porque en esa época era un procedimiento nuevo y no disponíamos de tal tecnología en el Johns Hopkins. Sí usamos algunos de los primeros estudios por topografía de emisión de positrones en el Johns Hopkins para tomar imágenes de los tumores cerebrales de esos conejos.

Un día, mientras estaba en el laboratorio inyectándole el cáncer al cerebro de un conejo, moví la mano accidentalmente y me pinché con la aguja. Me inyecté el carcinoma VX2. No tenía idea de los efectos posibles en el ser humano pero sabía lo fácilmente que esa línea de células en particular atraviesa el sistema inmunológico en animales pequeños, por lo que supuse que sería un problema grave. En cuestión de días el lugar de la inyección cambió de color y se empezaron a formar nódulos en ese dedo. Sin embargo, lo que me hizo ir a ver al médico fue la lesión que se formó en mi garganta. Cuando le expliqué lo que había pasado y le mostré mis síntomas, se alarmó lo suficiente como para recomendarme que fuese a ver a un oncólogo.

Había estudiado bastante ya como para saber que nadie tenía idea de cómo reaccionaría el cuerpo humano ante el VX2, lo cual significaba que no había protocolo de tratamiento establecido y como no me gustaba la idea de convertirme en sujeto de experimentación para la investigación de otros, comencé a pensar en mis alternativas y a orar.

En esa época estaba leyendo un libro muy interesante, titulado *Back to Eden* [De regreso al Edén], acerca de remedios naturales. Busqué la sección de remedios para el cáncer y me impresionó todo lo que leí sobre las propiedades medicinales del té de trébol rojo. Cuando le conté eso a mi esposa, Candy fue y compró todo el té de trébol rojo que pudo encontrar en el área cercana a Baltimore. Preparaba litros y litros, que yo bebía sin cesar. Semanas más tarde, desaparecieron los nódulos y la decoloración de mi dedo y también la lesión en la garganta. Jamás sabré con seguridad en qué punto fue que el té suprimió naturalmente el crecimiento del cáncer. Sí sabía que como el VX2 es un xerógrafo, que significa que proviene de otra especie, mi sistema inmune lo atacaría con ferocidad, de manera que todo lo que haya contribuido a fortalecer mi sistema inmune habrá logrado mucho en ese proceso. Tampoco descontaría el papel que jugaron mis oraciones. Pero sí sabía con certeza, fuera por el té, por mi sistema inmune, por las oraciones o por una combinación de las tres cosas, que cuando empecé a beber el té el cáncer dejó de avanzar y se disipó muy rápido.

¿Corrí un riesgo al tomar un remedio natural en lugar de someterme al régimen más tradicional de quimioterapia y rayos? Sí, lo corrí. Pero tengo que añadir que elegí ese camino sabiendo que en mi caso, todo tratamiento tradicional habría sido totalmente experimental. Nadie había tratado jamás ese tipo de cáncer en seres humanos y no había expertos a quienes consultar.

Si los hubiera habido, si otras personas se hubiesen inyectado el VX2 y la quimioterapia y los rayos hubieran tenido éxito, yo habría elegido directamente ese camino. Dadas las circunstancias, no sentí que mi decisión de probar con el remedio natural fuera más riesgosa que cualquier otra y si no hubiera visto de inmediato señales de mejoría, enseguida habría acudido a los expertos médicos para conocer su opinión en cuanto a qué pensaban que debía hacer para tratar con mayor agresividad ese cáncer.

Afortunadamente, no fue eso lo que sucedió y durante los veinte años siguientes mis exámenes clínicos anuales no mostraron indicación alguna de que tuviera cáncer. Por eso, lo que me pasó en el verano de 2002 fue una verdadera sorpresa.

A diferencia de muchos, incluyendo a tantos médicos que debieran saber qué hacer, yo siempre he sido diligente en cuanto a los chequeos de salud y los niveles de mi antígeno prostático específico. Me había hecho los últimos análisis meses antes, así que no tenía preocupación en especial cuando noté que a lo largo del día, con frecuencia sentía ganas de orinar, con urgencia. Desde que nací, una de mis mayores bendiciones había sido el enorme tamaño de mi vejiga. Solía pasar diez horas operando en el quirófano, sin tener que interrumpir para ir al baño. Pero ahora, notaba que tenía que quitarme la ropa estéril y correr al baño con mayor frecuencia. *Algo está pasando,* pensé.

Decidí consultar a mi amigo, el doctor Pat Walsh, jefe de urología en el Johns Hopkins y probablemente, el urólogo más famoso del mundo. Le expliqué los síntomas y pregunté:

—Pat, ¿qué crees?

—Ah, es probable que tengas prostatitis, nada más. Te daré un antibiótico.

Tomé el antibiótico, pero los síntomas persistían. Así que volví a ver a Pat, y me dijo:

—Quizá sea hiperplasia prostática. Te daré Flomax.

Tomé el Flomax. Nada cambió. Empecé a pensar: *Quizá sea algo más serio*.

Buscando ser cauteloso Pat sugirió:

—Repitamos tu análisis de antígeno prostático. Sé que hace unos meses los resultados fueron buenos, pero volvamos a hacerlo, solo para estar seguros.

Esta vez, los niveles eran un poco elevados. No era nada dramático, ya que apenas estaban por encima de lo normal.

—Creo que será mejor que hagamos una biopsia —dijo Pat.

El doctor Alan Partin, que creó las tablas de Partin (medida oficial para el cáncer de próstata) realizó la biopsia en el Johns Hopkins. Le pedí que me llamara apenas tuviera los resultados, pero Alan intentó tranquilizarme diciendo: «Tal vez tengas solo un dieciocho por ciento de probabilidades de tener cáncer de próstata». Por lo tanto, la cuestión no me quitó el sueño.

Al día siguiente yo estaba en el quirófano cuando Alan llamó. Una de las enfermeras sostuvo el auricular del teléfono junto a mi oreja y fue así que me enteré. No solo tenía cáncer de próstata sino que la biopsia indicaba que era muy maligno y agresivo.

No sé cómo logré quitarme eso de la mente y terminar la operación.

Fue solo cuando iba conduciendo de camino a casa ese día que caí en cuenta. Recuerdo haber pensado: *Es posible que no viva tanto como pensé... mi vida será más corta*. Empecé a pensar en toda la gente a la que abandonaría: mi esposa, mis tres hijos, mi madre, mis colegas, mis pacientes. Pensé en todo lo que había iniciado y no podría terminar. ¿Y qué, de mis planes de ampliar el Fondo Académico Carson? ¿Y los Ángeles del Quirófano?

De inmediato programaron una resonancia magnética para asegurarse de que no había metástasis (que es cuando el cáncer se extiende a otras partes del cuerpo). Si no la había, era candidato para la cirugía.

Cuando salí de la máquina de resonancia magnética no vi que hubiera un radiólogo esperando para tranquilizarme diciendo que todo se veía bien. Supuse que no era buena señal. Cuando salía, el técnico me entregó un sobre con las imágenes y dijo: «Pensé que querría tener una copia».

Llevé las imágenes a mi oficina y puse la película sobre la pantalla iluminada que había en la pared. Se me fue el alma a los pies cuando vi la serie de lesiones que aparecían aquí y allá a lo largo de mi columna. Enseguida quise ver el nombre que había en la etiqueta para ver si no se trataba de un error. Por desdicha, era el mío.

Me eché en mi silla y pensé: *Realmente voy a morir de esto.* Carol, la médica asistente que había estado trabajando conmigo los últimos veinte años, entró y me preguntó: «¿Qué muestran las imágenes?» (Había estado repitiéndome todo el día: «Verás, saldrá negativo».)

«Míralo tú misma», dije. Carol se acercó a la pantalla y luego volvió al escritorio. Tenía cara larga, la más larga posible. Se quedó sin palabras.

De alguna manera la noticia se difundió ya que al día siguiente una estación de radio del área informó que me habían diagnosticado cáncer, un tumor cerebral maligno, dijeron. Luego una cantidad de medios locales informaron que tenía cáncer de pulmón, de colon, de páncreas o de riñón. Lo que se te ocurra, eso tenía yo. Estaba muriendo. O ya estaba muerto, para el caso. Incluso una mujer llamó a mi oficina diciendo: «Oí que había muerto el doctor Carson. ¡Quiero hablar con él!»

¡Era asombroso! La noticia estaba en todas partes. Al instante.

Había esperado mantener un perfil bajo, iniciar el tratamiento y seguir adelante sin que nadie hiciera alharaca al respecto. Era evidente que no sería así.

Llamaron del *Washington Post*. El periodista me dijo que habían estado pensando en hacer una serie sobre mí, «pero que ahora los tiempos se acortaban y que tal vez pudieran centrar la atención en el cáncer». Me pareció que era una forma de aclarar los rumores, así que acepté que me entrevistaran.

Durante tres días seguidos aparecieron artículos de extensión considerable en el *Washington Post*, y varias otras organizaciones de noticias tomaron la historia. Me encontré apareciendo en un montón de programas de radio y televisión nacional.

Pero lo que más recuerdo de todo ese torbellino fue el 4 de julio, cuando me levanté temprano (me habían hecho la resonancia solo un par de días antes). Mientras caminaba por nuestra granja, a la luz del sol naciente, noté lo tranquilo y bello que se veía todo. El canto de los pájaros me hizo pensar: *De veras, hay muchas cosas en mi vida que he dado por sentadas. Voy a disfrutar de todas estas cosas hermosas que Dios creó.* Siempre me había preguntado cómo reaccionaría al saber que moriría, y descubrí que sentía una enorme, maravillosa paz.

De repente, había muy pocas cosas que importaban. Empecé a apreciar mucho más la vida. Y a mis seres queridos. Empecé a apreciar a Dios mucho más y me tranquilizaba, a quienes más cerca tenía, diciendo: *Dios no se equivoca. Así que si tengo que morir hay una muy buena razón para ello. No voy a cuestionarlo. Está bien.*

Confieso que la idea de dejar a mi familia me era muy difícil. A veces despertaba por las noches y oía los sollozos de Candy. Me partía el corazón.

Pero con todo, tenía que enfrentar la realidad de mi situación. Calculé que como mucho tendría unos cinco años más por vivir y serían cinco años dolorosos, en particular el último, o los últimos meses. Les dije a nuestros hijos que tendrían que hacer todo el trabajo pesado a partir de ahora, porque ya no podría cortar el césped con la máquina. Tendría que empezar a usar ascensores. Con las lesiones en mi columna vertebral, podría sufrir una fractura por compresión y esa lesión implicaría tal vez que quedara parapléjico.

Había empezado a pensar en todos los cambios que tendría que hacer.

Mi plan era trabajar hasta que el dolor fuera insoportable. Tenía pensado trabajar durante cuatro años más aunque mucho antes del final tendría que reducir el ritmo, transfiriendo a mis pacientes a otros médicos. También seguiría dando conferencias y discursos mientras pudiera. Sentía que se me había dado un nuevo mensaje que transmitir. Estaba en una posición clave ahora, que me ayudaría a hacer ver a otros lo importante que es mantenerse vigilante con respecto a la salud, para descubrir las cosas antes de que suceda algo malo. Mi caso era inusual. Por lo general, con las formas agresivas de cáncer de próstata los niveles de antígeno prostático específico son elevados, pero hay una variedad poco frecuente en que uno puede tener cáncer en estado avanzado sin que haya niveles elevados de ese antígeno. Yo tenía esa variedad. Claro que si me podía pasar a mí, también podría pasarle a cualquiera. Razón más que suficiente para que todos se cuidaran y monitorearan su estado de salud con atención.

Mirando el lado positivo, casi me abrumaba la cantidad de expresiones de apoyo y buenos deseos. Una vez conocido el diagnóstico, llegaban bolsas llenas de tarjetas y cartas de personas del mundo entero, desde el personal de mantenimiento de nuestro hospital, a familias de pacientes que había atendido, y el presidente y la señora Bush, todos diciendo que oraban por mí. Creo que el Señor oyó esas oraciones. Es más, ¡sospecho que se cansó de oír mi nombre tantas veces!

Seis días después de la resonancia, después de muchas consultas y segundas opiniones, me dieron la maravillosa noticia de que las anormalidades que se veían en las imágenes como lesiones cancerosas eran en realidad anomalías congénitas de la médula, una afección completamente benigna. Es decir, que mi cáncer de próstata no se había extendido.

Para ser justos con nuestro jefe de neuroradiología del Johns Hopkins tengo que decir que cuando miró las imágenes uno o dos días después de la resonancia, expresó sus dudas acerca de que las manchas en la columna fueran cáncer. Aun así, no estaba cien por ciento seguro. Eso hizo que consultara con más y más profesionales hasta llegar a un experto en enfermedades metásticas que confirmó la anomalía en la médula y dijo: «Eso engaña a muchos. Lo que se parece tanto a lesiones cancerosas no lo es».

Así que después de todo podría operarme, si era lo que quería. Había una cantidad de opciones en cuanto a tratamientos, cada uno tenía sus riesgos. No sería fácil decidir.

La opción quirúrgica implicaba el riesgo de producir daño a nervios que podrían dar como resultado incontinencia urinaria y disfunción sexual. Pero también era la opción con mayores probabilidades de éxito. Pat Walsh, amigo mío desde hacía ya veinticinco años, era pionero en ese tipo de operaciones. Llega gente desde todo el mundo a consultar a este experto cuando se requiere una prostatectomía total, por lo que sabía que cuidaría de mí muy bien.

También consideré la terapia de rayos más tradicional. No daba la misma certeza de cura pero tampoco implicaba riesgos tan graves en cuanto a daños en los nervios.

Y estaba la terapia de rayos de protones, una tecnología más nueva y disponible en pocos lugares del país, que parecía prometer mucho a los que sufrían ese tipo de cáncer.

El jefe de radiología de Loma Linda en California llamó para ofrecerme su tratamiento con rayos de protones y hasta amplió la invitación diciendo que podría alojarme en su casa. «Tenemos una suite para huéspedes que es muy tranquila y privada. Podríamos ir a buscarte enseguida para iniciar el tratamiento».

Pusimos sobre la mesa las distintas opciones médicas, aunque todavía quedaban otras posibilidades por considerar. Junto con todas esas tarjetas y cartas, la gente me mandaba tés, hierbas, yuyos, tónicos, píldoras... y toda clase de remedios naturales. Otros enviaban libros y material de lectura con sugerencias para curarme, de forma que leí bastante de todo lo que me mandaron

Lo que realmente me llamó la atención, sin embargo, fueron los gliconutrientes. Leí el material informativo y hablé con un médico que había estado encargado de algunos de los estudios científicos sobre gliconutrientes y que recorría el país dando conferencias y discursos sobre el tema. Leí parte de su trabajo y revisé otros estudios realizados. Él mismo me mandó una caja llena con productos, por lo que decidí probar esa opción.

A la semana de comenzar con el régimen de gliconutrientes, mis síntomas habían desaparecido. Empecé a preguntarme si esa situación sería como la del té de trébol rojo y pensé muy en serio en dejar de lado las opciones médicas para usar los gliconutrientes y cambiar mis hábitos alimentarios, para observar si eso me curaba. Mi decisión fue que volvería a repetir en ese momento mi análisis de riesgo, sopesando las opciones de la cirugía y lo que se me presentaba como un prometedor remedio natural.

Lo mejor que podía suceder si seguía el camino de la medicina tradicional y me operaba, sería que quitarían el cáncer por completo.

Mientras el tumor estuviera contenido, las probabilidades de una cura completa y una expectativa de vida normal, eran altas. De todas las opciones médicas, esta prometía ser la que menos probabilidades de recurrencia presentaría.

Lo peor que podía pasar si optaba por la cirugía sería que el riesgo del daño a los nervios me dejara con incontinencia o impotencia. Como el cirujano era tan experto, las probabilidades no parecían altas. De todos modos, si el cáncer estaba contenido podrían quitar por completo el tumor y estaría curado del cáncer, con lo cual mis expectativas de vida serían normales.

Lo mejor que podía pasar si elegía el tratamiento dietético natural sería que tal vez podría manejar (y hasta curar) el cáncer evitando todo riesgo de daño a los nervios, presente en la opción quirúrgica.

Lo peor que podía pasar si decidía comenzar con un régimen de gliconutrientes sería que tal vez no sirviera contra el cáncer. Y aunque lo que había estudiado y leído me convencía lo suficiente como para pensar que el tratamiento natural tenía razonables probabilidades de éxito, era posible que las perspectivas de supervivencia y mis expectativas de vida no fueran tan buenas como con la cirugía.

En parte, a causa de mi experiencia anterior con la cura natural, seguía debatiéndome entre una y otra opción. No fue sino hasta que volví a revisar mi análisis de riesgo desde un ángulo completamente distinto, considerando cómo podría afectar a otros mi decisión, que pude verlo con claridad.

Cuando me pregunté: «¿Cuál sería el peor impacto posible sobre otras personas si me decido en contra de la cirugía y elijo los gliconutrientes y el cambio de hábitos en mi alimentación y cuidado de la salud?», vi que la respuesta no me gustaba. Mi caso ya había causado bastante conmoción en el público y temía que otros pacientes de cáncer, que conocieran mi historia, dijesen: «El doctor Carson no eligió el tratamiento tradicional para su cáncer, así que yo tampoco lo haré. Prefiero el tratamiento natural, como lo hizo él». El problema en esta situación era que aun si los gliconutrientes funcionaban en mi caso, tal vez otras personas no serían todo lo diligentes que debían en términos de su dieta o del uso de los suplementos nutricionales. Yo sí lo sería pero como ellos creerían estar siguiendo mi ejemplo, existía la posibilidad de que murieran. Era un riesgo que no quería correr. (Es más, el uso del análisis de riesgo para considerar las implicaciones de cualquier decisión no solo para uno mismo sino para los demás, es un acto de responsabilidad que siempre debemos realizar.)

También tenía que considerar qué les diría a los demás mi decisión, en cuanto a mis colegas y mi lugar de trabajo. Si estoy en la institución que tiene el departamento de urología número uno del país y si tengo acceso a lo mejor que tiene la medicina tradicional, y decido no aprovecharlo, ¿qué mensaje le estaría enviando al público?

Cuando terminé con el análisis llegué a la conclusión de que por diversas razones, la opción que más sentido tenía era la de la cirugía. Pero no tuve apuro al enterarme de que no había nada que indicara que el cáncer se estaba extendiendo. Teníamos planeadas para agosto unas muy esperadas vacaciones familiares en Hawai, así que quise postergar la cirugía piara noviembre, con lo cual tendría tiempo como para ajustar mis horarios y mi itinerario.

Pero Pat Walsh, mi urólogo y amigo, me dijo: «Puedes postergar la cirugía hasta entonces si lo deseas, pero tengo la sensación de que todos lo lamentaríamos». Era una corazonada de él, no mía. Sin embargo, como era mi médico decidí hacerle caso a sus instintos.

Programamos la cirugía para principios de agosto, como lo sugirió él y fue una decisión atinada, porque durante la operación observaron que el cáncer estaba a un milímetro de romper su cápsula. Si hubiéramos esperado hasta noviembre, tal vez habría sido demasiado tarde ya que el cáncer habría hecho metástasis.

Así las cosas, Pat pudo quitar el tumor por completo, sin dañar los nervios. Mis niveles de antígeno bajaron al punto de indetectables, objetivo de la terapia. Volví a trabajar antes de que se cumpliera un mes de la cirugía, sin cáncer, con la perspectiva de una vida larga y saludable (aunque sabiendo que siempre hay posibilidades de recurrencia). Aun así, sé que si no hubiera estado alerta, si no le hubiera prestado atención a un cambio relativamente sutil que observé en mi cuerpo, mis circunstancias particulares podrían ser muy distintas hoy.

En efecto, poco después de mi cirugía otro médico, de la misma edad que yo, se me acercó y me confió que como resultado de su primer examen físico en quince años, acababa de enterarse de que tenía cáncer de próstata. Sus niveles de antígeno estaban por las nubes y el cáncer se había extendido por todo el cuerpo. No podían operarlo.

Los tratamientos de rayos y hormonas eran su mejor opción, pero eso no era más que un paliativo que tal vez, le comprara unos tres a cinco años más de vida. Fue y se compró un auto muy caro, un modelo que siempre había querido.

Sentí gran compasión por mi colega, pero al mismo tiempo pensé: *Podría haberme pasado a mí.* Y sentí gratitud por no haber corrido riesgos tontos e innecesarios con mi salud.

Sin embargo, muchos lo hacen. Hay mucha gente que sabe cuidarse. Son los más inteligentes.

Hay personas responsables que no pensarían jamás en irse de vacaciones durante dos semanas sin pedirle a su mecánico que revise el auto de la familia, sin ponerles el cinturón de seguridad a los niños, sin llevar un mapa... pero que se exponen y exponen a sus familias a peligros mucho mayores debido a que corren riesgos enormes con su salud.

Muchos hay que se dicen: *Hoy me siento bien. Estoy sano. Por eso no necesito pagar tanto dinero a un seguro de salud. Puedo arreglármelas sin seguro durante dos, tres, cuatro, cinco, seis... o diez años.* Pero luego sucede algo, y quedan económicamente en la ruina. O como no tienen un seguro que los cubra, no se realizan exámenes con regularidad y entonces, algo que puede ser común y tratable no se detecta hasta que ha avanzado tanto que la ciencia médica no puede corregirlo. Y lo que se ve afectado es la calidad del vida del resto de sus vidas.

¿Vale la pena correr ese riesgo? Usa un análisis de lo mejor y lo peor, para ver si conviene o no tener un seguro de salud. Claro que hay muchos escenarios para lo peor, a menos que tú mismo te ocupes de quitarte la vida. Pero, ¿has visto cuánta gente prefiere gastar miles de dólares en unas vacaciones en Disney World, pero piensan que no vale la pena o que no pueden, pagar un seguro de salud? ¿Cuánta gente tiene síntomas físicos que saben que merecen una opinión médica pero deciden no ir a ver al doctor porque tienen que pagar un complemento de veinticinco dólares?

Como acabo de contar mi propia experiencia con el cáncer de próstata quiero preguntar algo: ¿Cuántos tipos de mediana edad hay por allí que saben que tendrían que hacerse exámenes de próstata y de antígeno prostático pero no lo hacen porque prefieren no saber que tienen un problema que podría ser quirúrgico, con el riesgo que eso conlleva en cuanto a daños nerviosos, impotencia, etc.? Oigan, muchachos, quiero contarles algo que evidentemente, es un dato médico poco conocido: ¡hay cien por ciento de probabilidades de impotencia cuando estás muerto!

Hay muchísima gente, y esto incluye a un montón de médicos, que utilizan un sistema de valores distorsionado cuando consideran qué riesgos están dispuestos a correr con su salud. Por favor, tómate el tiempo y haz el esfuerzo para hacer un verdadero análisis de riesgos sobre este tema. Estamos hablando de tu vida.

Si lo que digo te parece demasiado duro, lo lamento. Pero mi propia experiencia cara a cara con el riesgo del cáncer, ha tenido un impacto perdurable que hizo que cambiara mi perspectiva en muchas cosas. He mantenido ese alto aprecio por lo que me rodea, desde ese momento en que lo sentí tan vívidamente a pocos días de mi diagnóstico. Hoy, cuando camino por mi casa sigo observando las sutiles variaciones en los colores de la hierba y las flores silvestres. Escucho con atención el canto de los pájaros y hasta observo la variedad de animales que hay en los distintos rincones de la granja. Hay ardillas que hacen piruetas en los árboles. Hay ciervos que pastan con toda tranquilidad en el terreno de mi vecino. Un zorro rojo corre esquivando los troncos de los árboles del bosque. Mi perro salta con alegría cuando me ve, olvidando el resto del mundo.

No es solo la naturaleza lo que aprecio. Mi experiencia también me ha hecho apreciar mucho más a las personas que me rodean. Sé que entiendo mejor a mis pacientes, y logro comprender mejor lo que están viviendo sus familias. Esa experiencia también me ha dado un mayor sentimiento de confianza y dependencia de Dios.

Me ha hecho más determinado que nunca, en términos de sopesar con atención y sabiduría la gran variedad de riesgos personales que yo (y casi todas las personas) encontramos día a día. Hablaré de algunos de estos riesgos en el próximo capítulo.

14
Quítate de en medio para que puedas decidir

Jamás había buscado un puesto electivo en mi vida, hasta que hace unos años el presidente de la Universidad de Yale me pidió que me presentara como candidato a la junta directiva de Yale Corporation, que gobierna a la escuela. Cuando asistía a la universidad a comienzos de la década de 1970 pensaba, como todos los demás estudiantes, que Yale Corporation era un conjunto de hombres blancos, viejos, ricos y aburridos. De modo que me sorprendió bastante que me consideraran como postulante a tal grupo.

Sabía que era un honor, pero tenía que pensar en si realmente quería que mi nombre apareciera en las boletas de votación. Una de las razones por las que jamás me presenté a un puesto electivo era que no me gustó nunca la idea de perder... así que al no presentarme, evitaba ese riesgo. En este caso, como mis dos oponentes en la boleta incluirían al presidente de una de las universidades más grandes y prestigiosas de Estados Unidos, y a un experto ejecutivo en los negocios, jefe de una compañía bastante importante, supuse que mis probabilidades eran nulas.

Al sopesar mi decisión, hice mi análisis de riesgo acerca de lo mejor y lo peor:

> **¿Qué es lo mejor que puede pasar si me presento?** Gane o pierda, tendría el honor de prestar un servicio a la escuela que me brindó el rumbo profesional de mi vida.
>
> **¿Qué es lo peor que podría pasar si me presento?** Tal vez la vergüenza de perder.
>
> **¿Qué es lo mejor que podría pasar si no me presento?** Evitaría tal vergüenza.

> **¿Qué es lo peor que podría pasar si no me presento?** Tal vez defraudaría a las personas que sentían que yo debía presentarme. Eran personas a las que respetaba. Como resultado, quizá nunca volvieran a darme una oportunidad.

Finalmente decidí que el riesgo de perder, y la vergüenza que podría acompañar a tal circunstancia, no tenían que ser determinantes en mi decisión. Decidí tragarme mi orgullo. No sería, en realidad, una vergüenza perder una elección en la que se invitaba a votar a toda la familia de Yale en el mundo entero. La mayoría de esas personas ni siquiera me conocían y tal vez decidieran basándose más que nada en las breves biografías que se adjuntaban al nombre de cada candidato. Si decidían votar por alguno de los otros, no tendría que tomarlo como un rechazo personal. Los dos eran hombres muy calificados y seguramente yo habría votado por ellos.

Así que acepté. Finalmente... ¡sorpresa!: Los ex alumnos de Yale me eligieron para representarlos en la junta de Yale Corporation.

Me sentí mal por los otros dos candidatos, hombres de valía. Pero claro que me entusiasmaba la oportunidad de sentarme ante esa mesa tan grande durante los próximos seis años, dando mi opinión y contribuyendo a tomar decisiones acerca de cómo mejorar la experiencia educativa en la universidad a la que había asistido. Creo que mi período con Yale Corporation es uno de los honores más importantes de mi vida y no habría sucedido si yo no hubiera estado dispuesto a considerar con atención y aceptar, un pequeño riesgo personal.

Toda esa experiencia reafirmó una importante verdad, que he visto validada muchas veces a lo largo de los años. Y es esta: Cuando logramos eliminar nuestro ego de la ecuación, muchos de los riesgos más comunes e inquietantes de la vida se vuelven mucho menos personales y hasta ni siquiera parecen riesgos después de todo. Cuando descubrimos esto podemos concentrarnos mejor en lidiar con los riesgos reales que presentan las cosas que de veras importan.

Ingenié un método sencillo para recordar y aplicar esta lección a diversas situaciones de riesgo personal. Se me ocurrió llamarlo «Quitarme de en medio», y veo que es una de las estrategias más útiles para reducir, y lidiar con, los riesgos en mi vida, lo que a la vez encaja perfectamente con el tipo de análisis de riesgo del que estuvimos hablando, en particular en el área de las relaciones. Aquí van algunos ejemplos.

Empecé a entender este principio poco después de mi intento de apuñalar a un amigo en un arranque de ira cuando era adolescente. Ya relaté cómo me aterró ese incidente, y cómo me llevó a examinar mi alma con desesperación, pidiendo a Dios su ayuda y como resultado de ello, cómo cambió mi vida. Descubrí también en esa oportunidad que todos esos versículos sobre la ira, en Proverbios, me convencían de que la Biblia ofrece recursos útiles para la vida. Al poder controlar mi carácter también descubrí algo muy importante: una de las principales razones por las que me enojaba siempre era porque yo —en todo momento— me ponía en medio de la ecuación. Si de algún modo lograba salir del centro, no me enojaba.

Eso fue muy valioso para mí porque soy de esas personas que creía que tenía muchísimos derechos y, por supuesto, cuantos más cree uno tener tanto más probable es que alguien los infrinja. Así que antes de ese incidente con mi amigo, solía pelearme con otros y hasta lastimarlos. Como mencioné, un día le abrí el cuero cabelludo a un compañero porque le pegué con un candado. Luego fue esa vez que me enojé tanto que le levanté la mano a mi madre, pero mi hermano se interpuso y me detuvo. Así de irracional me volvía por culpa de la ira.

En donde crecí, las explosiones de ira se consideraban cosa de machos, y hasta se aceptaban y eran esperables. Uno se enoja, patea una pared o rompe una ventana, y es un hombre hecho y derecho. No fue sino hasta que logré dar un paso atrás como para quitarme de en medio que pude ver que esas reacciones no eran señales de fuerza, sino de debilidad. Esas reacciones significaban que estaba permitiendo que otras personas, o el entorno o las circunstancias, me controlaran. Decidí que no quería dejar que me controlaran otros con tanta facilidad. De modo que si me quitaba de en medio, y a mis derechos, mi ego y mis sentimientos, eso ya no sucedería.

Desde ese momento, cada vez que me enfrentaba a una situación que potencialmente podía hacerme enojar, me resultó interesante y hasta divertido dar un paso atrás y ver cómo los demás trataban de lograr que me enojara. A veces lo convertía en un juego y descubrí que si lograba quitarme del centro de la ecuación y miraba las cosas desde la perspectiva del otro sin sentir que yo era quien tenía todo el derecho, lo que podía hacerme enojar se reducía a solo un puñado de cosas que no se daban con tanta frecuencia.

Lo que al principio podía parecer una estrategia un tanto riesgosa, como quitarme de en medio, resultó ser una forma de reducir los riesgos en mi vida.

Saber que nadie más que yo tiene el poder de hacerme enojar, en verdad, era una sensación poderosa. Y sigue siéndolo.

Esa estrategia, además, no es solo para lo que me enoja. Es un recurso útil en el plano más amplio y a menudo riesgoso de las relaciones interpersonales. Pregúntate por qué algunas personas son tan tímidas. O por qué viven en soledad. En muchos casos, la respuesta es que temen correr el riesgo de relacionarse con otros porque imaginan que se sentirán muy mal si el otro los rechaza o responde de manera negativa. Ese miedo es el gran persuasor, más aun que la soledad en que se encuentran.

Como soy naturalmente reservado, siempre me digo que tengo que ser más amigable, más extrovertido, que tengo que arriesgarme a salir e interactuar con los demás. Por inclinación natural (o comodidad), prefiero sentarme en silencio en un rinconcito y leer, o pensar en algo filosófico. No soy demasiado sociable. Pero cuando realizo mi análisis de riesgo con respecto a interactuar más con los demás, las respuestas hacen que no me resulte tan difícil tomar esa decisión.

¿Qué es lo peor que puede pasar si soy más extrovertido? Tal vez la forma en que responda el otro me lastime emocionalmente. Quizá me malentiendan.

¿Qué es lo mejor que puede pasar si intento siempre relacionarme con los demás? Podría tener más amigos y relaciones más profundas. Tal vez hasta me vean bajo una luz más optimista, como alguien cálido y amigable.

¿Qué es lo mejor que podría pasar si no me esfuerzo más por relacionarme con los demás? Me sentirá más cómodo, por lo que puedo sentirme conforme con mi vida y con las relaciones que tengo ahora.

¿Qué es lo peor que podría pasar si no me esfuerzo por relacionarme con los demás? Tal vez me vean como alguien poco amigable. A fin de cuentas podría recluirme y no llegar a desarrollar la capacidad de relacionarme que me gustaría tener, entre otras cosas.

Hasta ahora estas preguntas del análisis se centran en mí y en mi propia perspectiva. Logran hacer que enfoque mis pensamientos y me obligan a ver que el tema es más profundo que la mera sensación de sentirme cómodo con lo que hago. En realidad, se refieren al tipo de persona que quiero ser. Cuando empiezo a pensar en esos términos entran en juego mis valores personales, los que me ayudan a ver que realmente quiero ocuparme de esto en serio.

Pero, ¿qué pasa si doy un pasito más y trato de quitarme de en medio de la ecuación? Si en cambio pregunto:

Desde la perspectiva de los demás, ¿qué es lo peor que podría pasar si soy más extrovertido? Podrían malinterpretarme o pensar que me acerco por motivos equivocados.

Desde la perspectiva de los demás, ¿qué es lo mejor que podría pasar si intento siempre relacionarme con otras personas? Podrían tener una mejor opinión de mí, como persona amigable, cálida, accesible. Y habrá quien se interese más por forjar una amistad conmigo.

¿Qué es lo mejor que podría pasar, desde la perspectiva de los demás, si no me esfuerzo por forjar relaciones? Lo mejor que podrían esperar es lo que ven y nada más.

¿Cuál sería el peor impacto en los demás si no me esfuerzo por relacionarme? Podría no ayudar a quienes se cruzan en mi vida y están solos o sufriendo, o a quienes necesitan la ayuda o aliento que podría ofrecerles. También es posible que poco a poco me volviera menos afectuoso, más frío, alguien a quien los demás no se quieren acercar.

Cuando me quito de en medio veo que es mucho más fácil vencer la reserva natural que hace que me parezca incómodo ser más sociable. He trabajado en esto y veo que, con la salvedad de poquísimas personas muy heridas o con personalidades patológicas, a casi todos los gustan los individuos amigables y sociables, una vez que pueden dejar de sospechar que buscas aprovecharte. Si me comporto con calidez y amabilidad, y soy sociable todo el tiempo, enseguida dejan de sospechar y por lo general responden de la misma manera. Así que el riesgo no es tan grande como creía.

Una vez más, la clave está en quitarme de en medio de la ecuación y tomar en cuenta el punto de vista de los demás. En lugar de concentrarme en lo que me hace sentir cómodo, intento pensar en qué es lo que hace sentir cómodos a los otros y en verdad, casi siempre se sienten más cómodos si soy amable, sociable en lugar de reservado o frío. Lo mismo me sucede casi de inmediato.

¿Y qué hay con esas personas que no responden cuando las saludo, que no quieren darme la mano cuando se las ofrezco, o que rechazan mi iniciativa de alguna otra manera? En lugar de centrar mi atención en mi sensación de que me rechazan como persona, busco identificarme y comprender al otro, que por algún motivo se mantiene distante. Tal vez han sufrido mucho emocionalmente, o les preocupa algo que yo desconozco o sencillamente, son demasiado inseguros como para aceptar mi ofrecimiento de amistad. Si es así, su reacción no debiera desalentarme sino aumentar mi determinación de llegar a ellos.

Si bien esta sencilla estrategia de quitarme de en medio me ha ayudado a ser más extrovertido y sociable, reconozco que mi esposa ha sido un factor todavía más grande. Porque lo primero que noté cuando la conocí, y una de las cosas que más me gustan y aprecio en Candy, es que siempre es maravillosamente cálida con todos. Muchas personas son sociables, pero Candy siempre es cálida y afectuosa. Mientras mi tendencia natural sería la de evitar los riesgos de relacionarme, quedándome en casa y leyendo un libro, mi esposa parece disfrutar de esos riesgos y, naturalmente, atrae a los demás; por lo que forja relaciones de mucho afecto. Muchas de las amistades más maravillosas que hemos establecido a lo largo de los años, se han dado principalmente gracias a su naturalidad para acercarse a los demás. Me ha mostrado que si uno corre el riesgo en términos de relaciones interpersonales, las recompensas son enormes, y lo que aprendí de mi esposa en este aspecto pesa muchísimo más que los riesgos que entraña una amistad. Me ha enseñado todavía más sobre el riesgo (y las recompensas) del amor. Y cuando uno piensa en ello de esa forma, el amor de veras presenta el riesgo relacional más grande de todos.

En el capítulo 8 presenté un breve resumen de cómo la conocí, de nuestro noviazgo y los primeros tiempos del matrimonio. Lo que no dije fue que antes de conocer a Candy yo había salido con algunas chicas. Pero antes de que la cosa se pusiera tan seria como para exigir vulnerabilidad emocional verdadera, siempre me apartaba, y la relación terminaba apagándose. Cuando por fin reconocí ese patrón en mi conducta, tomé la decisión consciente de tratar de cultivar la siguiente relación potencial, en lugar de resistirme a ella. Sucedió que esa siguiente relación fue con Candy. No diría que hice un análisis de riesgos, porque en ese momento todavía no pensaba en esos términos. Pero sí, examiné a qué me exponía.

> **¿Cuáles pueden ser las desventajas de cultivar esa relación?** Sufriría el dolor del desencanto o el rechazo si la cosa no funcionaba.
>
> **¿Cuáles pueden ser las ventajas, si corro el riesgo?** Tal vez encuentre a mi alma gemela, me case y vivamos felices para siempre.
>
> **¿Lo mejor que podría pasar si no cultivo una relación?** Sería tal vez un soltero feliz toda mi vida.
>
> **¿Lo peor si no lo hago?** Quizá terminara solo, amargado, lamentando haber perdido la oportunidad de casarme y formar una familia.

Al pensar en mi situación en esos términos, no solo me fue más fácil decidir sino que a la vez, sentí mayor determinación por correr el riesgo y hacer lo que fuera necesario para cultivar la relación.

Es posible que la estrategia de quitarme de en medio alcance su mayor valor en el matrimonio. Es más, no sé si un matrimonio puede florecer, o sobrevivir siquiera, si ambos cónyuges no aprenden y aplican ese principio con regularidad. Porque quien tiene la actitud ante el matrimonio de decir: *¿Qué gano yo con esto hoy?*, está destinado al divorcio o a una vida llena de desilusiones.

Sé que en estos tiempos en que la sicología popular predica la preeminencia del yo, del conocimiento de uno mismo, de la imagen de uno mismo, de la confianza en uno mismo, de la autorealización y la autosuficiencia, toda sugerencia de que uno baje la cabeza o someta su yo al otro no solo parece riesgosa sino emocionalmente peligrosa e irresponsable. Sin embargo, da resultados. Candy y yo llevamos casados más de treinta años y puedo decirte que el riesgo valió la pena.

Claro que sé que muchas personas se han arriesgado con el amor, y como resultado han sufrido muchísimo. En efecto, todo tipo de amor, sea romántico, altruista o el amor a Dios, implica un riesgo. Tal vez se trate del más grande en la vida. Sin embargo, quienes no quieren o no pueden correr el riesgo del amor terminan arriesgando algo mucho más grande porque se pierden las mayores recompensas que puede haber en la vida.

Creo que al menos parte de mi comprensión y aceptación de la estrategia de quitarme de en medio como valioso recurso relacional, provino de algunas enseñanzas de mi madre. En especial de su sabiduría en cuanto a lo que muchos pensarán es una de las relaciones más difíciles y riesgosas en los Estados Unidos, en estas últimas generaciones: las relaciones interraciales.

Aunque mi hermano Curtis y yo tratábamos de ocultarle a mamá aquellas situaciones en que nos enfrentábamos con la discriminación de unos pacatos en nuestra niñez, ella sabía mucho más que nosotros qué actitudes tendríamos que enfrentar en el camino hacia el éxito que pensaba para nosotros. «Aunque entren en un auditorio lleno de pacatos y racistas, tienen que recordar que no son ustedes los que tienen el problema. Son ellos. Porque cuando entran ustedes, se encogerán en sus asientos, preguntándose si vendrán a sentarse junto a ellos. Pueden sentarse donde quieran, claro está», nos decía.

Mamá nos estaba enseñando, en otras palabras, lo siguiente: *«Quítate de en medio. Comprende que son ellos los que tienen el problema, así que deja que sean ellos los que se preocupen».* Eso se convirtió en una filosofía que he intentado sostener toda mi vida. Si alguien tiene problemas con mi aspecto, peor para esa persona. Si me impacta su actitud hacia mí, el problema es suyo y no mío. Si me quito de en medio, veo que no necesito invertir mis energías en sus problemas. Y puedo concentrarme en temas más importantes, en mis propias prioridades.

A veces, al quitarme de en medio he podido voltear estereotipos y mejorar las relaciones interraciales al mismo tiempo. Cuando era médico pasante y entraba en un pabellón por primera vez vistiendo mi bata, algunas de las enfermeras invariablemente decía: «Ah, lo siento, el señor Jones todavía no está listo para que lo lleves a quirófano».

Podría haberme ofendido porque me confundían con un camillero. Pero sonreía y contestaba: «Está bien. No vine a llevarme a nadie. Soy el doctor Carson. Soy pasante».

La enfermera entonces se ponía de todos los colores e incómoda, empezaba a disculparse. Yo podría haberme enojado, descargando en ella mi enojo ante los estereotipos raciales. Pero lo más probable era que los únicos hombres negros vistiendo bata que hubiese visto esa mujer, fueran los camilleros. Así que, ¿por qué no iba a pensar que yo lo era? Su respuesta tal vez se basaba solo en su experiencia, sin reflejar escrúpulo de su parte.

También podría haberme enojado con los enfermeros y enfermeras que no me respetaran como lo merecía. De haberlo hecho, les habría incomodado, avergonzado y hasta enojado cada vez que nos cruzáramos. Descubrí sin embargo que si respondía con cordialidad ante algún gesto poco agradable, la persona se sentiría aliviada, agradecida ante mi actitud, y tendríamos una relación amigable para siempre. Y más aun, a partir de ese momento, esos mismos enfermeros y enfermeras, se ocupaban especialmente de ser respetuosos conmigo y seguramente, ya no cometerían el mismo error con cualquier otro médico negro que entrara al pabellón.

Sé bien que hay injusticias en el mundo que hay que tratar con premura y siendo directos. Hay derechos que vale la pena defender. En esta era post derechos civiles, en que todos estamos exageradamente sensibles a la importancia de los derechos individuales, veo que mis palabras pueden parecer un tanto innecesarias. Pero he visto que lo que parece riesgoso, en verdad, me protege del dolor de la discriminación, sea imaginaria o real. En vez de hacerme más vulnerable o débil, me libera y permite que centre mi atención en cosas más importantes, lo cual a su vez me da la posibilidad de mejorar las relaciones interraciales, una por una.

Quienes han leído mis libros *Piense en grande* y *The big picture* [La imagen completa], quizá recuerden esa parte en la que ofrezco un consejo sencillo para alcanzar el éxito, y que incluye lo siguiente:

Sé amable con los demás. Cuando dejen de sospechar por qué estás siéndolo, lo serán contigo. Podrías hacer muchas cosas más cuando los demás sean amables contigo y tú lo seas con ellos.

Así que, si no eres amable, te desafío a probarlo por una semana. ¿Qué día es hoy? Bien. Mira tu reloj y anota qué hora es. A partir de este momento y hasta exactamente dentro de una semana, sé amable con todos. Eso incluye a tu cónyuge. A todas las personas con quienes te cruces.

¿Qué quiere decir esto? Que no hablarás mal de nadie a sus espaldas. Sé que para algunos será difícil. Porque también, significa no hablar mal de nadie aun cuando no esté de espaldas. Que si ves que alguien tiene problemas, le ayudes. Que te pongas en el lugar del otro antes de criticar.

Si está abierta la puerta del ascensor y solo queda un lugar, deja que pase otro y espera el siguiente. Si vas conduciendo y alguien pone la luz de cruce para estacionar, no aceleres con tal de quitarle el lugar. Reduce la velocidad y déjale pasar. Significa que les hables a los demás cada mañana. Al entrar en el ascensor, di: «Buenos días». Cuando los demás se sobrepongan a la sorpresa, incluso querrán hablar contigo.

Es que para eso fuimos creados, para ser seres sociales. Los humanos no fuimos creados para ser individuos aislados, siempre desconfiados, siempre sospechando del otro. Fuimos creados para el afecto, para las relaciones, para interactuar con los demás. Y pronto, descubrirás que así es, si haces este experimento que te propongo. También hallarás que ser amable es contagioso.

Al igual que la amistad o el amor, la amabilidad puede parecer un riesgo relacional muy grande, hasta que uno se acostumbra. Ser amable puede ser difícil porque requiere vulnerabilidad de nuestra parte, y a la mayoría nos gusta tener el control de las cosas. Cada vez que intentas ser amable y tomas la iniciativa, automáticamente le has entregado el control al otro. Ahora es el otro quien decidirá cómo reaccionar. Y si la repuesta es negativa, tal vez sufras.

Muchas personas no están dispuestas a correr ese riesgo. Aun si la persona por lo general es amable, si ve a alguien desconocido en el ascensor no le dirá: «Hola», porque... bueno, porque ¿qué pasaría si el otro no le contesta con un saludo? ¿Y si el desconocido piensa que por ser amable el otro está loco?

Cambiemos de situación imaginaria. Supongamos que eres el único sobreviviente de un accidente aéreo. El avión cayó en medio del desierto y buscas señales de civilización en el horizonte, preguntándote hacia dónde podrías caminar. De repente ves a un desconocido que se acerca caminando sobre la arena. ¿Le dirías «Hola»? ¡Claro que sí! Le dirías mucho más que eso. Estás dispuesto a correr ese riesgo porque sabes que hay mucho más de qué preocuparse que el hecho de lo que el otro pueda pensar si le hablas.

Lo que quiero decir es esto: El «riesgo» que percibimos en el hecho de ser amables suele ser resultado de que nos preocupamos demasiado por nosotros mismos. Si puedes quitarte de en medio de la ecuación y poner en perspectiva lo que tanto te preocupa de ti mismo, encontrarás que te es más fácil ser amable con los demás. Si te detienes a pensarlo, cosa que te obliga a hacer un análisis de lo mejor y lo peor y reflexionar en la estrategia de quitarte de en medio, hasta puedes llegar a la conclusión de que tu preocupación por tu ego podría y debería ser tu última prioridad en la mayoría de las situaciones. Además, sin duda verás que puedes andar en la vida con menos problemas, siendo más efectivo porque ya no tienes que preocuparte de lo que digan o hagan los demás, ni de cómo te afectan sus palabras o acciones.

Casi todos los días me cruzo con personas difíciles, infelices y hasta desagradables, mientras hablo con los padres y abuelos de mis jóvenes pacientes. Sería fácil sentir temor o incluso resentimiento ante esas interacciones tan poco agradables, pero tengo que detenerme y entender por qué están comportándose así. Se trata de su bebé, y algo malo le ha sucedido. Para cuando llegan a verme al Johns Hopkins, por lo general el paciente está muy mal. Por eso están tan asustados, molestos e irritables. En realidad, no están enojados conmigo.

Si me quito de en medio puedo ver que la mayoría de la gente que trata a los demás de forma desagradable, no tiene verdadera intención de molestar. Suelen actuar así no porque sean inherentemente desagradables, sino porque están sufriendo. A veces decido: *Mi objetivo en la siguiente hora es hacer que quien esté enojado se sienta mejor*. Es como un desafío a mí mismo. Inténtalo alguna vez. Verás que le agrega una dimensión a tu vida, que incluso puede ser divertida.

Otro ejemplo de cómo opera la amabilidad es este: Desprecio la actitud de algunos cirujanos que les gritan a los demás o arrojan las cosas. He conocido médicos que no están contentos hasta que hacen llorar a una enfermera, o infunden terror en un residente. Parecen creer que son más importantes si logran empequeñecer a los demás. No se dan cuenta de que la amabilidad puede ser mucho más eficaz.

Si te forjas el hábito de ser amable y logras que tu reputación sea la de una persona con la que es un gusto trabajar, cada vez que necesites algo o te veas un poco decepcionado, tendrás gente que se esfuerza por ayudarte a resolver el problema. Si ven que no te enojas con facilidad, lo único que hace falta es que te veas un poco molesto o frustrado por algo, y verán que es importante. Mientras tanto, el que grita todo el tiempo solo logra que acaben ignorándolo, como al pastorcito mentiroso.

Una vez más, la sencilla estrategia de ser amables, que en realidad implica quitarte de en medio de la ecuación, solamente parece una propuesta precaria. En mi experiencia, implica un riesgo mínimo porque las recompensas son múltiples. Esto no debiera sorprendernos a los que profesamos ser cristianos (vuelven a ser factores de la ecuación la fe y los valores). La sabiduría que necesitamos está precisamente allí, en la Biblia, para que la veamos, entendamos y usemos. Incluso los Diez Mandamientos, que podrían considerarse las reglas básicas de Dios para reducir el riesgo en cualquier relación, tienen mucho que decirnos sobre cómo evitar que nosotros y nuestras acciones, pensamientos y deseos sean el centro de la ecuación en la vida. Muchas veces los cristianos usamos la Biblia como respaldo de un correcto alineamiento de las prioridades: primero Dios, segundo los demás y tercero yo. Cristo nos dio esa enseñanza en su regla de oro, en la que el primero es el último y el siervo es importante. Si te quitas de en medio de la ecuación, también estarás describiendo lo que hace falta para consagrarte a Cristo y permitir que sea Dios quien gobierne tu vida.

Como cristianos, cuando logramos quitarnos de en medio de toda situación, los riesgos relacionales de acercarnos a los demás ya no nos importan. La amabilidad es parte de nuestra naturaleza. Como mínimo, la auténtica fe cristiana debiera servir como motivación real para hacer de las relaciones sanas y buenas nuestra mayor prioridad. No importa en qué punto te encuentres en términos de la fe; si entiendes la importancia de las relaciones, si eres amable y te quitas de en medio de toda ecuación, verás que aprendes invalorables lecciones que puedes aplicar en todas las áreas de la vida, que incluyen una de las relaciones más importantes entre las que podemos disfrutar. De eso, hablaremos en el próximo capítulo.

15
¿Es peligroso tener hijos?

¿PUEDE HABER UNA TAREA EN LA VIDA QUE SEA MÁS PERSONAL, MENOS predecible y más riesgosa que la de ser padre o madre? Entre las diez mayores preocupaciones de todo progenitor, está la de entregarle las llaves del auto a su adolescente y ver que sale del garaje de casa por primera vez, sin compañía.

Recordaré siempre las primeras veces de nuestro tercer hijo Rhoeyce, tras el volante. Apenas le permitimos empezar a ir a la escuela en auto, chocó contra un árbol después de perder el control en una esquina, un día de lluvia. Cuando vi el auto, me costó creer que su ocupante hubiera sobrevivido. Por dicha, Rhoeyce estaba bien.

Candy y yo debimos enfrentar una decisión potencialmente dolorosa y difícil: Teníamos que decidir cuáles serían las consecuencias para nuestro hijo como resultado del choque. Pensamos en decirle: «Es obvio que todavía no estás listo para conducir», y revocarle ese privilegio. Pero con toda humildad, aceptó su responsabilidad, y no había estado conduciendo a toda velocidad, ni de manera insensata. No tenía experiencia conduciendo sobre asfalto mojado, por lo que sencillamente juzgó mal los efectos de ello en su capacidad para controlar el auto en una curva. Aunque era un error grave, era comprensible en alguien sin experiencia.

Le dimos una extensa charla sobre la importancia de mantenerse alerta, de concentrarse en los detalles al conducir, de siempre tratar de anticipar lo que podría suceder en cualquier situación como para poder reaccionar rápido y evitar un accidente. También le dijimos que todos cometemos errores pero que lo importante era aprender las lecciones para que supiera conducir mejor.

Rhoeyce no presentó resistencia alguna ante nuestras advertencias. Actuó con humildad, después de su roce con la muerte. No solo reconoció su culpabilidad sino que veíamos que lamentaba lo del auto, el gasto, el inconveniente y el susto. Así que decidimos, como voto de confianza para nuestro hijo menor, permitir que siguiera conduciendo uno de nuestros otros autos.

Semanas más tarde, Rhoeyce chocó contra un vehículo que se detuvo de repente delante del suyo. Tampoco esta vez iba a gran velocidad, ni conducía irresponsablemente. Era obvio que volvió a equivocarse al no dejar espacio suficiente al frenar. Y este había sido su segundo accidente serio en menos de un mes.

Naturalmente, hubo largas charlas serias en casa acerca de las consecuencias de ese último incidente. Lo que no esperábamos, fue la reacción de Rhoeyce. Anunció que ya no quería conducir y que prefería que alguien lo llevara cuando tuviera que ir a alguna parte.

Tengo que admitir que, al ritmo que destruía los vehículos de la familia, me pareció una opción atractiva. Considerando la gravedad de los errores de Rhoeyce, nos parecía que quitarle el privilegio de conducir por el tiempo que fuera, era una respuesta justificada. Y como estaba tan dispuesto a aceptar la consecuencia, también nos pareció una solución simple. El castigo concordaba con la falta.

Si existía una situación que requiriera un análisis más cuidadoso, era esta. Por eso, Candy y yo hablamos largo y tendido.

¿Qué es lo mejor que podría pasar si no le permitíamos conducir a Rhoeyce? Habría más posibilidades de que nuestro hijo sobreviviera y llegara a edad adulta.

¿Qué es lo mejor que podría pasar si le permitíamos seguir conduciendo? Podría aprender de esas dos experiencias, ser un conductor muy competente, seguro, y hasta tener mayor confianza en sí mismo en el futuro.

¿Qué es lo peor que podía pasar si le quitábamos el privilegio de conducir? Podría perder tanta confianza en sí mismo que decidiría no volver a conducir, por lo que no aprendería las lecciones de responsabilidad cuando uno conduce y, en ambos casos, se sentiría limitado el resto de su vida.

¿Qué es lo peor que podría pasar si le permitíamos seguir conduciendo? Podría tener otro accidente y matarse.

Ese rápido y sencillo análisis de lo mejor y lo peor, enfocó nuestros pensamientos en los riesgos, pero teníamos que tomar en cuenta otros factores secundarios para llegar a una decisión con la que nos sintiéramos cómodos. Sé que habrá quien lea este análisis, sopese ambos accidentes y llegue a la conclusión de que el riesgo de matarse gana, y que la decisión es sencilla: no permitirle conducir. Pero aquí es donde entran en juego los valores, el conocimiento y una perspectiva mayor.

La vida de Rhoeyce era, por cierto, mi mayor preocupación. Pero por mis valores y en particular, por mi alta estima y consideración del potencial humano, veo que todo lo que pueda impedir el crecimiento es una amenaza grave para la vida. Por eso, teníamos que conjugar además lo que sabíamos sobre nuestro hijo menor. Al crecer en un hogar como el nuestro, a menudo a la sombra (o siguiendo los pasos) de dos hermanos mayores muy exitosos, Rhoeyce se había convertido en un joven reservado, callado y hasta tímido. Pocas veces demostraba verdadero liderazgo entre sus pares, por su reticencia a ejercer sus muchos talentos en cuanto a ofrecerse para asumir responsabilidades. Así que cuando vi las preguntas del análisis de riesgo desde esa perspectiva, me preocupé por cuál sería el impacto de nuestra decisión en su vida. Los accidentes ya habían dañado su confianza en sí mismo, y que un joven adolescente anuncie voluntariamente que quiere que le lleven en auto en lugar de conducir él mismo, fue algo que me convenció. Si le decíamos que nuestra conclusión era que no estaba listo como para asumir la responsabilidad de conducir, ¿cómo se vería afectada su siquis? En efecto, le estaríamos diciendo: «Tus hermanos sí estaban listos a esta edad, pero no creemos que tú lo estés». ¿Qué le haría eso a un chico cuya personalidad básica ya se había formado en gran parte por inevitables comparaciones entre él y sus hermanos mayores? ¿Sería este el último clavo en el ataúd, que diera por terminada toda esperanza de que madurara para llegar a ser una persona segura y con potencial, como tanto soñábamos? En mi opinión, esto representaba *lo peor*.

Como suele suceder, no podíamos responder ninguna de las preguntas del análisis de riesgo con absoluta certeza. Porque hasta decir que lo mejor que podía pasar si no conducía era que le estaríamos protegiendo y manteniéndole con vida, no era algo seguro. Podía morir en un accidente mientras conducía otra persona. Y en cuanto a lo peor que podía pasar si seguía conduciendo (otro accidente, y fatal), podíamos hacer algo por reducir esas posibilidades.

Finalmente, después de mucho hablar, sopesando todos los riesgos, mirando nuestras opciones desde todas las perspectivas y considerando todos los factores relevantes, decidimos que Rhoeyce tenía que ser responsable de llegar conduciendo a la escuela, de volver a casa y de ir y volver donde necesitara. Le volvimos a hablar acerca de lo importante que es mantenerse siempre concentrado al conducir, de prever y ser prudente. Pero también le explicamos nuestro razonamiento, le aseguramos que creíamos que tenía la capacidad y la madurez como para llegar a ser un buen conductor, por lo que le probamos nuestra fe en él al entregarle las llaves de otro de los autos de la familia (uno más viejo).

Sé que algunos, al oír esto, pensarán que cometíamos un grave error. Que no estábamos haciendo que Rhoeyce asumiera su responsabilidad y que era el hijo menor y malcriado de la casa. Otros padres tal vez hayan hecho el mismo análisis de riesgo para llegar a una decisión distinta, con buenas razones también. Hay mucha subjetividad en todo análisis de riesgos, porque todos sopesamos los factores de diferentes modos. Si Rhoeyce hubiera sido un chico altanero, o no hubiera estado dispuesto a aceptar la responsabilidad de sus acciones, yo mismo habría tomado las tijeras para cortar su licencia por la mitad. Por cierto, si hubiera estado conduciendo a exceso de velocidad, o consumido alcohol, las consecuencias habrían sido otras.

Pero los factores subjetivos no niegan el valor de un análisis de riesgo. No podemos esperar la respuesta perfecta para cada situación de riesgo en la que nos encontremos. Lo que hace el análisis de lo mejor y lo peor, es obligarnos a pensar para ayudarnos a llegar a una decisión razonada y aceptable en las situaciones más complejas y difíciles emocionalmente.

En el caso de Rhoeyce, creo que tomamos la decisión correcta. Eso pasó hace cinco años y no volvió a tener un solo accidente. Es más, no tiene siquiera una multa. No solo es un conductor excelente y prudente sino que ahora es un joven más extrovertido, responsable y seguro, que ha elegido un camino profesional no tradicional. Su confianza en sí mismo fue tal que eligió vivir en el extranjero durante un tiempo para conocer una cultura distinta y aprender otro idioma (el japonés) y piensa que lo aprovechará el resto de su vida.

¿Qué tan distinto podría ser hoy nuestro hijo y sus planes para el futuro, si hubiéramos decidido no dejar que condujera? No hay forma de saberlo con certeza. Sólo sé que no quise correr ese riesgo, y que un cuidadoso análisis de lo mejor y lo peor nos ayudó a llegar a esa conclusión.

Los poetas, sicólogos y expertos han intentado describir los desafíos duales de la paternidad y la maternidad. Es probable que se te hayan cruzado por la mente las mismas imágenes que tenía yo: que los padres han de darles a sus hijos raíces y alas, que han de protegerlos pero también enviarlos al mundo, sostenerlos fuerte hasta que podamos soltarles la mano.

No importa cómo lo describas, la tarea de ser padres y madres parece exigir de nosotros dos cosas que se presentan como ambigüedad: protegerlos y empujarlos al mundo. Cuando nuestros hijos llegan al mundo, necesitan de nuestra protección y cuidado. Pero ya cuando tienen que abrirse camino, tenemos que alentarlos, equiparlos y, hasta a veces, darles un saludable empujoncito para que puedan despegar y vivir. Las dos mitades de nuestra obligación como padres y madres representan enormes responsabilidades y riesgos.

La adolescencia, esa problemática época de transición en que las dos misiones se superponen, puede ser la época de mayor riesgo para los padres... y también para los hijos. Si los primeros renuncian a su papel de protectores demasiado temprano, hay grandes riesgos porque los hijos no tendrán el criterio que necesitan para evitar los peligros más grandes en la vida. Aun así, si los padres esperan demasiado o nunca pasan al siguiente nivel —en el que les den el empujoncito—, impedirán entonces que sus hijos lleguen a ser adultos independientes, responsables, maduros y emocionalmente sanos. Los padres y las madres caminamos por la cuerda floja; de un lado y otro hay siempre graves riesgos al acecho.

Antes de hablar de esos riesgos, quiero decir algo: lo que propongo aquí, y todo lo que tengo que decir sobre el tema, refleja mis convicciones básicas:

- Ser padres y madres es el trabajo más importante que tendremos en la vida.
- No hay quien pueda proteger a un hijo de todos los riesgos que presenta nuestro peligroso mundo, y tampoco debiéramos intentarlo porque...
- existen los riesgos aceptables,
- y el tipo de análisis de riesgos del que hemos estado hablando puede ser una herramienta invalorable para los padres y los hijos ante una cantidad de temas comunes.

La mayor responsabilidad

Uno de los riesgos más grandes para los progenitores de hoy es todo lo que los otros padres no hacen. Hay demasiados padres y madres biológicos que han renunciado a su función —de cuidadores, protectores, rectores, instructores, inspiradores, alimentadores y guías— y que delegan todo eso a las niñeras, las escuelas, las iglesias, los grupos de pares, los medios de comunicación o a la sociedad en general. Esa irresponsabilidad pone a sus hijos en riesgo, y también el futuro de ellos.

Como sociedad y como padres y madres, debiéramos hacer un análisis de riesgo acerca de esta crisis. ¿Qué es lo peor que puede pasar si no cambiamos esta creciente tendencia? ¿Y lo mejor? ¿Qué es lo mejor y lo peor que podemos esperar, si lo hacemos? Al menos, eso nos hará pensar y hablar, y querremos hacerlo si nos detenemos y vemos que desde nuestra perspectiva como padres es probable que seamos quienes tenemos mayor influencia sobre nuestros hijos. Todo lo que sabemos de la sicología nos confirma que desde la perspectiva del niño, su padre y su madre son las personas más importantes del mundo. Que sea bueno o malo, dependerá mayormente de lo que hagamos respecto a tamaña responsabilidad.

Sin riesgos no hay oportunidades

La terrible matanza de cinco inocentes niñas amish en su pequeña casa-escuela rural fue primera página en todos los periódicos en estos últimos tiempos, mientras escribo este libro. Lo que convertía ese asesinato múltiple en algo más atroz todavía era saber que si algo así puede pasar en un lugar tan tranquilo y pacífico como Lancaster, Pensilvania, podría suceder en cualquier parte. Era un aterrador recordatorio para los padres, de que es imposible proteger a los hijos de todos los riesgos que nuestro mundo moderno nos echa en la cara todos los días.

Aunque hay gente que intenta hacerlo.

Los maestros han acuñado un nuevo término para describir a esos padres y madres: helicópteros. Es que son los que siempre sobrevuelan (práctica e imaginariamente), cerca de donde están sus hijos, observando, preocupándose y esperando para ir al rescate de ellos apenas surja una amenaza a su bienestar físico, emocional, relacional o espiritual. Los informes de quienes trabajan en niveles de educación superior indican que una alarmante cantidad de padres interfieren en las vidas de sus hijos e hijas aun cuando ya asisten a la universidad, y que llaman «de parte de» sus hijos e hijas para protestar por una calificación, resolver problemas de horarios y hasta para quejarse por conflictos con compañeros de cuarto. Los administradores de las escuelas superiores y universidades, menean la cabeza al ver esa inquietante y nueva tendencia de intrusión paterna y materna inadecuada para la experiencia universitaria de los jóvenes adultos.

Hace poco, nuestro departamento de neurocirugía pediátrica en el Johns Hopkins recibió un pedido que atribuyo al mismo tipo de mentalidad sobreprotectora. Un grupo de seguridad nos preguntó si estaríamos dispuestos a decir que los niños deben llevar puesto un casco cuando andan en triciclo. Por lo que sé, no ha habido aumento en la cantidad de traumas graves en la cabeza de los niños que se caen de sus triciclos. Pero quienes abogan por el uso de cascos argumentan que ese requisito podría ayudar a que los niños se acostumbren a andar con casco, de manera que cuando puedan montar una bicicleta, no les parezca extraño ponérselo.

No podía creer la cantidad de opiniones y debates que surgieron entre los miembros de nuestro departamento. Algunos decían que los cascos naturalmente reducirían las posibilidades de lesiones graves, y otros al fin dijeron: «Tal vez sea mejor que digamos que sí, porque si no lo hacemos y alguien se lastima, nos dirán: "Estos fueron los que dijeron que no hacía falta el casco para andar en triciclo"». A medida que el argumento cambiaba su enfoque, del riesgo para los niños a la exposición a demandas judiciales si no recomendábamos usar casco, la discusión pasó de lo lógico a lo litigioso.

Mis sentimientos con respecto al tema son paralelos a lo que les digo a los padres o madres en la visita postoperatoria, cuando veo que quieren encerrar a sus hijos en un capullo para evitar lesiones durante la recuperación. Les digo: «Hay que dejar que los niños sean niños. Habrá algunas cosas que podrán hacer para protegerlos, pero no siempre podrán impedir que hagan lo que quieran».

»Si como padres, exageran y los sobreprotegen, les convertirán en personas paranoicas, ineficientes. Y eso tampoco les gustará a ustedes. Los seres humanos, en especial los pequeños que todavía no han perdido el gusto por la exploración, están siempre motivados por la excitante sensación que da la curiosidad. Si quieren imaginarse a alguien que se sienta en la miseria, piensen en un niño sin curiosidad, alguien que tiene tanto miedo a lastimarse que permanece sentado, como un montón de arcilla sin modelar. ¡Qué existencia más horrible!»

En esta discusión sobre los cascos y los triciclos, apoyé a los que estaban en contra del casco y abogué porque los niños se acostumbraran a la idea de correr riesgos razonables, para fomentar su espíritu de aventura. Coincidiendo con mi pensamiento en cuanto al análisis de riesgos, eso es lo mejor que puede pasar si uno no obliga a los niños a usar casco. Si lo combino con lo peor (creo que sería terriblemente triste enseñarles a los niños de cinco años a tener tanto miedo a caer, como una persona de noventa), me es todavía más fácil sostener mi posición.

Ya he visto muchos traumas trágicos en mi carrera, por lo que no puedo descartar el argumento de quien dice: «Si podemos evitar que sufra un solo niño, tenemos que hacerlo». Pero, ¿dónde parar? Hay más niños que llegan a la sala de emergencias con golpes en la cabeza por haberse caído de la cama, por ejemplo, que por andar en triciclo. ¿Qué hacemos entonces? ¿Recomendar que usen casco para dormir? Y ya que estamos en eso, ¿por qué no recomendamos que usen antiparras para protegerse sus ojos todo el tiempo? Tal vez, podríamos comprarles trajes que no se contaminen para protegerlos de todo. Claro que les sería un tanto difícil andar en triciclo, ya que se les engancharían los pantalones en los pedales, y entonces podrían caerse y lastimarse. El tema no tiene fin, es tan absurdo que a veces no nos damos cuenta hasta que pensamos en los extremos... que suelen surgir cuando hacemos un análisis de lo mejor y lo peor.

Análisis de riesgo para padres y madres

A los padres que lidian con todo tipo de situaciones preocupantes y que tratan de decidir qué es lo mejor para sus hijos, les conviene afinar su capacidad para analizar riesgos. Veamos algunos ejemplos al azar.

La elección de una escuela

Durante años he expresado públicamente mi preocupación respecto de algunos de los defectos actuales en nuestro sistema educativo en los Estados Unidos, que creo ponen en riesgo el futuro de nuestros hijos y nuestra nación. He invertido mucho dinero y tiempo tratando con ese problema (hablaré en detalle sobre esto más adelante), así que comprendo el dilema que tienen los padres para tratar de decidir si mandan a sus hijos a una escuela pública o a una privada. Este es, definitivamente, uno de los mayores predicamentos entre los más comunes porque hay muchísimas familias que (por diversas razones) llegan a conclusiones diferentes en cuanto a lo que es mejor para sus hijos.

Cada vez hay más familias que prefieren educar a sus hijos en casa. Las escuelas privadas también están atrayendo a cada vez más alumnos, brillantes e inteligentes. Muchos padres dirán que eligen esas alternativas porque temen mandar a sus hijos a una escuela pública. Leen artículos periodísticos como el de la tragedia de la casa-escuela amish que mencioné antes, y pierden el sueño preocupados porque algún loco con un rifle aparezca un día en el aula de sus hijos.

Con un sencillo análisis de riesgo veremos que ese temor en particular no es una base lógica para tomar una decisión. El niño corre más riesgos de morir en un accidente de auto mientras va a una escuela privada (más alejada) todos los días, que de morir asesinado en un incidente como el de Columbine. Muchos más niños se lastiman y mueren en casa, víctimas de todo tipo de accidentes, que los que fallecen o son heridos en incidentes escolares violentos.

Así que si el temor a la violencia es lo que te motiva, vuelve a analizar el riesgo. Si lo que te preocupa, en cambio, es la calidad comparativa de la educación que están recibiendo hoy los niños, diré que es una preocupación muy válida como factor de la ecuación. Piensa en esto: El ochenta por ciento de los niños estadounidenses que cursan sexto grado no saben ubicar a los Estados Unidos en un mapa. Uno de cada siete de los que terminan la escuela secundaria no sabe leer bien (eso explicaría por qué el veinte por ciento de los adultos estadounidenses no pueden entender lo que dice la etiqueta de un frasco de aspirinas). Las probabilidades de que un estudiante estadounidense que termina la escuela secundaria pueda responder bien las preguntas de un examen de aritmética de séptimo grado son un cincuenta por ciento. (Lo cual explica por qué, según el departamento estadounidense de educación, solo la mitad de la población adulta logra entender los horarios de los trenes y los autobuses.)

En mi mente, estos datos indican un riesgo mucho mayor para nuestros niños y su futuro que la probabilidad de que entre un loco al aula portando un rifle. Así que tenemos que ser cuidadosos al evaluar los riesgos y tomar decisiones difíciles en cuanto a nuestros hijos, para asegurarnos de que estamos razonando con lógica. Si permitimos que el miedo le gane a la razón, todos seremos víctimas.

La mejor forma que conozco para evitar eso es hacer el esfuerzo y tomarse el tiempo para obtener información y realizar un cuidadoso análisis de lo mejor y lo peor que puede pasar.

Consideraciones espirituales acerca de la educación

Hablo con muchos padres cristianos que quieren considerar lo espiritual como factor aunado a la cuestión de la seguridad y la calidad de la educación al momento de evaluar los riesgos y decidir dónde estudiarán sus hijos. Intentan sopesar las ventajas de una educación cristiana —que incorpora los valores más importantes de su fe—, contra el riesgo de exponer a sus estudiantes a los valores no cristianos y a veces, francamente anticristianos, tan comunes en la educación secular.

Durante mis últimos años en la escuela secundaria, mucha gente de nuestra iglesia me sugería que fuera a una universidad cristiana: «No querrás ir a Yale», me advertían. «Te corromperán allí y sucederán cosas terribles».

Yo no lo veía como un riesgo importante, sin embargo, porque estaba firmemente arraigado en mis convicciones y creencias. Resultó finalmente que el alcohol, las drogas, las fiestas, la promiscuidad sexual y todos los demás vicios de la vida universitaria nunca me atrajeron y con mi sistema de radar personal no había quien se me acercara con cosas parecidas. Mi fe y mis convicciones se hicieron más profundas en lugar de debilitarse durante esos años, porque seguía activo en la iglesia asistiendo a una maravillosa congregación.

No digo que todos tengan que hacer lo que hice yo. Los riesgos serán diferentes para cada persona, así que pienso que debes tomar esa decisión basado en diversos factores. Cuando uno es joven, tiene que conocerse a sí mismo. Cuando uno tiene hijos, tiene que conocerlos a ellos y al tipo de relación que tienen con Dios, además del grado en que pueden influir sobre ellos los demás. Todas esas cosas son importantes a la hora de considerar los riesgos.

Recuerda que estudié en una escuela pública urbana antes de ir a Yale. Había estado expuesto a todo tipo de tentaciones y a la presión de mis compañeros. Quizá si hubiera crecido en un entorno más protegido y la universidad hubiese sido mi primera exposición a un mundo más amplio, la experiencia habría sido más riesgosa.

Los progenitores tenemos que estar conscientes de que en algún momento nuestros hijos tienen que salir del entorno protegido que intentamos brindarles: la familia, el hogar, la iglesia, la escuela. Así que es de vital importancia que usemos nuestro tiempo y nuestros recursos no solo para proteger, sino para preparar a nuestros hijos para todo lo que vendrá cuando se aventuren más allá de nuestras limitadas y temporales defensas.

¿Cómo hacerlo? ¿Cómo prepararlos para sobrevivir en un mundo peligroso lleno de riesgos, conocidos y desconocidos?

Hay tres cosas que como padres y madres tenemos que tener en cuenta.

Brindarles un adecuado sentimiento de identidad

Los jóvenes resistentes a los riesgos necesitan un firme sentimiento de identidad propia, porque ese es el cimiento que hace falta para forjar un carácter estable. Así que nuestra tarea más importante tal vez sea asegurarnos de que nuestros hijos sepan quiénes son, en qué creen y hacia dónde van.

Lo que creen es central, ya que las creencias y los valores dan forma y entendimiento al resto de la identidad humana, y nos ayudan a ver quiénes somos (cómo llegamos a existir, cómo encajamos en este mundo) y hacia dónde vamos (cuáles deberían ser nuestros propósitos y metas).

Los padres que no les brindan a los hijos un sistema de valores comprobado, factible y razonable, metafóricamente están poniéndolos en un barco a vela en Boston, esperando que solos lleguen a Inglaterra sin brújula, sextante o GPS (localizador satelital). ¿Qué sucede cuando el barco se pierde de vista, cuando cambia el viento y lo único que vemos es el océano y el cielo en cualquier dirección? Uno está en grandes problemas, de repente. Y el riesgo aumenta muchísimo si no se tiene una brújula u otro sistema para marcar el rumbo.

Lo mismo ocurre con la vida.

Cuando mandamos a los chicos a la universidad o los lanzamos al mundo, necesitan un ancla que impida que la más leve brisa los lleve de un lado a otro. Necesitan puntos de referencia que les permitan evitar los peligros y mantener un curso que les lleve al destino deseado. Sin una brújula, o estarán perdidos o dependerán de alguien más (o de todos los demás). No creo que Dios nos haya dado cerebros tan maravillosamente complejos solo para que miremos la brújula del otro o para que andemos por la vida a la deriva, sin rumbo ni propósito. Claro, si queremos darles a nuestros hijos un sistema viable que les sirva como guía, es lógico que tendremos que tenerlo primero, y que tenemos que entender el valor de esas creencias. Si no es así, estaremos enviando a la próxima generación a una expedición de veras muy riesgosa.

Mis valores espirituales tienen una función beneficiosa en mi papel como padre. Lo que vale para mí, y para muchos otros padres y madres que disfrutan de una relación de oración, es que la comunicación normal con Dios a través de ese acto (orar) da como resultado un sentimiento de confianza para saber cómo actuar según nuestros valores e ideales. Y esa confianza la ven los demás. Los niños pueden detectar la falta de seguridad y confianza, así que si queremos inculcarles valores fundamentales, es importante que proyectemos seguridad en cuanto a lo que creemos. Cuando acudo al Señor en oración buscando sabiduría y dirección, el sentimiento de paz es bueno tanto para mí como para mi familia. Además, lo que siempre les digo a los padres de mis pacientes la noche antes de la cirugía, sé que la preocupación jamás ayuda y que si todos decimos nuestras oraciones, tendremos menos cosas de qué preocuparnos mañana. He descubierto que eso es válido en todo tipo de situaciones mientras nuestros hijos crecen.

Recursos que puedan usar

Mucho antes de que lleguen a la riesgosa etapa de la adolescencia, los niños son capaces de aprender y emplear un análisis de riesgos básicos, como recurso sencillo para tomar decisiones. Uno puede lograr que eso forme parte de su crecimiento. Por ejemplo, si piden permiso para hacer algo, se pueden repasar con ellos las preguntas del análisis de riesgos, de modo que entiendan cuál es el razonamiento del adulto para llegar a tal o cual decisión. Al fin y al cabo, cuando uno se sienta cómodo con las respuestas que los niños brinden, podrá permitirles que tomen decisiones sin ayuda. Pienso que descubrirás muy pronto que los pequeños son más inteligentes y sabios que lo que solemos creer. Si con analizamos los riesgos de cada situación junto con nuestros hijos, no solo les estaremos brindando un recurso útil para el futuro sino que podremos reconocer, enfrentar y reducir los riesgos a los que se enfrenten en el presente. Es una muy buena forma de iniciar la discusión sobre una gran variedad de temas.

Todos hemos oído horribles historias acerca de depredadores sexuales que usan la tecnología de Internet para encontrar a sus incautas víctimas. Así que, cuando tu hija de once años quiera crear su propio sitio en MySpace.com, lo mejor será realizar un análisis de riesgos y luego ayudarla a responder las preguntas sobre lo mejor y lo peor que podría pasar, antes de tomar una decisión.

Antes de que tus hijos partan a la universidad, será más efectivo realizar un buen análisis de riesgos y mantener conversaciones con ellos en lugar de decirles: «¡Responde que no a todo!», ante las tentaciones con las que puedan encontrarse. ¿Cuál es el riesgo de estar a solas en el dormitorio de la universidad, con un grupo de personas del sexo opuesto? Hagan un análisis de riesgo al respecto. Les he dicho a mis hijos que no se acuesten en la cama con ninguna joven, aunque solo sea para mirar un video y aunque todos los demás lo hagan. Porque son esas las cosas en las que apenas bajas la guardia puedes llegar a cruzar el límite hacia un territorio de riesgos mayores. Son el tipo de cosas que nuestros hijos tienen que entender, pero mejor si lo hacen solos y con el recurso del análisis de riesgos, porque este los obliga a pensar. La gran mayoría de los adolescentes que se meten en problemas, no lo hacen porque sean malos chicos sino porque no piensan.

Considera la historia real de un joven inteligente de diecisiete años, criado en un barrio pobre, estudiante con buenas notas y lo suficientemente bueno como para que los entrenadores de una universidad de la Costa Este le ofrecieran una beca. Una noche iba en el auto con su primo, que había pasado a buscar a unos amigos, integrantes de una pandilla. Deciden pasar al terreno de otra pandilla, de forma que —para anunciar su presencia— le entregan al chico una pistola y le dicen que dispare al azar, por la ventana, cuando pasen por el centro del barrio enemigo.

Con un somero análisis de riesgo la decisión sería sencilla. ¿Qué es lo mejor que puede pasar? Bueno, en tales circunstancias no hay mucho que pudiera ser considerado mejor que nada. ¿Y lo peor? Trágicamente, lo peor que se puedan imaginar es lo que en realidad sucedió. Un peatón que no sospechaba nada, alguien a quien el chico dice no haber visto, murió. Mi coautor en este libro cubrió el juicio que se le siguió al joven en Illinois, años atrás, y donde se le sentenció a muerte.

Si ese chico —en un momento— hubiera considerado en serio las posibilidades de lo mejor y lo peor que podría haber pasado, no habría hecho falta siquiera comparar respuestas. Pero, ¿cuántos chicos se detienen a analizar los riesgos? ¿Cuántos chicos inteligentes, por no pensar debido al calor del momento, terminan arruinando el resto de sus vidas?

Considera otro caso tristísimo que los canales de noticias mostraron una y otra vez durante los meses en que estaba trabajando yo en este manuscrito. Una adolescente linda e inteligente, de una familia acomodada en un barrio también elegante, va con un grupo de amigos de secundaria a Aruba, en un viaje por su graduación. La última noche que pasan en la isla, cuando todos van a una discoteca para celebrar las vacaciones, la joven sale con tres muchachos. Jamás se volvió a oír de ella (hasta el momento en que escribo esto, por lo menos).

Los detalles son escabrosos y hasta ahora nadie ha podido probar lo que le sucedió a la joven. Sí estoy seguro de una cosa: si Natalee Holloway hubiese hecho tan solo un sencillo análisis de riesgos antes de salir con los tres muchachos a los que no conocía, seguramente no habríamos oído su nombre en ninguna parte.

Permitir los riesgos adecuados

Hace unos años la revista *Newsweek* publicó un artículo acerca de los adolescentes y el riesgo; la premisa debiera servirnos de instrucción a padres y madres. El punto de esta nota, respaldado con citas de sicólogos, anécdotas como ilustración, estadísticas y trabajos de investigación, era el siguiente: Como la audacia y la temeridad son características casi universales en la adolescencia, la estrategia más sabia para los padres (y la sociedad en general) consiste en ofrecerles a los adolescentes experiencias de riesgo controlado y aceptable.

El argumento y los consejos ofrecidos tenían lógica. La adolescencia es, en el mejor de los casos, la incómoda transición entre la niñez y la adultez, entre la dependencia y la independencia. Hoy es mucho más larga que en la era agraria, en la que el niño probaba que era hombre cuando podía encargarse de los problemas, responsabilidades y peligros de los adultos trabajando al lado de su padre en el campo. Ya cuando llegaba a los diecisiete o dieciocho años, estaba listo para casarse y formar su propia familia. La niña —por su parte— se hacía mujer cuando llegaba a la edad fértil, y con catorce o quince años, se consideraba que ya podía casarse. La transición de la niñez a la adultez era tan corta que la adolescencia, al menos como etapa de la vida según se considera hoy, apenas si existía. Así era, los problemas y las adversidades de la vida cotidiana por lo general presentaban pruebas y riesgos que desafiaban y contentaban hasta al joven más aventurero.

Hoy todas esas determinaciones tradicionales de lo que es la edad adulta, como establecerse en una ocupación o formar una familia, se postergan hasta haber concluido los estudios universitarios. Con el período de la inocencia y la infancia acortándose cada vez más en nuestros tiempos, hemos creado una etapa nueva, de unos diez a doce años de duración, algo como la tierra de nadie, que conocemos como adolescencia. En el último medio siglo, más o menos, esta etapa parecida a un limbo se ha convertido en un período largo de incómoda incertidumbre para los jóvenes que siguen, por naturaleza, llamados a mostrar, descubrir y probar quiénes serán y dónde encajarán en el mundo adulto. ¿Y cómo lo harán? Explorando, experimentando, practicando y poniendo a prueba todo tipo de experiencias nuevas; y lidiar con los riesgos que todo ello implica es parte esencial del proceso.

El artículo de *Newsweek* llegaba a una conclusión central: Los adolescentes, por naturaleza, buscan el riesgo. La conducta adolescente más molesta y peligrosa, desde el abuso del alcohol y las drogas a la participación en pandillas, al sexo promiscuo y la imprudencia al conducir, solamente prueban este corolario. Sin embargo, si les brindamos riesgos más aceptables y controlados, los padres y la sociedad en general podríamos reducir las probabilidades de que nuestros hijos busquen conductas tan destructivas.

Además, muchos padres y madres además podríamos animar a nuestros hijos a participar en actividades como escalar montañas o montar en kayak para bajar por los ríos, si evaluáramos los riesgos de ello contra las probabilidades de que se contagiaran con una enfermedad de transmisión sexual o llegaran a contarse entre las víctimas de los accidentes de tránsito causados por conductores adolescentes. Claro que hay muchos otros riesgos aceptables que implican menor peligro para la vida... y los huesos. La actuación en público en todas sus expresiones, la música, el teatro, el baile y los deportes, siempre presentan algún grado de riesgo para quien participa en ellos. Siempre hay el riesgo de fracasar o de pasar una vergüenza así como también el de invertir tiempo y esfuerzos destinados a la práctica. Las responsabilidades de un empleo después de la escuela además, pueden ofrecer la oportunidad de aprender otras habilidades ante nuevos riesgos en materia de organización de horarios. Los viajes misioneros de la iglesia y los proyectos de servicio sacan a los adolescentes de su ambiente de comodidad y les brindan una verdadera sensación de aventura y riesgo aceptable. Toda actividad novedosa que desafíe y lleve al límite la experiencia y el potencial del adolescente, será útil y servirá en especial con aquellas en las que el riesgo al fracaso o la desilusión se equipare con la probabilidad de éxito.

Como padres y madres jamás podremos crear una vida libre de riesgos para nuestros adolescentes. Lo que sí podemos hacer es equiparles para que puedan lidiar mejor con los peligros e incertidumbres que enfrentarán mientras vivan, si les brindamos herramientas básicas de análisis de riesgo y les animamos a disfrutar y comprometerse con actividades que les expongan a niveles aceptables de riesgo.

Hay dos historias breves que quiero contarles. La primera tiene que ver con un carpintero que se ofreció para ir a la costa del golfo de

Mississippi con un equipo de ayuda de su iglesia, inmediatamente después del huracán Katrina. Cuando su hijo adolescente quiso unírsele, el padre le dijo a su esposa: «Todos dicen que las condiciones allí son terribles. La devastación es total. ¿Y si algo pasa, y se lastima o se enferma? Jamás me lo perdonaría». Pero después de pensarlo y hablar un poco más sobre lo mejor que podría suceder, y sopesarlo con lo peor, el matrimonio decidió que el riesgo palidecía en comparación con la potencial recompensa. Padre e hijo fueron a la costa a ayudar; pasaron momentos tan memorables, maravillosos e importantes, ayudando a personas que tenían tanta necesidad, que volvieron semanas más tarde. Y esa segunda vez, la madre y la hermana del joven les acompañaron. Para ellos, el riesgo aceptable valía la pena, definitivamente.

La segunda historia se refiere a otro matrimonio con valores familiares parecidos. Estos padres comprometidos tenían una hija muy bella que estaba terminando su secundaria que quería viajar con tres de sus amigas. Las cuatro chicas querían ir a Río de Janeiro durante el carnaval. No sé si hubo evaluación ni conversación (eso sucedió un año después del caso Holloway), pero finalmente le permitieron que fuera con sus amigas. Fueron, volvieron a salvo y por lo que sé, no sucedió nada que tuvieran que lamentar. Pero cuando oí esa historia lo primero que pensé fue: «¡Claro que no! ¿En qué estaba pensando esta gente?»

Ese es el problema. No estaban pensando. Si hubieran hecho un buen análisis de riesgo, tal vez su decisión habría sido otra. Podrían haber encontrado un riesgo más aceptable para su hija que pasar cinco días y sus noches en Río con sus amigas adolescentes durante los carnavales... sin la compañía de un adulto.

Eso me lleva a mi observación final en cuanto a criar a nuestros hijos en un mundo lleno de riesgos: El arma más útil que tenemos en esta tarea tan desalentadora es el maravilloso cerebro que se nos dio a cada uno de nosotros. Así que, lo primero que tendremos que hacer es emplear nuestros cerebros para enseñarles a nuestros hijos a usar los suyos.

Riesgo público (y el comienzo de algunas soluciones)

No hace falta ser médico para identificar los síntomas: miedo, frustración, estrés, impotencia, desaliento y aun desesperanza. Todo eso hace estragos en la cultura estadounidense de hoy. Con solo echar un vistazo a la historia clínica, la patología nos da razones aun más poderosas para alarmarnos. Lo que vemos alrededor de nosotros podría ser clara evidencia de una grave sobreexposición al riesgo, como sociedad.

¿Cuál es la causa probable? Que vivimos y trabajamos en un mundo peligroso.

¿Y el diagnóstico? Una nueva cepa humana, tal vez mutante, del virus del riesgo. Es por lo general una molestia crónica, persistente, tolerable y que se manifiesta intermitentemente en agudos chispazos que se disparan a causa de un cambio repentino en las condiciones y circunstancias del entorno. El cuerpo (el de cualquier persona, o para tal caso, el de todas las personas) no puede procesar el riesgo de manera adecuada, lo que a menudo se ve acompañado de casos leves a moderados de aversión al riesgo. Sin tratamiento, la enfermedad puede terminar en parálisis, parcial e incluso total.

¿Cuál es mi prescripción? Bueno, me sentiría tentado a decir: «Correr dos riesgos y llamarme por la mañana»; pero no conozco curas rápidas para ese mal.

Creo, sin embargo, que el plan básico de tratamiento del que hemos estado hablando en este libro, el ángulo sencillo que me ha ayudado en mi vida y mi carrera, parece prometer una solución. Basándome en mis observaciones y experiencias, tengo la esperanza de que a través de la aceptación, la familiarización y el dominio del riesgo en nuestras vidas profesionales y privadas, descubriremos el incentivo, el conocimiento, la destreza y los recursos que nos servirán para lidiar con algunos de los problemas más serios entre los que nos amenazan como sociedad.

Quiero describir dos casos de estudio en los que he visto lo que acabo de describir.

Fracasos educativos

Durante años he citado con regularidad una encuesta de 1992 que medía la capacidad de los alumnos de octavo grado en veintidós países para resolver problemas complejos de matemáticas y ciencia. Los Estados Unidos quedaron en la posición vigésimo primera, venciendo a un solo país no industrializado del Tercer Mundo. Otro estudio que se realizó seis años más tarde y que comparaba a los mejores alumnos estadounidenses de las escuelas secundarias con «la crema» de otras naciones industrializadas, mostró que los nuestros quedaban derrotados, en último lugar, en física avanzada, casi últimos en matemáticas avanzada y en los escalones inferiores en la mayoría de las otras categorías.

Si descartamos la importancia de esos resultados como artificiales y alarmistas, podemos considerar estas otras estadísticas más recientes, tomadas del mundo real. En 2004, las instituciones estadounidenses de educación superior diplomaron a sesenta mil ingenieros en total, de los cuales cuarenta por ciento eran extranjeros. Mientras tanto, en China se diplomaron trescientos noventa mil ingenieros.

¿No crees que vale la pena realizar un análisis de riesgos acerca de este tema?

¿Qué es lo mejor que puede pasar si sigue esa tendencia? Pronto tendremos que importar muchísimo talento técnico para manejar y dirigir la mayoría de los puestos de alta tecnología en Estados Unidos, o tendremos que delegar los trabajos técnicos cada vez con mayor frecuencia, a países como India, por ejemplo.

¿Qué es lo peor que podría pasar si sigue esa tendencia? No solo sufrirá nuestra economía, sino que nuestra nación pronto perdería la posición de liderazgo que hemos ocupado en el mundo durante el último siglo.

> **¿Qué es lo mejor que puede pasar si logramos revertir esa tendencia?** Al recuperar la fuerza aquí tendremos más probabilidades de mantener nuestra posición como la única superpotencia que queda en el mundo, con la plataforma que acompaña a ese liderazgo, desde donde podremos brindar mejor no solo una fuerte presencia diplomática, militar y económica sino un ejemplo de valores democráticos, humanitarismo y liderazgo moral para las naciones del mundo.
>
> **¿Qué es lo peor que puede pasar si intentamos revertir esa tendencia?** Que fracasemos y vuelva a suceder lo mismo que si no intentamos revertirla.

No hace falta pensar demasiado en ese análisis de riesgo para decidir que los riesgos merecen que los analicemos y estudiemos en serio. Aunque me encanta y respeto el inmenso potencial de los pueblos de India, China, Corea y otros lugares, siento que en los Estados Unidos tenemos que encontrar la forma de maximizar nuestro talento intelectual ya que ocupamos un lugar especial en el mundo. Nuestra nación es, en ciertos aspectos, hija de todas las demás. Como nuestro pueblo está conformado por personas provenientes de todo el mundo pienso que tenemos la obligación de ayudar a liderar al resto en lugar de solo seguir detrás de los demás. Si nuestra fuerza tecnológica retrasa el paso en este siglo veintiuno, el decaimiento nacional que resultará, muy probablemente cree un vacío de liderazgo que solo logrará exacerbar la creciente inestabilidad que observamos en el mundo de hoy.

Mi esposa y yo nos preocupamos tanto por este tema que decidimos intentar algo con el fin de ayudar a que nuestra nación mantenga una posición de liderazgo en el futuro lejano. Lanzamos un programa de becas, el Carson Scholars Fund, para jóvenes. Buscamos poner énfasis en su enorme potencial intelectual y también en sus cualidades humanitarias positivas. Muchos nos aconsejaron no hacerlo. Algunos nos decían que ya había miles de programas de becas y que no habría forma de poder distinguirnos entre los demás, como para sobresalir. Nos advertían que la mayoría de las organizaciones de becas sin fines de lucro suelen fracasar.

Me negué a desanimarme. Si hubiera escuchado a todos los que en mi vida me decían que algo era imposible, por cierto, no estaría donde estoy hoy, ni en lo personal ni en lo profesional.

Candy y yo consideramos el fracaso como posibilidad, aunque pensamos que los beneficios potenciales pesaban muchísimo. Desde el principio supimos que tendríamos que trabajar duro si queríamos lograrlo y debo decir que Candy fue la superestrella que armó la infraestructura de la organización, preparando el camino para una excelente junta de directores conformada por personas extremadamente inteligentes, que habíamos ido conociendo a lo largo de los años.

Otorgamos veinticinco becas de mil dólares en el primer año. Para 2006, nuestro décimo año, habíamos otorgado más de quinientas becas. El programa se ha ampliado a dieciséis estados y al Distrito de Columbia, y ha honrado a más de dos mil ochocientos académicos. Ganó el Premio Simon de liderazgo sin fines de lucro en 2005, y el Premio Casa de Ronald McDonald el año anterior. Ambos honores fueron acompañados de importantes sumas de dinero.

A pesar de las dudas de quienes nos desaconsejaban al respecto, nuestro programa se ha distinguido no solo por lo que hacemos como fondo de becas sino por el modo de operar y el motivo de su existencia. Nuestra filosofía surgió de mi conocimiento acerca de la historia mundial y el reconocimiento a esas naciones originales que nos precedieron, que comenzaron a decaer cuando perdieron su brújula moral y se enamoraron de los deportes, el entretenimiento y los estilos de vida de los ricos y famosos. Convencido de que hoy los Estados Unidos están transitando ese mismo camino, casi como si fuésemos una civilización de actores que leen e interpretan un guión, decidimos crear un programa diseñado específicamente para corregir este curso ruinoso.

Cada vez que visitaba las escuelas del país y hablaba allí, notaba que había muchísimas vitrinas en los pasillos con trofeos que honraban a los atletas. Aunque no hay nada de malo en ello, me preguntaba qué pasaría si en cada escuela primaria y secundaria del país se honrara de la misma manera a sus estrellas académicas.

Eso es lo que intenta hacer el Carson Scholars Fund. No solo honramos a nuestros galardonados cada año en importantes banquetes regionales, sino que les damos reconocimiento ante sus colegas, con lindos premios, el grabado permanente de sus nombres en un cuadro de honor de su escuela, y una beca de mil dólares.

Uno de los rasgos distintivos de nuestro programa es que reconocemos y alentamos a los más pequeños (desde el cuarto grado) a lograr un rendimiento académico superior y mostrar sus cualidades humanitarias mientras les presentamos como modelo ante los demás niños. Nuestra idea es que en cuarto y quinto grados es donde por lo general comienza la divergencia y muchos niños empiezan a equivocar el rumbo. La mayoría de los programas de becas comienzan a influir demasiado tarde en muchos chicos que ya están tan avanzados en el camino incorrecto que les es difícil volver atrás. Descubrimos que cuando les otorgamos premios de mil dólares a niños de cuarto, quinto y sexto grado frente a sus pares, la ocasión es tan importante que todos asisten con respeto y entusiasmo, y notan la distinción. De repente, ese niño o niña deja de ser «raro» o «*nerd*», como suele llamárseles a los buenos alumnos, para convertirse en alguien notable, digno de imitar.

Algunos de esos niños ganan el premio año tras año mientras van pasando de grado. Aun así, todos los años el que gana el premio sirve como modelo e inspira a otros para que se esfuercen y alcancen los logros académicos más altos. Ya cuando terminan la escuela secundaria, nuestros ganadores son tan notorios que muchos de ellos han ganado múltiples becas, de parte de diversas fuentes. Pero siempre recordarán su Premio Carson con orgullo porque casi siempre es el primero que reciben, el que les convenció (y a sus compañeros) de que en realidad eran especiales.

No solo entregamos a cada ganador que termina la escuela una beca de mil dólares más intereses por cada premio, sino que disfrutamos la satisfacción de saber que por habernos involucrado en sus vidas a lo largo de los años les hemos ayudado a alcanzar un rol de liderazgo en sus escuelas, y eso tiene un impacto importante en el tipo de adultos que poblará y liderará nuestra nación en el futuro.

A medida que nuestro programa va cubriendo diferentes regiones del país, la directiva intenta crear un ejército de jóvenes inteligentes (los candidatos deben tener un promedio general de notas de 3,75 a más de 4.0 puntos), que demuestren que les importa involucrarse en su comunidad. Entonces, trabajando en red y vinculando ese ejército de jóvenes con diversas oportunidades en términos de servicio y empleo, el efecto dominó que tienen sobre sus pares durante años comenzará por cerrar esa brecha de rendimiento académico que existe hoy entre los Estados Unidos y el resto del mundo industrializado, sobre todo en ciencias y matemáticas.

Pensarás que el objetivo parece inalcanzable. Hay muchos temas complejos como este, que a veces se ven tan desalentadores que mucha gente ni siquiera piensa en hacer nada. Les abruma la magnitud de la cuestión. Pero creo que esa es una razón para que existan programas como el Carson Scholars. Quiero nutrir a los líderes futuros que no solo son inteligentes sino que también quieren ayudar a otros a vencer los desafíos que puedan presentárseles. Si empezamos a promover y desarrollar el liderazgo y el rendimiento superior en los jóvenes de hoy, podremos producir una cosecha abundante de líderes capaces que podrán vencer los desafíos y los riesgos que los Estados Unidos enfrenten en el futuro.

Es un proyecto ambicioso, lo sabemos. Pero ya estamos viendo resultados prometedores no solo en la creciente cantidad de «Académicos Carson» sino en la calidad individual del carácter que demuestran nuestros premiados.

Andrew era un brillante estudiante secundario de Maryland, que solía caminar kilómetros cada día —en vez de tomar el autobús escolar— con tal de no soportar las crueles bromas de sus compañeros que lo llamaban «nerd», entre otras cosas. Pero cuando ganó su Premio Carson tres años seguidos y su nombre quedó grabado en un gran trofeo exhibido en el pasillo de su escuela, habiendo recibido la atención de los medios locales por dichos logros, se convirtió en algo así como un héroe tanto en su escuela como en su comunidad. La primera vez que el hermano menor de Andrew, de sexto grado, subió al autobús escolar, cometió el error de caminar hasta el fondo buscando un asiento.

—¡Fuera de aquí! —le dijeron—. En el fondo solo pueden sentarse los del octavo grado.

Pero entonces, uno de los chicos más grandes lo reconoció:

—¡Es el hermano de Andrew! ¡Oye, viejo! ¡Puedes sentarte aquí con nosotros, si lo deseas! No hay problema.

Hace unos años me encantó enterarme de que una de mis «protegidas» en la facultad de medicina, había ganado el Premio Carson cuando asistía a la secundaria de Pikesville, Maryland. Luego fue a la universidad de Nueva York y estaba estudiando medicina en el Johns Hopkins. Ahora está en el cuarto año y para mí ha sido muy gratificante observar su progreso.

Otro de nuestros primeros premiados completó sus estudios en el MIT con un promedio de 5.0, ahora trabaja en Microsoft. Va ascendiendo en rango y ¿quién sabe hasta dónde llegará? Ya está haciendo contribuciones al Carson Scholars Fund, como devolución de lo que recibió en un tiempo.

Todo eso forma parte de nuestra estrategia. Nos conectamos con chicos y chicas muy brillantes de todo el país, y para ellos esperamos no solo el éxito, sino que sean también solidarios y recuerden que pueden donar al Carson Scholars Fund para poder sostenerlo y ampliarlo con los años. ¿Quién podría tener mejores ex alumnos? Son los más brillantes. Los mejores.

Encontramos también apoyo en las corporaciones, y en varias escuelas los mismos chicos son los que recaudan fondos para el Carson Scholars Fund. Con veinticinco mil dólares que cualquier escuela nos done, podemos sostener el programa de manera permanente y garantizar cada año que uno de sus alumnos recibirá honores y la beca de mil dólares de nuestra fundación. Algunas escuelas deciden participar solo año a año, lo cual significa un aporte de mil quinientos dólares cada vez. Hay muchas que ven los beneficios del programa y ya tienen a más de un premiado por año.

Otro elemento de nuestro programa es la recompensa a no solo el estudiante más brillante, sino la impresión que dejamos en todos los alumnos. Debido a que sabemos que entre un setenta y ochenta por ciento de los estudiantes de un momento a otro abandonarán los estudios y serán analfabetos funcionales, queremos ocuparnos de eso. Por ello es que auspiciamos salas de lectura del Carson Scholars Fund en las escuelas primarias. Son lugares, sectores o salas decoradas con colores brillantes y atractivos, y con áreas cómodas en las cuales puedan sentarse, donde los chicos encuentren muchísimos libros que les atraigan. Hasta ofrecemos un sistema de puntos o premios por la cantidad de libros leídos, esperando que los niños que necesitan tal motivación descubran pronto la alegría de leer y ya no corran el riesgo de dejar los estudios y sumarse al número de analfabetos funcionales. Además, algunos de esos chicos considerados por los demás como «el tonto de la clase», descubrirán que la lectura puede hacer por ellos lo que logró por mí.

En particular me siento muy satisfecho porque los Pittsburg Steelers y los Indianápolis Colts han donado dinero para que nuestro programa funcione en varias escuelas de sus ciudades. Les he dicho que es importante que los atletas alienten a los jóvenes a aceptar un desafío académico para que desarrollen sus cerebros. Su acción puede mayor que la mía porque todos esperan que un cirujano cerebral predique sobre el conocimiento. Pero cuando un jugador de fútbol o un equipo completo transmiten el mismo mensaje, los chicos responden mejor.

Espero que podamos asociarnos con más equipos deportivos profesionales, no solo de fútbol sino de otros deportes también. Y hasta me gustaría que se sumen universidades. Aceptamos toda la ayuda que se nos ofrezca.

A pesar de todo lo que nos decían los escépticos al principio, nuestros premiados, sus padres y sus maestros dan testimonio del hecho de que nuestro programa ya está haciendo un valioso aporte. Así que todo el tiempo, el esfuerzo y el dinero que arriesgamos en este emprendimiento, definitivamente han valido la pena. (Para más información sobre el Carson Scholars Fund visita www.carsonscholars.org.)

Una verdadera emergencia médica

En el capítulo 12 escribí acerca del riesgo que corrí al dejar la aseguradora Blue Cross. Me preocupaba el efecto que tendría esa decisión en todos los pacientes y las familias que no tenían seguro o que no les cubría lo que necesitaban. Eran familias como la mía en mi infancia. No podíamos pagar un servicio de salud adecuado.

Cuando comencé a trabajar como médico y vi que había pacientes con complejos problemas neuroquirúrgicos, que no tenían recursos como para cubrir nuestro servicio, solía decirles a mis empleados: «Anótalo». Eso quería decir: *Cubriremos los gastos por ellos*. Mientras no lo hiciéramos demasiado a menudo, nadie en la administración del Johns Hopkins objetaba al respecto. Pero eso era cuando los hospitales tenían presupuesto suficiente. Hoy, ya no es así.

Si hoy quiero operar a alguien que no tiene seguro ni dinero, ya no puedo decirle a la familia: «Está bien. Nosotros cubriremos los gastos».

Mis superiores me llamarían la atención: «Tal vez quieras donar tus honorarios como cirujano, pero ¿qué pasaría con la paga al anestesiólogo? ¿Y de la terapia intensiva? ¿Y tal y cual gasto?» Por supuesto, yo no puedo cubrir todo eso, porque no tengo ni la autoridad ni el presupuesto para hacerlo. ¿Qué debería hacer entonces? Porque creo que el ejercicio de la medicina tiene que ser algo humanitario y no comercial. No está bien que lo primero que se le pregunte a un paciente sea: «¿Qué cobertura de salud tiene?» ¿Cómo encontrar otro mecanismo de pago potencial para que el monto de la factura ya no sea la preocupación prioritaria?

Como habíamos tenido ya tanto éxito con nuestra fundación Carson para logros académicos, ¿podríamos iniciar otra organización sin fines de lucro para enfrentar los problemas más espinosos en nuestros tiempos? ¿Qué pasaría si diseñábamos un mecanismo nuevo y diferente, por medio del cual todo el que necesitara de veras ayuda, la tuviera?

Antes de pensar en serio en algo así, tenía que hacer un análisis de riesgo en cuanto a lo mejor y lo peor que podría pasar:

¿Qué es lo peor que puede suceder si intento hacer esto? Si fracasa, terminaré invirtiendo tiempo, esfuerzo y dinero para nada, por lo que lamentaré no haber utilizado esos recursos en otra cosa.

¿Qué es lo mejor que puede pasar si intento hacerlo? Podríamos satisfacer una necesidad urgente y al mismo tiempo mi trabajo sería más gratificante y placentero que antes.

¿Qué es lo mejor que puede pasar si no intento hacerlo? Seguiré viviendo con las cosas como están unos años más, esperando que alguien al fin halle una solución para uno de los problemas más grandes en la medicina de hoy.

¿Qué es lo peor que puede pasar si no hago nada? Me agoto y me retiro temprano del ejercicio de la medicina, frustrado ante mi incapacidad de ayudar justamente a los pacientes que crecen bajo el tipo de problemas y dificultades que caracterizaron mi propia infancia y mi adolescencia.

Una de las personas con quienes hablaba cuando me sentía tan frustrado con los problemas de los seguros de salud era el abogado Ron Shapiro. Ron representa a muchas figuras deportivas, sus discursos son muy motivadores. También es un gran pensador y sabe resolver problemas. Me ayudó a establecer (y fue el mayor donante) un fondo sin fines de lucro que se conoce como «Angels of the OR» (Ángeles del Quirófano, en inglés), cuando a nuestros esfuerzos se unió nuestro viejo amigo y colega, el doctor Cliff Solomon, interesado en hacer por los adultos lo mismo que hago yo por los niños.

Seguimos trabajando en esa fundación que esperamos demostrará que es viable este tipo de financiación en materia de salud y medicina. Una razón por la que las universidades siguen funcionando tanto en los buenos tiempos como en los malos, es que cuentan con fundaciones que las financian. Por eso nuestro objetivo consiste en crear una lo suficientemente grande como para que se puedan usar los intereses del fondo para ayudar a cubrir las necesidades económicas de los pacientes que no tienen dinero. El capital del fondo no disminuiría ya que siempre se le agrega dinero, y podremos atender a más pacientes.

Vemos así una implicación más amplia que podría responder adecuadamente a la creciente crisis económica en materia de salud en nuestro país. Sé que es un objetivo ambicioso, pero si podemos demostrar que funciona a pequeña escala, podremos llevar la idea al congreso y decir: «¿Qué les parece esta idea acerca de los fondos nacionales con el fin de cubrir los costos del cuidado de la salud?» Podríamos crear un fondo de inversión y con los intereses, se podrían pagar los gastos de salud de la gente más pobre.

Los números funcionarán ya que aproximadamente una séptima parte de nuestra economía nacional tiene que ver con la salud. ¿Y si apartáramos solo un diez por ciento de eso cada año para iniciar un fondo de seguros de salud? Si lográramos recaudar con sabiduría y disciplina, arriesgándonos a hacerlo durante diez o quince años, llegaríamos a un fondo permanente de tres billones de dólares. ¿Cuánto se podría hacer con los intereses de tal cantidad? Podríamos sin duda atender a los cuarenta y cuatro millones de personas sin seguro de salud, y es probable que a más también. Y si siguiéramos haciéndolo durante diez a quince años más, hablaríamos de un capital lo suficientemente grande como para financiar la salud de los estadounidenses para siempre, sin siquiera añadir un centavo al capital. No solo brindaríamos protección a quienes hoy están cubiertos por Medicare y Medicaid (aunque mejor y sin las complejas y costosas reglas burocráticas), sino que en realidad tendríamos lo que muchos piensan que deberían tener: un seguro de salud gratis y universal. Excepto que no sería gratis en realidad, ya estaría pago. De una vez y para siempre.

La estructura de Ángeles del Quirófano como organización sin fines de lucro ya está establecida (lo cual incluye supervisión legal y financiera). Entre los contribuyentes hay fabricantes de dispositivos médicos, algunas corporaciones grandes y un puñado de personas muy ricas e importantes de nuestra nación. Esperamos que más personas y entidades participen, pero ya hemos recaudado lo suficiente como para poder empezar a distribuir fondos para cuando se publique este libro. A lo largo de los próximos años veremos cómo funciona el experimento y si los resultados son tan buenos como para transferir el esquema a escala nacional.

Sé muy bien que esta idea revolucionaria requerirá de mucho estudio y disciplina, dos cosas que no abundan en nuestro gobierno, en el que el liderazgo político tiende a ser más reaccionario que proactivo. Pero también sé que tenemos personas muy inteligentes en este país y creo que Dios nos ha dado a los seres humanos un enorme potencial para la resolución de problemas, la innovación, el entendimiento y la aplicación de soluciones. Soy optimista al pensar que si mostramos a nivel local cómo funciona el sistema, habrá muchos en este país (y tal vez incluso en Washington) que reconocerán que hay sabiduría en un plan como este, que puede presentar soluciones a la inminente catástrofe nacional en materia de cobertura de salud.

¿Es un sueño loco? ¿Podría darse una reforma como esa? ¿No hay muchos políticos demasiado atados a intereses creados? Tal vez. Pero sé con certeza que la crisis económica en materia de salud crecerá en progresión geométrica a medida que vaya envejeciendo la generación nacida entre 1945 y 1960, a menos que estemos dispuestos a correr el riesgo de probar algo diferente. (Para más información sobre Angels of the OR visita www.angelsoftheor.org.)

Por razones que para este momento ya debieran ser obvias, me preocupa mucho el terrible desperdicio del más precioso recurso de nuestra nación: las mentes de tantos jóvenes que quizá jamás lleguen a su pleno potencial porque no tienen ni la visión ni el apoyo que hacen falta. Como cirujano, vivo y enfrento el dilema económico en la medicina todos los días, así que no debiera extrañar que buscara aplicar todo lo que he dicho sobre el riesgo en este libro, a temas personales tan candentes.

Seguro también tienes preocupaciones particulares. ¿Qué piensas hacer con esos riesgos para nuestra nación, nuestro pueblo, nuestro futuro? ¿Qué es lo que te está impidiendo actuar? ¿Es el riesgo a involucrarte?

Son estas preguntas, y otras similares, las que formulé hace poco al dar una charla ante un grupo de importantes inversores en un centro vacacional muy elegante de California. El auspiciante de esa conferencia tipo retiro, el Northern Trust que está conformado por bancos cuyos clientes tienen al menos setenta y cinco millones de dólares o más para invertir, me invitó a contar mi vida y a decirles a los clientes cuál es mi filosofía en términos de filantropía. Como se trataba justamente del tipo de gente que yo esperaba ver interesados en alguna de nuestras dos organizaciones sin fines de lucro, estaba más que feliz por tener la oportunidad de relatar lo que he aprendido a través de nuestro trabajo con el Carson Scholars Fund y Angels of the OR.

El riesgo de pensar en los demás. Mi filosofía acerca de la filantropía

No mencioné ante la audiencia del Northern Trust, ni tampoco lo diré ahora, que no hay riesgos al pensar en los demás o dar de uno. Ya que sí los hay. Cuando uno piensa en los demás, es necesario realizar un análisis de riesgo muy cuidadoso. Piensa en el tema social que más te preocupe y pregúntate: ¿Qué es lo mejor que podría pasar si me involucro e intento hacer algo al respecto? ¿Y qué es lo peor que podría pasar? ¿Qué es lo mejor que puede pasar si no hago nada? ¿Y lo peor que puede pasar si no hago nada?

No centres tu atención nada más que en las preguntas. Considéralas desde tu propia perspectiva en términos de las mejores y peores implicaciones para ti tanto si te involucras como si no. Al sopesar los riesgos, asegúrate de incluir en la ecuación tus valores, y su impacto sobre tus respuestas; luego responde las mismas preguntas desde el punto de vista de quienes se ven afectados por este problema.

Confieso que mi propia filosofía filantrópica se ve impulsada principalmente por mis valores y creencias espirituales. Mi motivación es simple: Cristo dijo: «Les aseguro que todo lo que hicieron por uno de mis hermanos, aun por el más pequeño, lo hicieron por mí». Y no hay nada que no haría yo por Él, puesto que hizo tanto por mí.

Además, tengo la enorme influencia de haber crecido siendo pobre, muy pobre. Y recuerdo cuánto apreciaba lo que hicieron por nosotros quienes tenían más. Con la oportunidad de devolver el favor, para mí es una enorme satisfacción devolver algo a quienes están en situación similar.

También veo la filantropía como una inversión. Invertimos en las personas, de modo que cuando consideramos cuánta gente pierde el rumbo en nuestra sociedad es alentador creer que uno puede hacer algo por reencauzar al menos a algunos. A través de Carson Scholars no solo ayudamos a que los chicos mantengan la dirección correcta, sino que al mismo tiempo les permitimos a miles de ellos ser potenciales miembros muy productivos de nuestra sociedad.

Al comparar los gigantescos retornos sobre la inversión inicial, el riesgo parece pequeño. Pero no sugiero que tengas que dar porque esperes recibir. Tus motivos tienen que ser puros, dar con motivaciones equivocadas es peligroso. La filantropía es riesgosa en especial si solo implica dinero. A veces es mucho más grande la recompensa cuando das de ti, de tu tiempo y de tu esfuerzo.

Aprendí esta lección en los inicios del Carson Scholars Fund, que originalmente habíamos llamado «USA Scholars», porque nuestro objetivo nacional era motivar a los jóvenes estadounidenses de toda extracción social a ser futuros líderes, con mejor posición en comparación con los estudiantes de otros países. Los chicos, que querían y necesitaban una persona, un rostro con el cual identificarse en lugar de solo tener como referencia a un país, empezaron a llamarse a sí mismos «Académicos Carson». Querían que en el premio estuvieran impresas esas palabras.

En cierto momento nuestra junta me convenció de cambiar el nombre a «Carson Scholars», o Académicos Carson en inglés. Y aunque me sentía incómodo ante la idea de usar mi nombre, con el tiempo he visto la reacción positiva de la gente, y en particular la de los jóvenes, dondequiera que voy. *¡Ah, allí está el doctor Ben Carson!* Cuando veo su entusiasmo por algo que es intelectual en lugar de deportivo o recreativo, me gratifica ver cómo estamos progresando.

Como les dije a los del Northern Trust, la filantropía que más lógica tiene es aquella en la que arriesgas algo de ti, de tu tiempo, de tus intereses, de tu seguridad, de tu futuro, de tus prioridades y de tu reputación. Todo eso lo arriesgas para lograr lo que ves como bien mayor, aunque no tengas garantías. Jamás podrás saber con certeza que quienes reciben lo que das lo utilizarán de la manera en que lo imaginas, haciendo algo que te enorgullezca. Así que esto también es un riesgo.

Me es difícil hablar de filantropía sin reconocer su conexión en mi mente con la enseñanza bíblica acerca de la importancia del diezmo. Ese principio no era solo para los que tenían setenta y cinco millones de dólares o más para invertir. Dios nos pide a todos que le demos la décima parte de lo mejor que tengamos, sea lo que sea.

Para la mayoría de las personas, y en especial para quienes viven cercanos al abismo financiero, la idea de darle un diez por ciento a Dios con el fin de beneficiar a otros es en realidad un acto de fe que puede presentarse como riesgo aparente para nuestra supervivencia. Pero puedo decirte que jamás he lamentado dar el diezmo, ni conozco a nadie que haya sufrido por hacerlo. Porque Dios es fiel a su Palabra y promete bendecir nuestro diezmo.

No estoy diciendo lo que sé que habrás oído predicar por allí: que si das tu dinero Dios te bendecirá haciéndote rico con la garantía de retornos de cuarenta o cien veces lo que hayas dado. No creo que la Biblia diga eso. Lo que sí promete es la bendición. Sobre nuestras vidas y sobre lo que damos.

Muchas veces la bendición podrá llegar en la moneda de la satisfacción emocional, recompensa muy real que encuentro más que generosa. Pero al menos, también hay otras dos ventajas.

Los científicos están estudiando los beneficios físicos, positivos y reales, de los que piensan en los demás, sirven a los demás o les dan a los demás. Sospecho que algún día podrán medir el aumento en los niveles de endorfinas u otros indicadores químicos del bienestar que documenten la realidad de un fenómeno que los investigadores hace rato han identificado y al que han dado en llamar «la alegría del que ayuda».

Creo que hay de veras beneficios físicos y tangibles que disfrutamos cuando Dios bendice nuestra generosidad.

También hay al menos una recompensa muy útil: Cuando le prestas atención a las finanzas, y es lo que hay que hacer al dar el diezmo para saber cuánto es el diez por ciento de tus ingresos, naturalmente te vuelves más consciente, más cuidadoso, más deliberado en cuanto a lo que haces con todos tus recursos financieros. Como dice el libro de Proverbios, hay beneficio y bendición en el solo hecho de saber el estado real de tus propiedades, en lugar de conocerlas en general solamente. La consecuencia lógica de dar con regularidad esta proporción de lo que tienes es que te vuelves mucho más cuidadoso con respecto a tus gastos e inversiones.

Al vivir este beneficio tan real y práctico, además de las bendiciones emocionales y físicas menos tangibles —aunque muy reales—, el diezmo se me presenta como una decisión de bajo riesgo, en la que ni siquiera tengo que pensar. Y veo que el mismo principio se aplica a la filantropía. Dar puede parecer un sacrificio, pero a la larga no lo es. No sé cómo la economía divina hace que al dar a los demás, en general, termines siempre teniendo más y estando mejor. Lo mismo sucede con los demás.

No intentaré decirte que lo que tú y yo damos acabará curando todos los males del mundo. Aunque sí estoy convencido de que las crisis de hoy y de mañana en nuestro país, encontrarán respuesta no solo cuando damos, sino cada vez que analizamos los riesgos con atención y estamos dispuestos como líderes a entender, aceptar y correr riesgos aceptables, con mejor capacidad para todo ello.

En el próximo capítulo veremos algunos de estos riesgos.

17

Riesgos aun mayores

No hace mucho, nuestra lista de pacientes se había hecho tan larga que no podía lograr atender a todos los que debía en el curso de un mes. Por eso les pedí a mis asistentes médicos que me ayudaran, decidiendo cuáles eran los pacientes a los que tenía que ver con mayor urgencia. Era sencillo revisar sus historias clínicas y pedirles a los más antiguos que esperaran un poco más para sus análisis de rutina ya que los pacientes nuevos requerían de estudios que nos indicaran con qué urgencia necesitaban tratamiento.

Así fue como nos topamos con el caso de un niño que tenía un problema neuroquirúrgico potencialmente grave y que tenía programada su primera consulta. Cuando llamamos para hablar con su madre y pedirle más información, la tía del niño nos dijo que no estaba disponible. Al explicarle cuál era nuestra situación, la mujer nos dijo que la mamá del chico estaba en una clínica siquiátrica y que ella, la tía, aunque no era la tutora oficial se había encargado del niño y pensaba acompañar a su sobrino al Johns Hopkins.

Debido a las regulaciones en materia de asuntos confidenciales de la salud, para nosotros eso representaba un alerta. Teníamos que preguntarnos si podríamos ver al paciente de todos modos. Nunca habíamos tenido un caso así, por lo que uno de mis asistentes médicos llamó al departamento legal del Johns Hopkins (como en otros hospitales tenemos un equipo de personas que no hacen otra cosa más que explicar, supervisar el cumplimiento e imponer la reglamentación de confidencialidad en materia de salud en todo el hospital).

La primera persona con la que hablamos no sabía si las reglas de confidencialidad nos permitían ver a un paciente menor acompañado por un pariente que no era su tutor legal, así que hablamos con un supervisor de la oficina legal que en definitiva nos envió a la oficina de asuntos legales del hospital, donde la pregunta nos seguía haciendo pasar de escritorio en escritorio. Finalmente, el director de la oficina legal nos dijo: «Según el reglamento, no podemos ver a este paciente».

Es decir, que el reglamento diseñado para proteger la privacidad del paciente nos impedía atender a uno cuya vida podía estar en peligro. El tema real no era la privacidad, sino la salud del chico. El tema artificial e impuesto, que era el riesgo de violar reglas por encima de la confidencialidad, parecía imponerse.

Por desdicha, ese resultado es demasiado común. Es el riesgo que presenta la exageración en materia regulatoria. Nos hace perder de vista nuestro objetivo y nos empantana en microriesgos que no nos permiten actuar sobre los macrorriesgos, muchas veces creados inadvertidamente por el exagerado cuidado en torno a los primeros. Es como si te preocuparas tanto porque tu bebé de un año no se cayera al dar sus primeros pasos que ni siquiera te dieses cuenta de que ambos están parados en medio de una autopista, donde el microriesgo de la caída no importa tanto como los macrocamiones que pasan a toda velocidad, a un centímetro de distancia. Este tipo de cosas surge con demasiada frecuencia en la medicina de hoy.

Otro ejemplo: la función original de las enfermeras en rotación en el quirófano era «circular» por la sala durante una operación, para asistir al equipo médico anticipando sus necesidades y problemas, asegurándose de que todos los detalles estuvieran en orden, con ojo avizor en la acción como precaución adicional. Pero la paranoia legal ha dado como resultado demasiadas regulaciones, por lo que hoy la enfermera ya no tiene tiempo siquiera de levantarse de su asiento ya que su tiempo tiene que estar dedicado a llenar papeles y planillas en cada una de las etapas de la operación, creando una historia que probará que todo se hizo según las reglas, en caso de que el paciente decidiera presentar una demanda. Una vez más vemos cómo un tema secundario e impuesto, que se refiere a la seguridad y las reglas, rompe con la intención original de verdaderamente brindar seguridad.

Pensemos en las consecuencias colaterales de los juicios legales respecto de las demandas presentadas contra los médicos, que implican el derecho del paciente a protegerse contra el riesgo potencial de la mala praxis. El espectro de la creciente cantidad de demandas, los montos de indemnizaciones y los costos astronómicos de los seguros contra casos de mala praxis hacen que hoy algunos médicos abandonen la profesión y desalienten a muchos jóvenes brillantes para que ni siquiera piensen en poner un pie en esta carrera.

Por ejemplo, está la implicación de la responsabilidad del obstetra que es vulnerable a las demandas por lesiones o enfermedades relacionadas con el parto, en cualquier momento hasta que ese niño o niña cumplan los dieciocho años. Sabiendo que no hay forma en que se puedan pagar las primas de seguro por mala praxis una vez retirados, y con miedo a exponerse a sí mismos y a sus familias a la ruina económica durante la vejez, hay muchos obstetras que deciden dejar de atender dieciocho años antes de la fecha en que piensan retirarse. Como resultado, la sociedad se ve privada de los servicios de algunos de los obstetras con más experiencia y en su edad más productiva.

Luego están los cirujanos, cuya expectativa de vida promedio ya es diez años más baja que la del resto de la población en general. Porque además del estrés del trabajo hay mucho estrés económico y exposición a responsabilidades diversas, con lo cual en muchas áreas del país ya no hay neurocirujanos que cubran emergencias. Y este problema ha empeorado en los últimos diez o quince años. En muchos lugares, si tienes un accidente de tránsito y tu afección es un simple hematoma subdural, te llevarán a la sala de emergencias más cercanas y allí te enterarás que las cosas han cambiado. Es que hace unos años, un neurocirujano te habría operado para solucionar el problema y con poco tiempo de rehabilitación, habrás quedado bien. En cambio, hoy tal vez mueras sencillamente porque no hay tantos neurocirujanos de guardia en las salas de emergencia. Y mañana, mucha más gente morirá innecesariamente, por la misma razón.

Les hemos dado a nuestros pacientes todo el derecho a demandarnos, pero al hacerlo bajamos sus probabilidades de vivir lo suficiente como para hacerlo. Eso no es lógico.

Por desdicha, la medicina no es el único ambiente donde se da este tipo de lógica (o tendría que decir: falta de lógica). ¿Recuerdas que la preocupación porque los alumnos acabaran arañados o mordidos por los animales en el laboratorio de ciencias del señor Jaeck hizo que los chicos se vieran privados de algo que podía inspirar y promover un interés por la ciencia en las escuelas primarias?

Piensa también en el ominoso tema de la seguridad en los aeropuertos. Para evitar el riesgo de formar perfiles de los pasajeros según su sexo, edad, raza o nacionalidad, nuestros equipos de seguridad, ya bastante agotados, tienen que revisar de igual forma a las viejecitas de Kansas que viajan con sus nietos, como a los hombres solteros de veintitantos años que visten ropa a la usanza árabe y tienen pasaportes de Medio Oriente. ¿Cuál es la preocupación más importante aquí?

Creo que ha llegado el momento de realizar un análisis de riesgos para ver si podemos identificar y evaluar riesgos reales... o tal vez, el riesgo a no pensar como debemos.

El riesgo de la falta de dinero

Tienes que ser capaz de pensar en grande antes de considerar los riesgos que atañen a cosas como la deuda nacional que va en aumento. Tienes que ser capaz de pensar aun más grande para poder imaginar una solución al problema.

Veamos qué te parece lo siguiente. Quizá pudiéramos pagar nuestra deuda nacional sin usar dinero siquiera. ¿Te parece riesgoso? Escucha (incluso el presidente me escuchó cuando se lo conté).

¿Quién es la persona más justa del universo? La respuesta, por supuesto, es Dios. ¿Qué dice la Biblia que nos pide Dios en materia de finanzas? El diezmo. Es un porcentaje. Un diez por ciento. Dios no dijo que no le diéramos nada si la cosecha era mala. No dijo que le diéramos tres diezmos si la cosecha era excepcionalmente buena. Tiene que haber algo inherentemente justo en la proporcionalidad, si Dios pensó que el diezmo era la mejor forma. Por eso estoy convencido de que todo modelo nacional que usemos tendría que basarse en una plantilla de proporciones. Eso es lo que hace falta.

Aun así, el punto de partida real sería deshacerse del dinero por completo. No más billetes, no más monedas ni más tarjetas de crédito. Todo el mundo se identificaría mediante un lector de huellas —de la mano y de la retina—, y toda transacción monetaria debería ser electrónica. Entonces, si establecemos la tasa impositiva nacional en un diez por ciento (o doce o quince por ciento, si eso es lo que hace falta) para toda transacción económica, el gobierno recaudaría el diez por ciento del producto bruto nacional, que es más que lo que hoy recauda en impuestos. Mucho más.

Sé que habría muchos detalles por resolver y que habría que establecer salvaguardas para que el concepto funcionara a escala masiva. Pero un sistema así tendría efectos positivos.

El primero sería sicológico. Hoy hay muchos cuestionamientos en cuanto a la justicia, a todo nivel de la sociedad.

Conozco a multimillonarios que pagan muy poco en impuestos porque utilizan cualquier mecanismo posible para evitarlos. No podría culparlos porque el gobierno siempre quiere darle una enorme mordida a sus ingresos. Pero si el impuesto proporcional fuese el mismo para toda transacción financiera, se quitarían de en medio los incentivos para las corporaciones y todo mecanismo para que los más ricos evitaran pagar. Y ya no habría complejos vericuetos impositivos, ni sofisticados juegos financieros, ni bancos en las Islas Caimán. Ya no habría necesidad de ocultar los ingresos. Quedaría más dinero en el país que podría gastarse o invertirse aquí. Y creo que la mayoría de los ricos pagaría con gusto su parte del porcentaje establecido para todos, si supieran que no se les está pidiendo que paguen más que a los demás.

Ahora mismo, las familias con ingresos de entre cincuenta mil y doscientos mil dólares al año, incluidas muchas de la clase media, se ven perjudicadas en cuanto a los porcentajes. Es que tienen que pagar impuestos muy altos y terminan pagando más en impuestos que los millonarios, con el fin de brindarles algo a los que no pagan nada. Y eso, en realidad, no parece justo en ningún aspecto. Por cierto, para los de la clase media es de veras injusto.

También están los que tienen ingresos por debajo de lo establecido y que no tienen obligaciones impositivas. A mucha gente eso les parece maravilloso. Pero si no tenemos cuidado, puede ser parecido a palmearles la cabeza y decir: «Bueno, eres tan pobre que no tienes que hacer nada. Nosotros nos ocuparemos de todo». No pienso que sea tan buena idea, al menos no por lo que les hace a las personas en términos de su autoestima. Al menos en ese sentido, el sistema actual tampoco es justo para los pobres.

El impuesto que representa un porcentaje funcional de las transacciones que representan el producto bruto nacional sería beneficioso para todos. Sin penalizar al rico y sin ser paternalista con el pobre, recaudaría dinero suficiente como para cancelar muy pronto la deuda nacional. Si surgiera una situación en la que se desata una guerra y necesitáramos más dinero, no habría problemas. Porque, como todo se hace electrónicamente, solo tienes que elevar unos puntos el porcentaje y no te preocupas por el déficit.

Hay quien dice: «Claro que parece bien, pero le hace más daño al pequeño que al grande. Porque el que gana solo diez mil dólares al año tendrá que pagar mil, y el que gana diez mil millones tendrá que dar mil millones. Con eso, le dolerá más al que menos gana, porque el rico no sufre». Bien, no veo que en el plan de Dios haya algo que diga que hay que lastimar al que tiene mucho solo para compensar. Es decir, ¡piensa que el tipo acaba de meter mil millones en la caja! Tendríamos que estar felices porque eso nos soluciona muchas cosas a los demás. Si lo castigamos porque tiene más, nuestro pensamiento sería distorsionado. Francamente, son los celos los que originan ese tipo de razonamiento, y los celos siempre son contraproducentes.

El impuesto funcional sobre el producto bruto nacional le daría al gobierno más que lo que nace falta para cubrir sus obligaciones actuales y también para asistir al tipo que solo gana diez mil dólares al año si llegara a necesitar ayuda. Mientras tanto, siente que ha invertido más en la sociedad y se sentirá mejor consigo mismo porque sabe que está pagando su parte. Anda por la vida sabiendo que contribuye a los gastos de la construcción de caminos por los que conduce, de la construcción de escuelas a las que asisten sus hijos, del pago de salarios al policía que le protege. Así que, como ciudadano está contribuyendo tanto como el que más. No solo será bueno para su siquis, sino para todos los ciudadanos en general porque se eliminaría una de las razones por las que quienes sí pagan impuestos sienten resentimiento hacia los que no los pagan.

Además de asegurar una recaudación adecuada, este tipo de sistema eliminaría gran parte de la burocracia que hoy hace falta. Y con ello, bajarían los gastos del gobierno. Si nos libráramos del dinero y toda transacción financiera fuera electrónica, aumentaríamos la base impositiva casi en un treinta por ciento, que el cálculo de las transacciones en efectivo y las que se hacen bajo la mesa y que hoy no pagan impuestos. Con eso, se podría bajar el porcentaje impositivo en la misma proporción. Todos, desde el que vende salchichas en las esquinas de Nueva York, a los grandes vendedores de eBay, tendrían que pagarle el mismo porcentaje al sistema y todos recibirían un trato equitativo.

Con ello, el nuevo ingreso podría hacer que el porcentaje establecido fuera aun menor.

Y uno de los efectos beneficiosos que hay que considerar sería el efecto devastador que este sistema sin dinero tendría sobre el narcotráfico y el crimen organizado en general. Como el mundo de la delincuencia suele moverse con dinero en efectivo, para los negocios ilegales este sistema sería un obstáculo casi infranqueable.

He hablado acerca de esta idea con cantidad de congresistas y senadores. La mayoría concuerda conmigo y dice que podría funcionar, e incluso muy bien. Pero admiten que el mayor obstáculo sería que los grupos con intereses especiales que hoy se benefician del sistema actual, pelearían a muerte contra el cambio. Así que haría falta un liderazgo fuerte y valiente, dispuesto a arriesgarse. O haría falta un pueblo con el entendimiento suficiente como para presionar a sus legisladores para que hagan algo que tenga lógica. Si todos empezamos a hablar sobre las soluciones en lugar de sentarnos para repetir quejas y críticas, toda la sociedad estaría mejor.

No dudo que finalmente nuestra nación termine estableciendo algún sistema electrónico que prescinda del dinero en billetes y monedas. Con el advenimiento de la banca electrónica y los pagos en línea, ya hemos andado un buen trecho por este camino y sé que al fin sucederá, a menos que sucumbamos primero a un riesgo relacionado, que me gustaría señalar ahora.

El riesgo de no hacer nada

Hay problemas que nos parecen enormes, abrumadores y por eso quedamos paralizados, incapaces de encontrar cómo responder. Muchas veces nuestra falta de respuesta solo es manifestación de un peligro todavía mayor: el riesgo de la complacencia como sociedad.

Quiero mencionar un ejemplo. Casi todos sabemos que nuestro gobierno y su maquinaria burocrática se manejan (al menos se manipulan con frecuencia) según los intereses creados o de ciertos grupos. Nuestros representantes en el congreso pasan más de la mitad de su tiempo recaudando fondos solo con el fin de permanecer en sus bancas. Es claro que se ven influidos por quienes les brindan esos fondos, a veces con mano abierta y otras, no tan alegremente. Lo sabemos todos. Y casi todos sabemos que es un problema grave, que pone en riesgo nuestro ideal democrático. Aun así, encogemos los hombros y decimos: «¿Y qué podríamos hacer? ¡Así son las cosas!»

Sin embargo, cuando más expresamos nuestra resignación, tanto mayor es el riesgo de que nuestras palabras se conviertan en profecía que se cumple a sí misma. Necesitamos recordar que el cimiento y la potencia de nuestra nación reside en «nosotros, el pueblo». Desde sus inicios y aun el día de hoy, «nosotros el pueblo» significa: los Estados Unidos de Norteamérica. No significa «nosotros, el gobierno». El gobierno no existe para mandarnos. ¡Existe para servirnos!

En última instancia entonces, somos nosotros los que tenemos el poder. Los que manejamos los hijos. Tenemos voz y voto, para que se nos escuche, y para hacer un aporte.

Si lo olvidamos, lo haremos a riesgo propio.

El juego con el riesgo

Creo que somos demasiados los que expresamos complacencia ante el devastador impacto que tienen los juegos de azar en nuestra nación, en nuestras familias y en las personas en particular.

Aborrezco las apuestas. Pero además, soy pragmático y sé que los juegos de azar, los aborrezca o no, seguirán existiendo.

Así que cuando me invitaron a hablar en una gran convención nacional de la industria del juego, acepté. Tenía que decidir entonces qué decirles. Corrí el riesgo de ponerme en el mismo nivel que mi audiencia y presentarles algo que yo sabía les parecería una idea descabellada a esos operadores y propietarios de casinos. Después de contarles parte de mi historia, hablarles del asombroso potencial del cerebro humano para ayudarnos a resolver problemas y enfrentar los desafíos que se nos presentan como individuos y como nación, les dije: «Sé que a ustedes les gusta pensar que lo que hacen tiene que ver con la diversión y el juego, que solo le brindan entretenimiento a la gente. Pero si realmente son honrados y sinceros, tienen que ver que están arruinando muchísimas vidas. A algunos de ustedes los conozco y no creo que sean del tipo de gente que quiere arruinarles la vida a los demás. En realidad, sí quieren que sus clientes se entretengan pasando un momento divertido. Así que, ¿no sería genial si encontráramos una forma mejor, más responsable, de brindarles diversión a sus clientes? Claro que si dedicamos el poder de nuestros cerebros a esa cuestión, se nos ocurriría una manera mejor, que resultara y fuese buena para todos.

Las compañías de tarjetas de crédito suelen lidiar con el riesgo ofreciendo límites según el ingreso de las personas. ¿No podrían establecer un sistema parecido para que solo fuera posible apostar con una tarjeta de apuestas que tuviera un límite preestablecido según fuera el nivel de ingresos real de cada persona? De esa forma, nadie gastaría el dinero de la leche de sus hijos, ni de la renta del mes. Y todos podrían divertirse de todos modos».

Créelo o no, cuando terminé mi discurso todos me respondieron con calidez. No sé si les gustó todo lo que dije, pero actuaban como si les hubiera gustado.

Aunque, ¿esperaba yo que cambiaran de opinión, que aprobaran una idea tan drásticamente distinta? ¿Creo, en verdad, que todos volverían a Las Vegas, a Atlantic City o dondequiera que fuese, y comenzarían a diseñar tarjetas de apuestas para sus casinos? Claro que no. ¿Esperaba yo que una industria que gana miles de millones de dólares al año con clientes que corren riesgos, haría lo que fuese por cambiar lo que siempre fue? En realidad, no. Aunque sí es posible que haya llegado a algunos de los presentes ese día, solo para hacerles pensar, solo para que al menos consideren la posibilidad de que habría una forma menos dañina, una manera mejor de llevar adelante ese negocio. Creo que por allí, las probabilidades son más factibles.

Siempre supe que en el mejor de los casos, estaba proponiendo algo muy utópico. No estaba seguro de cuál sería la reacción de la gente al presentar el tema ante audiencia que podría ser hostil. Pero decidí que valía la pena arriesgarme.

No hice un estudio formal de los riesgos para decidir qué les diría. Pero me es tan natural pensar en términos de lo mejor y lo peor que no puedo dejar de hacerlo en mi subconsciente.

¿Qué es lo peor que podría pasar si les presento el desafío a los líderes de la industria del juego? Podrían sencillamente ignorar mis palabras o decidir que nunca volverán a invitarme como disertante a una convención de su industria. No perdería demasiado con eso.

¿Qué es lo mejor que podría pasar si digo lo que quiero decir? Podría sembrar una semilla que quizá hiciera que algunos piensen en lo que están haciendo.

¿Qué es lo mejor que podría pasar si no corro el riesgo de decir algo? Podría cobrar lo que me pagan por hablar, hacer algunos comentarios en la convención que tocaran superficialmente mis convicciones, y contar con ese dinero como ingreso proveniente de falsas esperanzas, para el fondo académico Carson, y ofrecer así esperanzas reales a varios jóvenes.

¿Qué es lo peor que puede pasar si no digo nada? Estaría negociando algo en contra de mis convicciones, al aceptar dar un discurso a cambio de dinero pero dejando pasar la oportunidad (e incluso la responsabilidad) de ser fiel a mis principios y convicciones.

Al pensarlo en esos términos vi que, en palabras del apostador, jugaba con dinero de la casa. En realidad no tenía nada que perder. Si el juego es legal, creo que es lógico que haya un marco que limite los daños; sin embargo, no espero que la industria del juego se imponga a sí misma esos límites por propia voluntad. Los que tienen influencia en el voto por medio del dinero y pertenecen a esa industria, compran los votos en esta época en que la lotería propiedad del estado es uno de los emprendimientos más populares y rentables, así que no creo que un gobierno adicto al juego busque la reforma en el corto plazo.

Pero, ¿qué podría pasar si «nosotros el pueblo» viésemos que el juego legal ya está reglamentado en este país y sujeto a leyes y regulaciones establecidas por una comisión pertinente? ¿Qué pasaría si un grupo lo suficientemente grande decidiera no quedarse sentado para dejar que todo siga como hasta ahora? ¿Qué pasaría si viéramos que de veras tenemos la capacidad que se requiere para intervenir?

¿Cuáles son los riesgos? Dada la popularidad creciente del juego, desde las loterías y juegos de azar en línea a los torneos de póquer televisados, probablemente no sería un tema muy popular si lo pusiéramos sobre el tapete, así que supongo que hay cierto riesgo en cuanto a cuestionar el tema y hablar sobre ello. Pero en mi opinión, esto no se compara con el riesgo mayor que existe si la sociedad guarda silencio y observa mientras las vidas de millones de personas y familias quedan destruidas a causa del riesgo insensato que implica correr tras un sueño falso. Si la mayor desventaja es que la industria del juego gane unos miles de millones menos cada año, ¿es tan malo eso?

Por cierto, vale la pena al menos hablar acerca de ello.

Riesgos nucleares

En los últimos sesenta años o más los habitantes de nuestro planeta hemos despertado cada mañana ante la oscura realidad que presenta el fantasma de la destrucción nuclear. A lo largo de estas últimas generaciones el nivel de la amenaza ha aumentado y disminuido varias veces, con la Guerra Fría primero y luego con los nuevos actores que entraron en el juego de alto riesgo que supone la aldea global. Pero como todos sabemos, la amenaza se mantiene, así que quizá sea hora de hacer un verdadero análisis de lo mejor y lo peor en cuanto a lo que muchos consideran el riesgo supremo para nuestro mundo de hoy.

Veamos entonces el momento en que muchos historiadores dirían que nuestro mundo corría el mayor riesgo de desaparecer a causa de la aniquilación nuclear. Nadie puede conocer lo que pasaba por la mente del presidente de los Estados Unidos, J.F. Kennedy, durante la crisis de los misiles de Cuba, pero me parece obvio que hizo su propio análisis de riesgo, que tiene que haber sido algo así como:

¿Qué es lo mejor que puede pasar si permitimos que Rusia ponga misiles nucleares en Cuba? Tendríamos que vivir a merced de nuestro mayor enemigo.

¿Qué es lo peor que puede pasar si permitimos que Rusia cumpla su plan? Con misiles nucleares apuntándonos a unos ciento cincuenta kilómetros, nuestro mayor enemigo podría destruir a los Estados Unidos antes de que tuviéramos tiempo siquiera para hacer algo al respecto.

¿Qué es lo peor que podría pasar si intentamos detenerlos? Podría crear mayor tensión y hasta desatar una guerra nuclear.

¿Qué es lo mejor que podría pasar si intentamos detenerlos? Rusia podría retroceder, podríamos volver a la incómoda situación en que estaban nuestras relaciones antes de hoy y nuestra voluntad de mantenernos firmes podría desalentar cualquier amenaza en el futuro.

Cada persona que hubiera respondido a esas preguntas podría haber encontrado respuestas diferentes, dependiendo de cuánto supieran, de su comprensión acerca de las posibilidades e incluso según fueran sus valores. Pero es claro que el presidente Kennedy llegó a la conclusión de que el único resultado aceptable y positivo para los Estados Unidos requería que se tomaran las medidas necesarias para impedir el despliegue de misiles nucleares en Cuba.

Por supuesto, la pregunta en cuanto a cómo hacerlo implicaba decisiones subsiguientes, que a su vez requerían análisis de riesgo en cada caso. (¿Declararemos nuestra posición públicamente para tratar de que la presión internacional tenga peso? ¿Tendríamos que comenzar con comunicaciones ocultas para darles la oportunidad de retirarse en silencio y así salvar su imagen? ¿Imponemos un bloqueo naval?, y otras por el estilo.)

Todos sabemos lo que pasó en esa oportunidad. El nivel de riesgo, en efecto, aumentó a corto plazo. Pero luego los comunistas parpadearon y la amenaza inminente pareció reducirse hasta llegar a un entendimiento más profundo y tal vez más saludable de la realidad en las políticas de ambas naciones en cuanto a la segura destrucción mutua.

La amenaza nuclear que hoy enfrenta nuestra nación es bastante distinta a la del enfrentamiento con Rusia a principios de los años sesenta. Pero sigue siendo una amenaza, impuesta por un conjunto de estados bandidos con armas nucleares, y es tan real y hasta quizá con insinuaciones más peligrosas todavía que la de la muestra exhibida por una superpotencia opositora. Así que, bien podríamos usar un análisis de riesgo similar.

¿Sería riesgoso para los Estados Unidos convertirse en el «policía mundial» que intentara impedir que más naciones desarrollaran su capacidad nuclear? Claro que sí. Pero para determinar si debemos hacerlo, tenemos que preguntarnos: *¿Qué es lo mejor que puede pasar si tratamos de impedir que las naciones enemigas desarrollen armas nucleares? ¿Y qué es lo peor que podría pasar? ¿Qué es lo mejor que podría pasar si permitimos que una nación enemiga desarrolle armas nucleares? ¿Y qué es lo peor que podría pasar?*

Una vez más, las respuestas posibles son muchas y diferentes, según sea el conocimiento y comprensión de las circunstancias actuales, la lectura de los antecedentes históricos, las convicciones y creencias de cada uno, así como otros factores. Pero pienso que la única pregunta que ofrece alguna esperanza de resultados positivos y que sería aceptable, es la primera. Eso me lleva a una conclusión personal: Si no adoptamos una posición y seguimos en este curso de respuestas incongruentes, podríamos exacerbar el deterioro de las relaciones internacionales, que bien podría llevar a otra guerra mundial con la consiguiente amenaza de la aniquilación atómica.

Cuando no hay curso a seguir sin riesgos, hay que sopesar entonces con cuál riesgo preferimos convivir. A veces me encuentro participando en discusiones «intensas» respecto de estos temas, y suele ser con personas que tienen bastante experiencia diplomática o gubernamental. En algunas ocasiones descartan mis argumentos diciendo que no tengo conocimientos en materia de asuntos internacionales y que como no es mi campo, no puedo entender las sutilezas. Sugieren que si supiera lo que ellos saben, no presentaría sugerencias tan simplistas.

Esta condescendencia me molesta porque siempre les digo a mis pacientes o a los padres y madres de mis pacientes que aunque un procedimiento neuroquirúrgico es extremadamente complejo y requiere de años de estudio y capacitación, siento que fracaso como neurocirujano pediátrico si no logro ayudarles a entender del todo lo que vamos a hacer, cuál es la lógica y cuáles los riesgos.

Decir que algo es demasiado complejo como para que otro lo entienda suele ser la excusa de quien no tiene un buen argumento. Creo que todas las cosas que son lógicas pueden analizarse, explicarse y entenderse. Y, por cierto, no debiéramos esperar menos de nuestro gobierno en algo tan crucial como nuestra posición en cuanto a la proliferación nuclear. Quizá no todos lleguemos a la misma conclusión al hacer nuestro análisis de riesgo, pero sí tenemos que acordar que una discusión amplia y estudiada podría ser de beneficio para todos, además de tranquilizarnos. ¡Podríamos empezar haciendo un buen análisis de lo mejor y lo peor del caso!

El riesgo del silencio

Para los Estados Unidos hay otro riesgo más grave que quiero mencionar aquí: que cedamos al acallamiento de toda discusión en cuanto a la fe en el ámbito público. Es como si hubiéramos decidido que toda expresión o discusión acerca de la fe no califique como libre expresión. Y lo más extraño es el modo en que, de alguna manera, eso se haya vinculado al concepto de la separación entre la iglesia y el estado; aunque tal concepto nada tiene que ver con que la gente viva o hable en público respecto de su fe.

Es más, si revisamos y miramos los escritos públicos y privados de los padres de la patria, encontraremos que están repletos de pensamientos religiosos, valores bíblicos y principios espirituales. En muchos casos fueron precisamente esos pensamientos, valores y principios los que formaron los cimientos sobre los que se construyó la nación. Sin embargo, los defensores de lo políticamente correcto quieren que creamos su historia revisionista, en la que los Estados Unidos se fundaron para brindar a sus ciudadanos una «nación libre de religión» en lugar de una «con libertad de religión». ¡Qué clase de distorsión hemos permitido, al punto que ya no se distingue la diferencia!

No tengo dudas de que quienes echaron los cimientos de este país se revolcarían en sus tumbas si supieran que la expresión pública de la fe se enfrenta con el tipo de oposición que vemos hoy. Probablemente dirían: «¡Pero si este es justamente el tipo de restricción a las palabras y pensamientos que tratamos de impedir!»

Si tienes dudas acerca de esta especulación imaginaria, considera las palabras de Thomas Jefferson, grabadas en las paredes de piedra de su monumento en la capital de nuestra nación:

> Dios todopoderoso creó la mente para la libertad. Todo intento por influenciarla mediante castigos o cargas temporales ... se apartan del plan del Santo Autor de nuestra religión ... Ningún hombre será obligado a frecuentar o apoyar adoración o ministerio religioso alguno, ni sufrirá a causa de sus creencias u opiniones religiosas. Más bien, todos los hombres serán libres de profesar y por argumento mantener, sus opiniones en materia de religión ...
> Dios, que nos dio la vida, nos dio la libertad. ¿Pueden asegurarse las libertades de una nación cuando eliminamos la convicción de que tales libertades son un regalo de Dios? En verdad tiemblo por mi país cuando reflexiono que Dios es justo y que su justicia no puede dormir por siempre.

¿Se comprende eso como si Jefferson entendiera la diferencia entre librarnos de la religión y ser libres para profesar nuestra religión? He estado hablando durante mucho tiempo ante multitudes, diciendo que esta actitud políticamente incorrecta en cuanto a hablar de Dios en público no solo es inadecuada sino que además, en ciertos aspectos, viola los principios sobre los que se fundó nuestra nación. Es absurdo. La Declaración de Independencia de nuestro país habla de los derechos inalienables que nos dio nuestro Creador. Nuestra promesa de lealtad a la bandera dice que somos «una nación a los ojos de Dios». Muchos de los tribunales de nuestro país presentan sobre sus paredes el lema: «En Dios confiamos». Y cada moneda y cada billete que llevamos en el bolsillo también dice: «En Dios confiamos».

Si Dios es reconocido en nuestra Constitución, honrado en nuestra promesa de lealtad y recibe nuestro tributo en las cortes y hasta en el dinero que usamos, pero no podemos hablar de Dios en público ¿qué dice esto sobre el estado de nuestro país? En medicina, el diagnóstico sería «Esquizofrenia». ¿No describiría esta palabra mucho de lo que sucede en nuestra nación en estos días?

La paranoia de lo políticamente correcto nos manda decir: «Fiestas de invierno» en lugar de «Navidad». ¿No es ridículo? Piensa en ello. La última vez que firmaste un cheque y escribiste la fecha, incluiste el año... el cual hace referencia a Cristo. Así que, ¿qué sentido tiene negarnos a reconocer que la Navidad es el cumpleaños de Jesús cuando cada día y la historia entera hacen referencia a su existencia? Ha habido muchísima gente importante en la historia, pero nadie más dividió las eras a partir de su nacimiento.

Esto también podría cambiar, sin embargo, porque hay algunos historiadores seculares y otros académicos que redefinen las siglas A.C. y D.C. como «antes de la era común» y «después de la era común». Este truco intelectualmente indecente no cambia, sin embargo, la importancia de la única persona cuyo nacimiento dio lugar al punto de inflexión más grande de la historia.

No solo es tonta esta actitud actual de lo políticamente correcto, sino que las limitaciones a hablar de la fe en el ámbito público crean riesgos importantes para toda la sociedad. Quiero explicar esto.

Cuando las expresiones o discusiones de la fe ya no se ven con buenos ojos o no se permiten en el ámbito público, es porque nuestra sociedad y nuestro pueblo pierden contacto con la dimensión espiritual de la vida. Si ya no podemos hablar franca y libremente acerca de la fe, malinterpretamos las palabras y acciones religiosas de los demás y subestimamos el poder que puede tener la fe en quienes están profundamente comprometidos con sus creencias espirituales. Esto podría presentar un grave riesgo para una generación en la que los conflictos más acuciantes prometen involucrar a las personas principalmente motivadas por una fe muy diferente. Si no entendemos las raíces de la fe de nuestra cultura estadounidense, ¿cómo podríamos defenderla ante los que creen en algo distinto?

También hay un gran riesgo para los creyentes, si no hay debate público sobre nuestras creencias, el pueblo en general ya no comprenderá los principios básicos de la fe. Por tanto, si algo no se comprende, se convierte en motivo de miedo. Y el miedo crea ira. Ya vemos evidencia de esto en la creciente hostilidad hacia los creyentes en diversos ámbitos de la sociedad.

Por eso creo que las personas triunfadoras en particular, que también son personas de fe, debieran expresar lo que creen ya que en la comunidad intelectual hoy prevalece la idea de que la fe solo es para los que no piensan. Como cristianos tenemos que derribar esa idea, expresando en qué creemos y por qué. Necesitamos dejar en claro lo que significa vivir conforme a los principios de Dios: amando al prójimo, siendo solidarios y llevando una vida de servicio, desarrollando los talentos que Dios nos dio al punto de que sean invalorables para quienes nos rodean. Tenemos que recordarnos unos a otros que tener valores y principios no equivale a juzgar a los demás; y que no hay nada malo en defender lo que uno cree.

El riesgo más grande que hay en la eliminación de la fe del ámbito público es que como sociedad y como mundo, perderemos todo sentido real de lo que está bien y lo que no lo está. El pensamiento políticamente correcto en este tema no solo es totalmente ilógico, sino que también se ha distorsionado al punto de presentar un peligro. La actitud que hoy parece dominar es que si quitamos a Dios de la ecuación, todos estaremos mucho mejor.

El gran novelista ruso Fyodor Dostoyevsky, un hombre que vivió y entendió la naturaleza humana más que muchos otros, sabía de este problema. Observó lo siguiente: «Si destruyes en la humanidad la creencia en la inmortalidad, marchitarías no solo el amor sino toda fuerza viva que mantiene la vida en el mundo ... [Porque] si Dios no existe, todo nos está permitido».

Dostoyevsky tenía razón. Es que sin fe y sin valores que guíen nuestras respuestas a las preguntas del análisis de lo mejor y lo peor, no habrá forma de realizar un análisis de riesgo que sea válido y tenga lógica. Es que si no existe lo bueno y lo mano, tampoco podrá existir lo mejor y lo peor.

Ese es un riesgo que ninguno de nosotros debería estar dispuesto a correr.

Conclusión:
Mi prescripción en un mundo peligroso

CUANDO ÉRAMOS CHICOS, CADA VEZ QUE MI HERMANO CURTIS O YO presentábamos una excusa por no haber cumplido con algo, o cuando nos quejábamos por un problema que nos parecía imposible, o nos desalentábamos y cansábamos ante algún obstáculo en el camino de la vida y, en especial, cuando lloriqueábamos por algo, mamá siempre nos respondía con las mismas palabras y una expresión de incredulidad: «¿Tienes cerebro?»

Era claro lo que quería decirnos: *Si tienes cerebro, ¡úsalo! ¡Es lo único que necesitas para vencer cualquier problema!*

Mi madre me inculcó un profundo respeto por el potencial del cerebro humano y ese respeto se hizo más profundo con los años, para convertirse en una actitud que solo puedo describir como asombro y maravilla. Cada vez que abro la cabeza de un chico y veo un cerebro, me maravillo ante el misterio: *Esto es lo que hace de cada uno de nosotros lo que somos. Aquí están todos nuestros recuerdos, todos nuestros pensamientos, todos nuestros sueños. Es lo que nos hace diferentes, en millones de maneras.* Sin embargo, si pusiéramos sobre una mesa en exhibición mi cerebro y el tuyo, nadie podría encontrar las diferencias, aun cuando somos personas muy distintas. Eso siempre me asombra.

Dentro de cada cerebro humano hay miles de millones de complejas interconexiones, neuronas y sinapsis que la ciencia apenas logra entender en una mínima porción. Cuando agregamos a esto el misterio de la mente y el espíritu, el cerebro humano se convierte en un laboratorio tan vasto e intrincado que uno podría trabajar en él durante mil años para solo llegar a ver lo más superficial, nada más.

Cada vez que hablo en público intento inspirar a la gente para que consideren el poder y las implicaciones de nuestro potencial. Les digo que no hay red de computadores en el mundo que pueda acercarse siquiera a la capacidad del cerebro humano promedio. Este recurso que tenemos, cada uno de nosotros, es un enorme regalo de Dios; y su valor es incalculable, porque es el sistema más completo en un único órgano, en todo el universo. Tu cerebro puede recibir dos millones de *bits* de información por segundo. Les digo a los miles de personas que escuchan mis discursos que si pudiera hacer subir a una sola persona al escenario, hacer que mire a la multitud durante un segundo y decirle que se vaya para luego operarla dentro de cincuenta años, abriéndole el cráneo y poniendo electrodos en lo más profundo, estimulando el área adecuada de su cerebro, esa persona recordaría no solo dónde estaba sentado cada uno sino además, qué ropa llevaba puesta cada asistente.

Así de asombroso, maravilloso y complejo es el cerebro humano. Literalmente, no podemos llegar a entenderlo.

Cuando hablo con los estudiantes suelo ofrecerles una ilustración adicional. Les pregunto cuántos recuerdan lo que almorzaron ese día en la cafetería (si hablo con contadores, pregunto quién recuerda la última vez que hizo una suma). El punto es que quiero que levanten la mano.

Luego, repaso algunos conceptos muy rápidamente: «Pensemos en lo que tuvieron que hacer sus cerebros cuando pregunté eso. Primero, las ondas de sonido salieron de mis labios, viajaron por el aire y llegaron a sus canales auditivos, viajando por la membrana timpánica y formando una fuerza vibratoria que pasó por los huesecillos del oído medio hacia las partes del oído interno, lo cual generó una fuerza vibratoria en la endolinfa que mecánicamente distorsiona las microcilias y convierte la energía mecánica en energía eléctrica que a su vez viajó por el nervio coclear al núcleo coclear en surco pontomedular y de allí al núcleo olivar superior, ascendiendo bilateralmente por el pedúnculo encefálico y por el lemnisco lateral al culículo inferior y el núcleo genicular medial, luego por las radiaciones del tálamo a los lóbulos temporales posteriores para iniciar el proceso auditivo y de allí a los lóbulos frontales, pasando por el haz de Vicq d'Azyr, recuperando el recuerdo de las estructuras medias del hipocampo y los cuerpos mamilares, de regreso a los lóbulos frontales para iniciar la respuesta motriz a nivel de las células de Betz y bajando por la vía córticoespinal hacia la cápsula interna del pedúnculo del encéfalo y descendiendo a la decusación cérvico-medular hacia la materia gris de la médula, haciendo sinapsis y saliendo por la unión neuromuscular para estimular el nervio y el músculo de modo que pudieran levantar la mano».

Por supuesto, les presento una versión simplificada. Porque si entrara en detalles sobre las influencias inhibitorias y de coordinación, podría hablar durante horas sobre este único tema.

Lo que quiero decir es que podemos denunciar los peligros que enfrentamos, o ignorarlos y permitir que el miedo nos paralice.

O podemos preguntarnos: «¿Tenemos cerebros?»

Entonces, usemos este asombroso recurso que nos ha dado Dios para evaluar los riesgos que enfrentamos día a día. Tenemos los medios para analizarlos y decidir cuáles correr y cuáles hay que evitar.

¿Tienes cerebro? Bien, entonces úsalo.

Ese es el secreto.

Esa es mi sencilla, aunque potente prescripción para la vida, el amor y el éxito en un mundo peligroso.

NOTAS

1. John F. Ross, ***The Polar Bear Strategy: reflections on risk in modern life*** [La estrategia del oso polar, reflexiones sobre el riesgo en la vida moderna] Perseus Books, New York, 1999, p. 7.
2. Peter, Bernstein, ***Against the Gods: the remarkable story of risk*** [El designio de los dioses: la notable historia del riesgo], Wiley and Sons, New York, 1996, p. 2.
3. Gavin de Becker, ***The Gift of Fear*** [El don del miedo], Dell, New York, 1998, p. 376.
4. Gregg Lewis y Deborah Shaw Lewis, ***Ben Carson,*** Zonderkidz, Grand Rapids, 2002.

DISFRUTE DE OTRAS PUBLICACIONES DE EDITORIAL VIDA

Desde 1946, Editorial Vida es fiel amiga del pueblo hispano a través de la mejor literatura evangélica. Editorial Vida publica libros prácticos y de sólidas doctrinas que enriquecen el caudal de conocimiento de sus lectores.

Nuestras Biblias de Estudio poseen características que ayudan al lector a crecer en el conocimiento de las Sagradas Escrituras y a comprenderlas mejor. Vida Nueva es el más completo y actualizado plan de estudio de Escuela Dominical y el mejor recurso educativo en español. Además, nuestra serie de grabaciones de alabanzas y adoración, Vida Music renueva su espíritu y llena su alma de gratitud a Dios.

En las siguientes páginas se describen otras excelentes publicaciones producidas especialmente para usted. Adquiera productos de Editorial Vida en su librería cristiana más cercana.

Una vida con propósito

Rick Warren, reconocido autor de *Una Iglesia con Propósito*, plantea ahora un nuevo reto al creyente que quiere alcanzar una vida victoriosa. La obra enfoca la edificación del individuo como parte integral del proceso formador del cuerpo de Cristo. Cada ser humano tiene algo que le inspira, motiva o impulsa a actuar a través de su existencia. Y eso es lo que usted podrá descubrir cuando lea las páginas de *Una vida con propósito*.

0-8297-3786-3

Una vida
con propósito

Rick Warren, reconocido autor de Una vida con propósito, presenta ahora un nuevo reto al creyente que quiere alcanzar una vida provechosa. La obra enfoca la edificación del individuo como parte integral del proceso toma del cuerpo de Cristo. Cada uno llegamos a ser algo que te inspirará, motivará o impulsará a actuar a través de su existencia. Eso es lo que usted podrá descubrir cuando lea las páginas de Una vida con propósito.

Biblia NVI
Libertad en Cristo
0-8297-4067-8

Biblia RVR60 Libertad en Cristo
0-8297-4096-1

Lo que parecería una falsa retórica es real: se puede ser libre en Cristo. Libre de las depresiones, las adicciones, la rabia, la ansiedad, el miedo o cualquier otro problema que haya permanecido por mucho tiempo. Si la libertad es algo que ha perseguido para usted o para alguien a quien ama, este sencillo estudio de cincuenta y dos semanas de la Biblia representará una profunda y duradera experiencia.

BIBLIA NVI PARA MP3

0-8297-4979-9

Ahora disponible en el formato mp3, esta Biblia en audio es lo más excelente que puedes tener. La Biblia NVI en audio es más que una Biblia que escuchas, es la experiencia que te ayuda a adentrarte en la Palabra de Dios y que esta penetre en ti.

La Biblia en 90 días
Kit 90

0-8297-4956-X

Biblia
     0-8297-4952-7
Guía del participante
     0-8297-4955-1
DVD
     0-8297-4953-5

La Biblia en 90 días es a la vez una Biblia y un currículo que permite a los lectores cumplir lo que para muchos cristianos es la meta de su vida: leer toda la Biblia, de «tapa a tapa», en un período de tiempo que les resulte manejable. El plan consiste básicamente en la lectura diaria de doce páginas de esta Biblia de letra grande, preparada para ayudar al lector a lograr su objetivo.

Nos agradaría recibir noticias suyas.
Por favor, envíe sus comentarios sobre este libro
a la dirección que aparece a continuación.
Muchas gracias.

Editorial Vida
8410 N.W. 53rd Terrace, Suite 103
Miami, Fl. 33166

Vida@zondervan.com
www.editorialvida.com

www.ingramcontent.com/pod-product-compliance
Lightning Source LLC
Chambersburg PA
CBHW011341090426
42743CB00018B/3400